名师工程
创新课堂系列

新课程·新理念·新教学
丛书编委会主任：马立　宋乃庆

小学语文

决定教学质量的关键策略

李 楠◎著

西南师范大学出版社
全国百佳图书出版单位　国家一级出版社

图书在版编目（CIP）数据

小学语文：决定教学质量的关键策略/李楠著.
—重庆：西南师范大学出版社，2010.4
（名师工程系列丛书）
ISBN 978-7-5621-4903-3

Ⅰ.①小… Ⅱ.①李… Ⅲ.①语文课－教学研究－小
学 Ⅳ.①G623.203

中国版本图书馆 CIP 数据核字（2010）第 067700 号

名师工程系列丛书

编委会主任：马　立　宋乃庆
总策划：周安平
策　划：李远毅　卢　旭　郑持军　郭德军

小学语文：决定教学质量的关键策略
李　楠　著

责任编辑：任志林　雷利军
封面设计：周　晓
出版发行：西南师范大学出版社
　　　　　　地址：重庆市北碚区天生路 1 号
　　　　　　邮编：400715　市场营销部电话：023-68868624
　　　　　　http://www.xscbs.com
经　销：新华书店
印　刷：九洲财鑫印刷有限公司
开　本：787mm×1092mm　1/16
印　张：20
字　数：348 千字
版　次：2010 年 4 月　第 1 版
印　次：2010 年 4 月　第 1 次印刷
书　号：ISBN 978-7-5621-4903-3

定　价：30.00 元

《名师工程》
系列丛书

《名师工程》系列丛书

征 稿 启 事

　　《名师工程》系列丛书是西南师范大学出版社策划、组织出版的大型系列教育丛书。丛书以新课程下的新教学为背景，以促进施教者的教育能力为落脚点，以提高教育质量、提升教师水平为宗旨。

　　丛书首批推出的"名师讲述""教学提升""教学新突破""高中新课程""教师成长""大师讲坛""教育细节""创新语文教学""教育管理力""教师修炼""创新数学教学""通识与心理""创新课堂"等系列，共70余个品种，其余系列也将陆续出版。为了让广大教师有一个交流、借鉴的机会，同时也为了给广大教师提供更多、更好的图书，《名师工程》系列丛书编辑出版委员会特向全国教育工作者征集稿件。

稿件要求：

1.主题鲜明、新颖，有独创性。

2.主题以提升教育能力为主，也可适当外延。

3.主题要有一定规模、有典型案例支撑。

4.案例要贴近教育实际，操作性强。

5.文章、书稿结构清晰，语言精彩。

　　书稿作者在选题确定之后，请及时与我们做好沟通，具体事宜确定好之后再进行创作；也欢迎用已经完稿的稿件投稿。一线教师如希望参与图书案例的创作，可联系我社策划机构，由策划机构备案，在适合的图书中参与创作。

　　真诚欢迎各位教师踊跃投稿。

联系方式：

西南师范大学出版社高教分社

电话：023-68254356　　　E-mail：zcj@swu.cn

西南师范大学出版社高教分社北京策划部

电话：010-68403096

E-mail：guodejun1973@163.com

编者的话

当前，以人为本的教育理念正在逐步深化，素质教育以及基础教育课程改革不断推进。在这场深刻又艰苦的教育改革中，涌现了无数甘为人梯、乐于奉献的优秀教师。他们积极探索、更新观念、敢于创新、善于改革，在实践中创造性地发展、总结了很多先进的教育思想、教育理念；创造性地开发了很多新的教学模式、教学内容和教学方法。这些新思想、新模式、新方法在实践中极大地提高了教学质量，是教育改革实践中的新内涵和宝贵财富。这些优秀教师就是我们的名师，这些新内涵就是名师的核心教育力。整理、总结、发展、推广这些教育新内涵，是深化教育改革、完善教育体制、提高教育质量、提升教师水平的一件大事。

教育，是民族振兴的基石；教师，是教育发展的根基。

胡锦涛总书记在全国优秀教师代表座谈会上指出："教师是人类文明的传承者。推动教育事业又好又快发展，培养高素质人才，教师是关键。没有高水平的教师队伍，就没有高质量的教育。"十七大报告又进一步强调了必须加强教师队伍建设，不断提高教师的素质。当今世界，社会进步一日千里，科技发展日新月异，知识更新的周期越来越短。教师作为"文明的传承者"更要与时俱进，刻苦钻研、奋发进取，尽快提升自身素质和能力，为推动教育事业的健康发展贡献自己的力量。

基于以上，西南师范大学出版社策划、组织出版了大型系列教育丛书——《名师工程》。希望通过总结名师的创新经验、先进理念，宣传名师的核心教育力，为广大教师职业生涯提供精神源泉和实践动力，在教育实践层面切实推动从教者职业素养的提升。通过《名师工程》实现"打造名师的工程"。

丛书在策划、创作过程中力求实现以下特色：

一、理念创新，体现教育的人本精神

教师角色在以人为本的教育理念下发生了重大的变化，教师的素质和能力也面临更高的要求。如何弘扬、培植学生的主体性、增强学生的主体意识、发展学生的主体能力、塑造学生的主体人格等问题成为教师在目前教育中亟待解决的难题。丛书以教育管理者和教师为主要读者对象，通过教师综合素质的提高而将人本教育的思想落实到教育实践中，真正实现教育培养人、塑造人、发展人的本质要求。

二、全面构建，系统提升教师的教育能力

丛书选题的最大特点就是系统、全面地针对教师教育能力的提升而展开。施教者的能力决定教育的效果，教育改革的落实、教育效果的提高无不体现在教师身上。丛书针对不同教育能力、不同教学要求、不同教育对象，有针对性地设置选题。棘手学生、课堂切入、引导艺术、班主任的教导力、互动艺术、课堂效率、心灵教育等等，这些鲜明的主题从教育的细节出发，从教育实际情况出发，有针对性地解决问题，让教师在阅读中学有所指、读有所获。

三、科学权威，体现教育的时代前沿性

丛书邀请全国各地著名的教育工作者执笔，汇集在教育改革与实践中涌现的先进理念、成果和方法，经过专家认真遴选、评点总结而成，代表了目前教育实践中先进的教育生产力，具有时代前沿性，是广大一线教师学习、借鉴的好素材。

四、注重实践，突出施教的实用价值

丛书采用了通俗的创作方法，把死板的道理鲜活化，把教条的写法改变为以案例为主，分析、评点为辅，把最先进的教育理念和方法融入有趣的情境中。经典的案例，情境式的叙述，流畅的语言，充满感情的评述，发人深省的剖析，娓娓道来、深入浅出，让教师更充分地领会先进、有效的教育方法。

在诸多教育、出版界同仁的支持与努力下，《名师工程》陆续推出了《名师讲述系列》《教学提升系列》《教学新突破系列》《高中新课程系列》《教师成长系列》《大师讲坛系列》《教育细节系列》《创新语文教学系列》《教育管理力系列》《教师修炼系列》《创新数学教学系列》《通识与心理系列》《创新课堂系列》等系列，共70余个品种，后续图书也将陆续出版。

丛书在出版创作过程中得到各地、各级教育部门与教育工作者的大力支持与帮助，在此一并表示感谢！

教育事业是全社会共同的事业，本丛书的出版一方面希望能对广大教育工作者有所帮助，共飨先进成果；另一方面也是抛砖引玉，希望更多的教育工作者参与到出版创作中来，百家争鸣、百花齐放，为促进教育事业的发展共同努力！

目 录
CONTENTS

单元一　汉语拼音、识字与写字教学

汉语拼音是识字的基础，也是语文学习的基础。小学生入学后，通常要在四至五周内完成汉语拼音的学习任务：能够读准声母、韵母、声调和整体认读音节；能够准确地拼读音节，正确书写声母、韵母和音节；能够认识大写字母，熟记《汉语拼音字母表》。《语文课程标准》将"熟练地拼读音节"改为"准确地拼读音节"，将"默写声母、韵母"降低为"正确书写声母、韵母"，将"背诵字母表"改为"熟记字母表"，删减了直呼音节的要求。这既减轻了学生的学习负担，又丰富了启蒙教育的内容。但不可忽视的是汉语拼音具有符号性的特点，常常会使刚入学的小学生感到枯燥、抽象。这就要求我们不断地改进教学方法，遵循儿童的心理特点，尽可能地调动学生的学习积极性，使学生兴趣盎然地完成汉语拼音的学习。

汉语拼音从1958年进入小学语文课本以来，一直是小学语文教学的重要内容。回顾汉语拼音教学的历史，它走过了一条漫长、曲折的发展道路。近年来，我国的汉语拼音教材经过多种试验、历经多次改革，时至今日，对于汉语拼音在小学语文教学中的作用，专家、学者们仍有不同的观点。作为语文老师，首先我们要正视汉语拼音是小学语文教学的重要组成部分，是帮助学生识字和学好普通话的重要工具，伴随着语文学习的各个方面、各个阶段；其次，在语文教学中，我们既要重视汉语拼音对语文学习的辅助作用，又要注意摆脱由于对其过分依赖所产生的负面影响。

《语文课程标准》指出，"语文课程应培育学生热爱祖国语文的思想感情""培植热爱祖国语言文字的情感"。语言文字反映的是一个民族丰富多彩的文化现象，是文化的一个组成部分。汉字是中国文化的重要组成部分，它的构形特点和表意功能，不仅是单纯的文字符号，还具有很强的文化属性。从昔日象形的甲骨文到今天的文字，汉字的表意功能始终没有发生改变；汉字的本身就是艺术，每一个汉字都似一幅精巧的构图，方方正正、结构严谨，具备着极其丰富的文化与艺术内涵。时至今日，中国汉字被作为中国文化的一部分在世界流行。因此，我们的识字教学，也不应局限于了解汉字本身的简单含义，而是应该透过这些简单的符号来对中华五千年的文化进行解读与传承。

近年来，我国各地先后开展的识字教学实验可谓多种多样，目前影响较大的识字教学方法有韵语识字、字理识字、部首识字、多媒体辅助识字等。《语文课程标准》在"教学建议"中提出："识字教学要将儿童熟悉的语言因素作为主要材料，同时充分利用儿童的生活经验，注意教给识字方法，力求识用结合；运用多种形象直观的教学手段，创设丰富多彩的教学情境。"

《语文课程标准》对写字教学的总目标确定为："能正确地书写汉字，并有一定的速度。"在"阶段目标"和"评价建议"里强调要养成正确的写字姿势和良好的写字习惯。联合国教科文组织曾发起过这样的建议："书写不仅仅是一种教育技能，而且是一种将个人风格最完美地带入其中的表达手段，教育心理学和实验教学所取得的进展表明，书法的教学方式可以进一步适应儿童的潜能。"由此可见，写

字教学是《语文课程标准》的重要组成部分，也是语文教学的重要
内容。

　　小学生记忆的伸缩性很大，有易学易忘的特点。随着识字教学的
深入。识字量的增大，学生写字时容易出现加笔画、丢笔画、写错笔
画以及同音字、形近字相混的现象。这严重影响了学生的书面表达及
情感交流，也很容易形成不良习惯，为今后的语言学习制造不同程度
的障碍。

　　纠正与预防错别字是小学语文教学中不可回避的内容。我们在对
自己的教学方法、教学手段、教学理念等方面进行反思的同时，还需
要在教学实践中不断探索这方面的科学方法和有效经验，以期帮助学
生提高识字效率。

单元二　阅读教学

　　《语文课程标准》指出："阅读是搜集处理信息、认识世界、发
展思维、获得审美体验的重要途径。阅读教学是学生、教师、文本之
间对话的过程。"这一句话集中体现了新课程阅读教学的新理念，包
含了两层含义：其一，阅读是读者与文本主体间的对话过程；其二，
教学是教师与学生以及学生与学生主体间对话的过程。

　　《语文课程标准》中提到："学生是学习和发展的主体。语文课
程必须根据学生身心发展和语文学习特点，关注学生的个体差异和不
同的学习需求，爱护学生的好奇心、求知欲，充分激发学生的主动意
识和进取精神，倡导自主、合作、探究的学习方式。"

语文学科的"工具性"和"人文性"，一直在学术界争论不休。前者从语言文字的工具性出发，认为语文是人们进行思维、交流思想、学习各种文化知识、储存传递信息的工具；由此，将语文定位于工具学科。后者认为语文学科着眼于塑造人、发展人，旨在培养学生的语文能力，提高语文素养，由此，人文性应是语文学科的本质属性。这两种观点的偏颇之处在于：工具论仅把语文作为工具手段，忽略了语文的本来价值，忽略了语文的多重功能；人文论则是以语文学科去附会"人文性"，使语文失去了自身存在的理由和依据。

《语文课程标准》倡导"努力建设开放而有活力的语文课堂""应当密切关注当代社会信息化进程，推动语文课程的变革和发展"。第二学段阅读部分要求"养成读书看报的习惯，收藏并与同学交流图书资料"。第三学段阅读部分要求"利用图书馆、网络等信息渠道尝试进行探究性阅读"。

叶圣陶先生说："阅读是吸收，写作是倾吐。"《语文课程标准》也强调："引导学生从读中学写，正确领悟作者遣词造句、表情达意的方法。"阅读可以使学生领略文章的思想内容、表达形式和艺术感染力，写作是把了解的内容、懂得的道理、明白的规律及思考的问题通过文字的形式表达出来。阅读是知识的积累，是内在的吸收；写作是知识技能的运用，是外在的表达。阅读和写作是相互联系、相互制约的关系。

要培养学生的阅读习惯，仅靠每周几节语文课是远远不够的。茅盾曾说过："课堂上就那么薄薄的几本课本，谈不到多，要大力开展课外阅读、假期阅读。"语文教育家吕叔湘先生总结新时期语文教学的得失后说："少数语文水平较好的学生，你要问他的经验，异口同声地说是得益于课外看书。"作为语文教师必须将阅读延伸到课堂教学之外，使课外阅读作为课内阅读的补充和延续，并根据学生的实际情况对其进行适当的课外阅读指导，以提高学生自主学习能力，形成良好的阅读习惯。

单元三　写话与作文教学

　　作文是字、词、句、段、篇的综合训练，是语文教学的重要组成部分，是学生综合运用语言文字能力的一种体现。小学低年级是语言发展的最佳阶段，想要引导低年级学生顺利迈入作文学习的大门，必须先走好写话这一步。写话教学，要以有效地提高学生的观察能力、想象能力和表达能力以及为今后的作文学习打下良好的基础为目的。

　　《语文课程标准》提出："写作教学应贴近学生实际，让学生易于动笔、乐于表达，应引导学生关注现实、热爱生活、表达真情实感。要求学生说真话、实话、心里话，不说假话、空话、套话。"但是，由于我国应试教育的影响，作文教学中，教师往往忽略学生的生活经历与情感体验而只是权威地进行作文指导，学生无中生有、虚情假意、照搬照抄的现象依然存在。教师教作文难，学生写作文更难，成为当今语文教学改革的难题。

　　我们常看到这样一种现象：教师布置了一道作文题，孩子回到家苦思冥想，好半天也无从下笔，做父母的或是跟着手足无措或是干脆充当起"枪手"，作文对于学生和家长来说简直是一种"煎熬"。究其原因也许是多方面的，但其中关键的一点是缺乏习作素材。从信息论的观点看，小学生写作的过程是一个信息摄取、储存、提取和加工的过程。学生摄取、储存的信息量越多，输出信息时也就会越顺畅。小学生的信息主要来源于身边的生活，因此，教师在指导学生习作的过程中，要引导学生学会在生活中积累习作素材。

"想象作文"是《语文课程标准》对作文教学改革着力提倡的一个热点话题，同时也表现出了作文教学理念方面的几点变化：首先，丰富了习作内容；其次，满足了对未来的憧憬；再次，培养了创新意识；最后，回归了儿童的本真。

《语文课程标准》从学生个性发展的角度出发，强调："要养成留心观察周围事物的习惯，有意识地丰富自己的见闻，珍视个人独特感受，积累素材""为学生的自主写作提供有利条件和广阔空间，减少对学生写作的束缚，鼓励自由表达和有创意的表达方式。"素质教育以提高学生的实践能力和创新精神为重点。在作文教学中鼓励学生进行个性化表达，是在语文教学领域里对素质教育的践行，也是当前作文教学改革的重要内容。

习作的交流与评改，是作文教学的重要环节。交流与评改的过程，既是锤炼语言的过程，也是学生对自己的思路进行整理、加工的过程。《语文课程标准》在"教学建议"中要求"重视引导学生在自我修改和相互修改的过程中提高写作能力"；在"评价建议"中强调，"不仅要注重考查学生个性化内容的情况，而且还要关注学生个性作文的态度、过程和方法。要引导学生通过自改和互改，取长补短，促进相互了解和合作，共同提高写作水平。由此可见，在习作教学中，我们不但要重视习作前的准备与指导，还要重视习作后的交流、评议和修改。

单元四　口语交际教学

《语文课程标准》将以往教学大纲中的"听话、说话"改为"口语交际",是对课程功能的重新定位。从概念提出的角度来说,"听话、说话"的出发点是心理语言学,而口语交际的出发点则是言语交际学。二者相比,前者着眼于言语的心理方式,后者着眼于言语的行为方式;前者不强调听后的反馈,后者强调听说双方的互动。

《语文课程标准》提出了小学生应"具有日常口语交际的基本能力,在各种交际活动中,学会倾听、表达与交流,初步学会文明地进行人际沟通和社会交往"的目标要求,并将"口语交际"与"识字与写字""阅读""习作""综合性学习"放在同等重要的位置上。小学语文教材的每个单元中都安排了一次口语交际的练习,但这对于我们的要求来说是远远不够的,应该贯穿在语文教学的始终。阅读教学过程的实质是教师、文本、学生三者间的对话过程,是师与生、生与生进行学习交往的过程。因此,充分重视在阅读教学过程中加强对学生口语交际的训练是十分重要的。

"评价"是课程实施的重要环节,《语文课程标准》在口语交际评价建议中指出:"评价学生的口语交际能力,应重视考察学生的参与意识和情意态度。评价必须在具体的交际情境中进行,让学生承担有实际意义的交际任务,以提高学生真实的口语交际水平。"因此,如何建立起科学的评价体系,对于学生经过口语交际训练之后,交际能力所达到的程度建立起客观、真实的认识,并对其中存在的问题及时进行调整,是一个需要我们认真思考的重要问题。

单元五　综合性学习

综合性学习已成为语文教学的常规内容，它是从过去的语文活动发展而来的，然而其自身的"语文性""综合性""开放性""实践性""探究性"等特征使得其在能力层面的要求远远高于语文活动。同时，其活动总量及学生参与面也是语文活动无法比拟的。那么，我们该如何设计好语文综合性学习的内容呢？

评价，是综合性学习实施的一个重要环节，没有评价，我们的教学就只能在低水平上不断反复。综合性学习评价的着眼点在于能否在活动中主动地发现问题和探索问题；能否积极地为解决问题去搜集信息和整理资料；在活动中的合作态度和参与程度；能否根据占有的课内外资料，形成自己的假设或观点；语文知识和能力综合运用的表现；学习成果的展示与交流；能否体现出探究精神和创新意识。

汉语拼音、识字与写字教学

专题一　汉语拼音教学策略

汉语拼音是识字的基础，也是语文学习的基础。小学生入学后，通常要在四至五周内完成汉语拼音的学习任务：能够读准声母、韵母、声调和整体认读音节；能够准确地拼读音节，正确书写声母、韵母和音节；能够认识大写字母，熟记《汉语拼音字母表》。《全日制义务教育语文课程标准（实验稿）》（以下简称《语文课程标准》）将"熟练地拼读音节"改为"准确地拼读音节"，将"默写声母、韵母"降低为"正确书写声母、韵母"，将"背诵字母表"改为"熟记字母表"，删减了直呼音节的要求。这既减轻了学生的学习负担，又丰富了启蒙教育的内容。但不可忽视的是汉语拼音具有符号性的特点，常常会使刚入学的小学生感到枯燥、抽象。这就要求我们不断地改进教学方法，遵循儿童的心理特点，尽可能地调动学生的学习积极性，使学生兴趣盎然地完成汉语拼音的学习。

案例分析

【案例 1-1】

师：（出示卡片"y"）同学们，这个字母就是我们今天要学习的新声母，它的名字叫做"y"！

生：y。

师：它和"衣服"的"衣"读音相同。

生：y。

师：没错。

师：咱们今天学习的这个"y"和以前学习过的"i"有什么不同呢？

生：它们一个是声母，一个是韵母！

师：是的，声母和韵母的发音是不同的。声母要读得短一些、轻一些，韵母要读得长一些、重一些。请同学们来读一读——

生：y。

生：i——

师：很好！（将卡片 w 贴在 y 旁，卡片 u 贴在 i 旁）同学们再看这两个字母，你们能读准吗？

生：w。

生：u——

师：谁来说说，为什么它们一个读得又轻又短，一个读得又重又长？

生：因为 w 是声母，u 是韵母。

师：同学们看，现在老师把 y 和 i 放在一起，就成了一个音节 yi，它不是声母也不是韵母，是我们今天要学习的整体认读音节。它也读作"衣"，但没有声母 y 读得那么短那么轻，也没有韵母 i 读得那么重那么长，大家试着读一读。

生：yi。

师：瞧，老师现在把 w 和 u 放在一起，它们也成了整体认读音节——

生：wu。

师：真聪明！那么，老师把 y 和 ü 放在一起，就得变一变了，要把"ü"头上的两点擦掉，它就读做：yu。

生：yu。

【案例1-2】

师：同学们喜欢听故事吗？

生：喜欢！

师：想听故事的同学快将桌椅和桌面整理整齐，小腰板挺直！

师：有一天啊，有三个好朋友一起出去玩——（边讲边出示拼音卡片：i、u、ü）他们三个就是——

生：i、u、ü。

师：没错！他们走着走着，迎面走来了一位新朋友，大家瞧——（出示拼音卡片 y）

生：是 y。

师：没错！就是他！小 i、小 u 和小 ü 可热情了，邀请大 y 一起做游戏，他们手拉手，玩得可开心了……可是啊，玩着玩着，他们四个人就遇到了麻烦。

生：什么麻烦？

师：他们发现，小 i 和大 y 的名字差不多，大家叫起来很不方便，两个人总是同时答应，这可怎么办呢？

　　生：可以一个叫小 i，一个叫大 y。

　　师：（将耳朵贴在黑板上，故做倾听状）我来听听，看看他们喜不喜欢这个新名字？

　　师：哎呀！他们说了，人家的名字都是一个字，我们也想要一个字的名字，请同学们再来帮我们想想办法吧！

　　（学生小声议论）

　　师：那我来帮他们想个办法吧，我们把小 i 的名字叫得长一些、响亮一些，把大 y 的名字叫得短一些、轻一些，好不好？

　　生（齐）：好！

　　师：那我们来叫一叫他们吧！

　　生：i——

　　生：y。

　　师：你们真棒！

　　师：好，咱们接着听故事——这四位好朋友玩着玩着，小 i 和大 y 两个人说，我们两个人名字差不多，我们要站在一起，是一组。于是，他们站在一起，就组成了 yi。小 u、小 ü 和 yi 又一起向前走去，走着走着，他们又遇到了 w。大家发现，小 u 和大 w 的名字也差不多，这回又该怎么办呢？

　　生：一个读 u——，一个读 w。

　　师：于是呢，小 u 和大 w 也站在了一起，就是——

　　生：wu。

　　师：正在这时啊，他们忽然听到了"呜呜呜"的哭声，是谁呢？原来是小 ü，为什么呢？小 ü 边哭边说，你们都有和自己名字差不多的朋友，唯独我没有，呜呜呜……

　　生：那怎么办呢？

　　生：是啊。他哭了！

　　师：这时啊，最爱关心人的大 y 走过来对小 ü 说，小 ü、小 ü 你别哭，我和你站在一起做朋友，我们就叫 yu。大家瞧，现在的小 ü 已经没有眼泪，不哭了。（教师一边讲一边擦去小 ü 头上的两点）

　　生：哦！耶！

　　从上面的两个案例中我们可以看出，这节拼音课的教学重点都在于解决

"声母""韵母"与"整体认读音节"的识记与读音上，这对于一年级的小学生来说，还是有一定难度的。【案例1-1】中的教师，基本上采用的是教师讲解的教学方式，这种相对单调、枯燥的教学方式容易使学生产生疲劳感，导致注意力分散，往往收不到很好的教学效果。【案例1-2】中的教师，很好地把握了一年级小学生的心理特点，从儿童的兴趣出发，将教学内容以故事的形式呈现出来，不仅生动活泼地突破了教学难点，也使学生在轻松愉快的氛围中大大提高了学习效率。

观点建议

针对汉语拼音教学，教材中编入了情境图、词语和儿歌，同时还编入了70个常用字。很明显，教材的编排意图是将汉语拼音与识字、词语、阅读、说话、语言积累等语文学习活动结合起来，这不仅丰富了汉语拼音阶段的学习内容，还增强了汉语拼音学习的趣味性。教师在进行拼音教学的过程中，既要重视学习几十年来的成功经验，又要大胆尝试对教学方法进行创新与变革。

一、游戏与活动激趣

《语文课程标准》在"教学建议"中指出："汉语拼音教学尽可能有趣味性，宜以活动和游戏为主。"游戏与活动可以采用丰富、多样的手段，让学生在听、说、唱、跳、画、玩、演中充分调动各种感官参与其中，体验拼音学习的乐趣。比如，有的教师为帮助学生加强对声母表、韵母表及整体认读音节表的识记，就将三个字母表嵌套入孩子们熟悉的儿歌中诵唱；有的教师为帮助学生区别比较"b、d、p、q"，在课堂上和学生玩起了"变魔术"的游戏，让学生利用手中的学具上下左右翻转，不断变成"b、d、p、q"；还有的教师将字母及音节制作成各式各样的"水果"，挂在"果树"上，读对了，就能"摘果子"，等等。所有这些符合儿童年龄特点的游戏和活动都可以很好地调动学生的积极性，取得良好的教学效果。

【案例1-3】

（有位教师在教学"z、c、s"一课时，设计了如下的活动）

师：请大家拿出课前准备好的丝线，自由地摆一摆，看看你能摆出什么字母？

（学生动手操作，教师巡视指导）

师：我们来看看，大家都摆出了什么字母？

生：我摆出了 l。

生：我摆出了 n。

生：我摆出了 o。

……

师：很好！大家瞧，这三个字母就是咱们今天要学习的新字母——

（播放课件，展示 z、c、s 的书写与读音）

师：大家试试看，能不能用手中的丝线把它们摆出来？

生：我摆出了 z，（在投影下展示）先把丝线放平，再折过来，再折平。

师：同学们觉得这个字母像什么？

生：像个小板凳。

生：像 2。

……

师：请大家记住这位新的字母朋友，一张板凳——

生：z，z，z。

师：像个小 2——

生：z，z，z。

生：我摆出了 s，它就像半个 8 字。

生：我觉得它还像一只弯弯的小虫子。

师：我们也来叫一叫它的名字，半个 8 字——

生：s，s，s。

师：一条小虫——

生：s，s，s。

生：我摆出了 c，它就是半个零。

生：也就是半个圆。

师：大家看看，它少的部分在哪边？

生：右边。

师：一个半圆——

生：c，c，c。

生：应该是一个左半圆！

师：真好！一个左半圆——

生：c，c，c。

【案例 1-4】

"在游戏中复习声母"教学设计①

23 个声母教学结束，该如何复习？一年级孩子年龄小，复习应尽可能选择其喜欢的方式。那么孩子喜欢怎样的学习方式呢？当然是游戏。如果再加上一点探险的味道，那就更能吸引孩子了。

一、活动准备

1. 教师利用下课时间将 23 张声母卡片悄悄塞进 23 个学生的抽屉。

2. 教师在黑板上用彩色粉笔画上大大的蘑菇式城堡，并在城堡上用彩色卡片纸贴一扇可以转动的纸门，门掀开可以看到上面写着"声母城堡"几个大字。

二、活动导入

小朋友们，今天蘑菇城堡的大王要请我们去他的城堡作客。这个城堡可神奇了，一年四季，鲜花盛开，瓜果飘香，有看不完的美景，吃不尽的仙果。更重要的是还有 23 个可爱的小精灵，他们跟我们一般大小、一样可爱。大家想去吗？（播放一些美景图）

走，我们出发吧。播放《郊游》歌曲，大家齐唱：走走走，走走走，我们小手拉小手……

（这样的情境设计，让学生带着快乐放松的心态进入学习之中，不仅仅是单纯的学知识，也成了美妙的艺术享受）

三、活动过程

1. 制造游戏悬念，激发复习兴趣。

城堡到了，哎呀，我们看看，城堡的大门紧紧关闭，怎么办呢？

我们一起敲敲门吧，大家跟着教师一起念咒语："南瓜南瓜，开开门吧！"门没有开；"土豆土豆，开开门吧！"门仍然没有开；"芝麻芝麻，开开门吧！"门终于开了，出现了"声母王国"四个字。

2. 设计游戏问题，引入复习内容。

我们去"声母王国"游玩，不能不认识王国的宝宝们，"声母王国"有哪

---

① 韦菊仙. 在游戏中复习声母［J］. 小学语文教师，2007，（10）：41—43.

些宝宝呢？我们都已经学过了，有谁知道？（可以指名让学生背诵，然后同桌互相背诵）

3. 设计找声母游戏，复习声母读音。

教师语言激趣：这下我们可以到声母王国去玩了吧？可是，声母王国的守卫说，声母王国的居民们都到外面去玩了，没人接待我们这些游客。这可怎么办呢？让我们一起找声母吧。活动步骤如下：

（1）有谁知道，声母王国的居民究竟跑哪儿去玩了呢？我们一起来找找看。如果你找到了，先别说话，轻轻地举起手来；

（2）找到声母的同学一个一个做小老师到讲台上，以声母城堡居民的口吻自我介绍：如"我的名字叫做 b，bbb"，其他小朋友跟着一起读。

（3）然后把声母卡片按学生的回答顺序一一贴到黑板上。

（4）引导学生按声母表顺序排列声母。

引入下一个游戏情境：小朋友们，到现在为止，声母家族的宝宝都已经找到了，我们可以进去游玩了。但是需要小朋友按声母表的顺序重新排列声母宝宝。

（5）数一数，声母宝宝一共有多少个？

4. 预测游戏中可能遇到的困难及解决方法。

（1）"b、p、q、d"四个声母仍有学生分不清。这时可以运用"拳头游戏"来进行强化复习。教师伸出两个拳头，拇指朝上，四指收拢，对学生说："我们的拳头里就藏着这四个声母，找找看。"学生跟着教师一起摆弄起自己的拳头。在学生有了发现的基础上，引导学生用儿歌总结："左拳朝下 bbb，左拳朝上 ppp，右拳朝下 ddd，右拳朝上 qqq。"（特别不易分清的学生，教师可以帮助他们在左右手的手心手背上分别写上不同的字母）

（2）"m"和"n"形状相似，有少数学生也难以分辨，可以让学生一边读儿歌，一边辨析它们的区别：

两扇大门 m、m、m，小马磨面做馍馍；

一扇大门 n、n、n，奶牛产奶真多呢！

（3）字母"f"和"t"的形状相似，有不少学生容易混淆，运用下列儿歌进行强化记忆：

伞柄朝上 f、f、f，孙悟空孙悟空来拜佛；

伞柄朝下 t、t、t，小白兔小白兔蹦蹦跳。

（4）"n"和"l"一个是鼻音，一个是舌边音，这两个读音受方言影响，有个别学生很难分清，必须进行一对一个别指导。

5. 畅游声母王国。

声母宝宝在大家齐心协力的帮助下，终于排成了一支整齐有序的队伍，下面就让我们一起来畅游声母王国吧。

把教材上的声母图片做成有趣的幻灯片（没有条件的可以展示一张张纸质图片），让学生边听音乐、边游览，同时念出图片中深藏的声母宝宝的名字，拼读出音节。这个活动可以以小组比赛的方式进行，对于获奖的学生和小组授予"优秀小导游"和"优秀导游小队"的荣誉称号。

在以游戏与活动为主的教学过程中，我们要遵循一切为了提高教学效益的原则，处理好游戏活动与知识、能力之间的关系，在调动学生学习积极性的同时，充分挖掘学生的主动性与创造性。

二、充分使用情境图

教材中，每一篇课文都配有色彩鲜艳、直观形象的"情境图"，不但重视字母与图画之间的"形似"，既表音又表形，还传达了丰富的人文内涵。在教学中，我们可以利用情境图训练学生的观察力、想象力和表达能力。学生在看图时，可以由一个音扩展到一个词，由一个词扩展到一个短语，由一个短语扩展到一句话，再由一句话扩展到一段话。

【案例1-5】

师：（出示图画）你看到了什么？

生：一个小女孩在听广播。

生：一个小女孩在认真地听广播。

生：一个小孩子在听广播里放出的歌。

师：同学们说得都很好！再看看这个字母，有什么发现吗？（出示卡片：b）

生：这个字母和广播的样子很像。

生：这个字母就读"播"。

师：没错，把广播的"播"读得轻一点、短一点，就是咱们今天要学习的这个字母"b"。

生：b！

师：（课件展示：ba）大家试着拼一拼。

（生加手势练习拼读"ba"的四个声调）

（"p、m、f"教学过程略）

师：学会了拼读音节，就能请拼音朋友帮助咱们认字了。

师：（课件展示：情境图）请同学们在学习小组里试着读读图上的音节，看看图上都画着谁？他们在干什么？

生：图上画着爸爸、妈妈、我。

生：爸爸、妈妈带着我到公园里玩。

生：爸爸、妈妈带着我到公园里放气球。

（师课件展示词语：爸爸、妈妈、我）

师：爸爸和妈妈这两个词语的第二个字都没标声调，这样的音节叫做"轻声"，请同学们试着读得轻一些、短一些。

生：爸爸、妈妈。

师：你能用这三个词说一句话吗？

生：爸爸、妈妈和我是一家！

生：爸爸、妈妈很爱我！

生：我也很爱爸爸、妈妈！

生：爸爸、妈妈和我是相亲相爱的一家人。

……

师：同学们说得真好！今天回到家里，请大家把课堂上认识的"家"读给爸爸、妈妈听，再看着这幅图编一个故事讲给爸爸、妈妈听。

新课程教学特别重视学生语文综合素养的提高，教材中的"情境图"既可以帮助学生体会字母与图画之间的联系，又可以对学生进行情感、人生态度和价值观的教育。不过，在使用"情境图"时，要防止因过分强调对"情境图"的观察、联想而淡化了汉语拼音教学任务的倾向。

三、与生活经验整合

学生在入学前已经具备了一定的生活经验与认知储备，我们在汉语拼音的教学过程中，可以适当联系学生的生活实际，将汉语拼音的学习放入具体的语言环境与生活情境当中去。

【案例1-6】

  师：你觉得这些卡片上的字母像什么？

  生："m"就像我爸爸手机上的标志。

  师：（板画）爸爸手机上的标志是这样的吗？

  生：对！

  师：我知道了，爸爸用的是摩托罗拉品牌的手机。

  生：麦当劳门口也有这个字母。

  师：（出示课件：麦当劳标志）嗯，是很像嘛！

  当单调的拼音字母化身为学生生活中经历过的鲜活的事物时，学生就会产生浓厚的学习兴趣，不自觉地将新的知识内容与已有的认知经验结合起来，从而产生深刻的印象。

【案例1-7】

  （声调符号的掌握是汉语拼音教学里的又一个难点，为帮助学生正确识记与使用声调，一位教师在教学声母"m"与"a"相拼时，设计了如下片段）

  师：给"ma"这个音节加上声调，同学们还能拼准吗？

  生：能！

  师：我们先来回忆一下，四个声调符号都是什么样的？

  生：一声平平走（手势配合：右手于胸前，从左往右划一横），二声上山坡（手势配合：右手于胸前，从左下往右上划一横），三声下坡又上坡（手势配合：右手于胸前，从左上往右下划一横，再往右上划一横），四声就像下山坡（手势配合：右手于胸前，从左上往右下划一横）。

  师：请同学们在学习小组里练习一下，给"ma"加上四个声调符号后该怎样拼读？

  （学生在学习小组内，配合手势练习拼读）

  师：谁来拼一拼？

  生：mā。

  师：妈妈听到笑哈哈！

  生：má。

  师：麻烦大家鼓励他！

  生：mǎ。

  师：马上变得顶呱呱！

生：mà。

师：骂人的孩子不理他！

　　乌申斯基说过："没有任何兴趣和仅靠强迫维持的学习会扼杀学生的学习热情，这种学习是不会维持长久的。"汉语拼音教学尤其如此，在枯燥单调的拼读练习中，教师巧妙、机智地将拼读结果放入学生们熟悉的生活语言与场景当中，使无意义的拼音符号与学生的生活实际联系起来，不仅有利于学生观察生活、认识生活，而且有助于强化拼音学习与生活的联系。

专题二 汉语拼音在语文教学中的运用

汉语拼音从 1958 年进入小学语文课本以来，一直是小学语文教学的重要内容。回顾汉语拼音教学的历史，它走过了一条漫长、曲折的发展道路。近年来，我国的汉语拼音教材经过多种试验、历经多次改革，时至今日，对于汉语拼音在小学语文教学中的作用，专家、学者们仍有不同的观点。

1982 年，《汉语拼音方案》成为国际标准，开辟了中国文化走向世界的一条通道，也成为中国海峡两岸语文交流的一种工具。1998 年，《汉语拼音方案》公布 40 周年，有专家曾经论述过，这套汉语拼音方案的出台，不仅使华夏五千年的汉字语言从此有了标准、规范的读音，还使学龄儿童能够提前两年学习、阅读名著。①

与此同时，人们也听到了一些强烈反对的声音。

前几年，在北美华人教育研究协会第三届年会上，美国一位姓马的校长就汉语拼音和海外华裔儿童中文教学问题做了阐述。他的主要观点是："汉字不应当通过汉语拼音来启蒙""汉语拼音被放到了很不适当的地位，成为儿童学习汉字的障碍。"②

以上两种对汉语拼音在小学语文学习过程中作用的看法，可谓大相径庭。对此，作为语文老师，首先我们要正视汉语拼音是小学语文教学的重要组成部分，是帮助学生识字和学好普通话的重要工具，伴随着语文学习的各个方面、各个阶段；其次，在语文教学中，我们既要重视汉语拼音对语文学习的辅助作用，又要注意摆脱由于对其过分依赖所产生的负面影响。

---

① 余玮．生命从 80 岁开始——"汉语拼音之父"周有光［J］．小学语文教师，2008（7）：120.
② ［加拿大］刘濂．从汉语拼音是儿童识字的障碍谈起．http：//www．minhua．com/modules．php？name＝Sections&file＝xxdz_functions2&op＝viewarticle&artid＝1832.

观点建议

一、汉语拼音与识字

在《语文课程标准》中，汉语拼音被放在了"识字与写字"部分。"教学建议"中指出："汉语拼音教学尽可能有趣味性，宜以活动和游戏为主，与学说普通话、识字教学相结合。"由此可见，汉语拼音与识字的关系极为密切。在课堂教学中，教师利用汉语拼音指导学生识字主要存在两种不尽如人意的现象：一是没有充分利用汉语拼音指导学生识字；二是在识字教学中过分注重字形的识记，而忽略了读音，致使学生只认清、记住了字形却读不准字音。因此，在教学过程中，教师既要引导学生借助汉语拼音自学生字、读准字音；又要在检查学生自学效果时，借助汉语拼音纠正学生读不准的字音。

【案例 1-8】

（这是一位教师在"四个太阳"一课中的教学片段）

师：上课前咱们先来听一首歌，放松一下。（播放歌曲：《种太阳》）

（教师引导学生跟随歌曲一边演唱一边做动作）

师：从歌中你听到了什么？

生：我听到了太阳。

师：这节课，咱们就来学习这篇和"太阳"有关的课文。（板书：四个太阳）

师：谁愿意来读读课题？

生：四个太阳！（重音落在"太阳"二字上）

师：他将"太阳"重读了，还有不同的读法吗？

生：四个太阳！（重音落在"四个"二字上）

师：他强调的是"四个"！孩子们，天空中有几个太阳呢？

生：一个！

师：那四个太阳是怎么回事呢？

生：是小朋友画出来的！

师：没错，就是小朋友画出来的！（板书：画）

师：孩子，我想采访你，你是怎么知道的？

生：我昨天读了课文。

师：瞧瞧！读了课文就会知道得比别人多。同学们，让咱们再来读读课文，看看谁能知道得更多，好吗？

（学生自由读课文）

师：读了课文，你又知道了什么？

生：我知道了，天空中有四个太阳。它们的颜色都不一样。

生：它们是绿太阳、金黄色的太阳、红色太阳还有彩色的太阳。

生：它们出现在不同的季节。

（学生一边说，一边板贴四个太阳的贴图）

师：看看这四个太阳，你喜欢哪个？

生：我喜欢彩色的太阳。

生：我喜欢绿色的太阳。

……

师：同学们，就让咱们依据自己的喜好，在今天的课堂上，组成四个太阳代表队，进行一场比赛，好不好？

生：好！

（引导学生按自己的喜好，分成四队，坐到相应的座位）

师：四个太阳代表队都坐好了，咱们可以开始比赛了吗？

生：可以！

师：好，咱们先进入比赛的第一关：我会读！

（教师播放课件）

画面如下：

图 1-1

（画外音：嗨！大家好，我的名字叫"太阳"，我最喜欢穿漂亮的衣服了，下面七件衣服的口袋里都藏着难读的字和句，只有读对了，我才能穿上它！小朋友，你们愿意帮助我吗？）

生：愿意！

师：你想帮小太阳穿哪件衣服呢？

生（兴奋地）：第三件。

（教师点击第三件衣服）

图 1-2

生：shú，熟熟熟！

（教师点击第三件衣服）

图 1-3

生：果园里，果子熟了。

（教师点击第三件衣服）

图 1-4

师：穿上了漂亮的衣服的小太阳多可爱呀！

（学生很开心，小手如林）

师：请你来！

生：我选倒数第二件衣服。

（教师点击倒数第二件衣服）

图 1-5

生：gāi，该该该。

（教师点击倒数第二件衣服）

图 1-6

生：春天，春天的太阳该画什么颜色呢？

（教师点击倒数第二件衣服）

图 1-7

（笑声）

师：小太阳也是开心又得意呢！

（其余教学过程略）

学生在识字过程中，会存在绕过字形，直接将声音与事物建立联系的现象。在上面这个案例的教学中，教师在学生借助汉语拼音正确识字后，适时去掉了拼音，并将生字还原至具体的文本语言环境中，在遵循识字规律的前提下，既合理地利用了汉语拼音，又有效摆脱了拼音的束缚，巩固了识字效果。

19 <<<

二、汉语拼音与阅读

《语文课程标准》不再把汉语拼音学习的目标定位在"帮助阅读"的位置上，只把它作为帮助识字和学习普通话的工具。

目前，在小学低年级，尤其是一年级的语文课本中，大都采用全文注音的形式。学生由于识字量小，在阅读课文的过程中，往往需要依赖拼音来逐步把课文读通、读顺。从这个意义上来说，汉语拼音对于帮助学生阅读还是存在积极作用的。但与此同时，这种全篇注音的课文给学生识字和阅读带来的负面影响也是显而易见的，学生在借助拼音阅读的过程中，往往会绕过汉字，加之低年级课文篇幅短小，几次自读、听读下来，学生大体上可以达到背诵的程度，这无疑为生字的认识、识记与复习巩固制造了障碍。针对这种情况，有的教师在教学过程中，会利用多媒体课件出示不带拼音的句子或段落，有的教师会将课文中的生字编进自己创作的儿歌当中，还有的教师会根据课文内容，筛选、补充一些不带拼音且篇幅短小的课外篇目作为拓展阅读材料。这些都是检查学生阅读情况的有效方法。

三、汉语拼音与写话

《语文课程标准》中强调低年级要"多认少写"，删去了以往大纲中的"低年级学生在写话的时候可以用音节代替没学过的汉字"的建议。

然而，在初步的写话练习中，许多教师还是会要求学生用汉语拼音来代替没学过的生字。这种做法所体现出来的问题也很突出：首先，在用拼音代替生字的过程中，由于学生还处在对拼音的学习与巩固过程中，要想做到能够完整、准确地默写音节，还存在很大的难度，写出的音节往往错误百出；其次，在这一过程中，学生很容易对拼音产生依赖性，即使学过的汉字也会出现用拼音代替的情况。长此以往，汉语拼音这根"拐棍"既会影响学生对汉字的识记、巩固、探究的兴趣，也会影响学生自主识字、写字习惯的养成。

写话是巩固复习生字的过程，也是养成自主识字、写字习惯的过程。为此，在实际教学过程中，我们还是要依据学生的实际情况与承受能力来确定写话要求，起始阶段多以口述的形式为主，逐渐过渡到写话。写话时，鼓励学生尽可能少用或是逐步减少使用拼音；遇到不会写的字，可以问家长、教师或同学；学习了"查字典"后，要充分利用好字典这一工具。

在语文教学中，汉语拼音的"借助"与"摆脱"是一个复杂且循环往复的过程。要想做到合理的"借助"与"摆脱"，需要教师根据学生及学习的实际情况灵活处理。

四、汉语拼音与普通话

我国的方言众多，方言与普通话的最显著差异表现在声母、韵母、声调的发音差异上。例如，我国有些方言区对于边音 l 和鼻音 n 的发音总是难以区分，如将"一连"读做"一年"、"荷兰"读做"河南"、将"男女衣衫"读做"褴褛衣衫"；还有些方言区在区别平舌音和翘舌音上存在很大难度。汉语拼音可以使我们对方言与普通话语音差异的认识简单化、系统化，从而把握这些差异，有针对性地纠正错误发音、学会标准发音。那么，如何利用汉语拼音来帮助学生学好普通话呢？首先，在"汉语拼音"的学习部分，我们应该树立将汉语拼音教学与"普通话学习"结合起来的意识，引导学生有意识地将拼音符号与普通话的语音联系起来，有意识地克服发音的随意性，在日积月累的过程中，养成讲普通话的习惯。其次，在朗读与口语表达的过程中，教师要重视正音教学，一方面注重纠正学生的发音错误，一方面注重引导学生辨别多音字。最后，可以设计一些有针对性的练习及作业，如给生字选择正确的读音、给多音字组词、查字典等，以此来帮助学成养成正音意识与查字典习惯。

专题三　追求工具性与文化传承性的统合

《语文课程标准》指出，"语文课程应培育学生热爱祖国语文的思想感情""培植热爱祖国语言文字的情感"。语言文字反映的是一个民族丰富多彩的文化现象，是文化的一个组成部分。英国文化学家泰勒首次把"文化"作为一个概念提了出来，即文化乃是包括知识、信仰、艺术、道德、法律、习俗和任何人作为一名社会成员而获得的能力和习惯在内的复杂整体。汉字是中国文化的重要组成部分，它的构形特点和表意功能，不仅是单纯的文字符号，还具有很强的文化属性。从昔日象形的甲骨文到今天的文字，汉字的表意功能始终没有发生改变；汉字的本身就是艺术，每一个汉字都似一幅精巧的构图，方方正正、结构严谨，具备着极其丰富的文化与艺术内涵。时至今日，中国汉字被作为中国文化的一部分在世界流行。因此，我们的识字教学，也不应局限于了解汉字本身的简单含义，而是应该透过这些简单的符号来对中华 5000 年的文化进行解读与传承。

案例分析

【案例 1-9】

师：请同学们拿出课前准备好的小纸条。

（学生各拿出三张长短不等的小纸条）

师：大家试着摆摆看，看看能摆出什么字来？

生：我摆出了"土"字。

师：没错，大家看，第一笔横短，第二笔横长，这个字就念"土"。

生：我摆出了个"士"字。

师：你说说，"士"和"土"有什么不同呢？

生："士"字的第一笔横长，第二笔横短。

师：真能干！我们表扬表扬他！

（学生鼓掌）

师：还有吗?

生：我摆出了个"工"字。

师：没错，我们把两笔横放在竖的两端，就成了这个"工"字。

生：我还摆出了"三"字。

师：原来，你是把这三个笔画都看做了"横"。

【案例1-10】

师：今天的课前准备做得真棒！奖励给大家个故事，想不想听?

生：想!

师：一天，太阳高高地挂在天空中，照得大地暖暖的。北京城里有一座高大的戏台子，在阳光的照射下投射下了影子！

（教师一边讲述一边板画）

图 1-8

师：看看这幅图，大家能看出它像咱们今天要认识的哪个字吗?

生：像"影"字!

师：哪里像?

生：红太阳就像影字上面的那个"日"字。

师：对，"日"就是咱们常说的——

生：太阳!

生：北京城里的戏台子就像"京"字。

师：真会观察!

生：地上的影子就像旁边的"彡"。

师：真细心!

师：现在，你们能将这个字牢牢记住吗?

（教师边说边用红粉笔板书"影"，学生跟随书写）

生：能！

师：它读做——

生：影！

师：这节课，咱们要来学习的新课文，就是——

生：影子！

汉字是中华民族智慧的结晶和无价瑰宝，是世界上最古老、丰富、准确、简洁、优美的语言文字之一，其所负载的历史与文化内涵，是世界上许多语言文字所不具备的。第一个案例中教师的做法或许除了帮助学生简单地记住字形之外，学生就再无其他收获了。而第二个案例中教师的做法，则一方面抓住了汉字本身的特点，进行识字规律的渗透；另一方面注重了儿童学习的特点，不仅体现了识字教学的趣味性，更为学生由"喜欢学习汉字"到"对学习汉字有浓厚的兴趣"，进而为达到"主动识字写字的愿望"打下了良好的基础。

观点建议

在我们当下的识字教学中，存在着各式各样的教学形式。比如，在对课文进行了整体感知之后，教师将本课的生字、词出示，引导学生进行所谓的"自主、合作、探究"式的学习，自主认读生字、词语；小组内互相检查、订正读音；在学习小组内探究本课生字中哪些容易读错、写错。这样的课堂，往往是热闹非凡，然而许多学生却依旧停留在原有水平，读不准的依旧读不准，容易写错的地方依旧会出错。另外，随着年级的升高以及学生识字能力的增强，学习生字的任务大多是由学生通过查字典与工具书来理解生字与新词的意思。以上种种做法，既忽视了汉字特有的文化属性，又割裂了文字所依存的具体语境，更令一个个鲜活而充满灵性的汉字变得冰冷。

【案例1-11】

（这是一位教师关于"闲"字的教学片段）

师：（播放课件，画面内容为一扇门里堆放着木头）同学们看到了什么？

生：我看到一个房间里堆满了木头。

师：是呀，那这是怎样的一个房间呢？

生：这一定是一个没有人住的房间。

生：这是一个没人用的房间。

生：这是一个闲着没用，没有人住的房间。

师：同学们说得没错。我们的祖先就是根据这个意思，造了这个"闲"字。大家请看：（播放"闲"字理演变过程）于是，就有了我们今天的这个"闲"字！请大家伸出手跟老师一起写。

（教师在黑板的田字格中板书"闲"字，学生随着书写）

师：同学们现在认识"闲"字了，咱们来玩个游戏好吗？

生：好！

师：听清楚要求，我来说，你来猜。答案都是两个字，一定带有"闲"！没有人住的房屋叫做——

生：闲屋！

师：真棒！

师：没有正事可做的人，叫做——

生：闲人！

师：没有种上庄稼的田地叫做——

生：闲田！

著名特级教师薛法根曾说过："字词知冷暖，言语有温度。"这"冷暖"与"温度"无不是由汉字特有的文化魅力所焕发出来的。虽然5000年来汉字的形态在不断演变，但汉字表意的特征却从未改变。识字教学的过程，不仅仅是引导学生掌握、学习、使用工具的过程，还应是对汉字建构意义的领略和对中国传统文化的审美过程。这样的识字教学，是综合的、立体的、价值多元的；这样的识字教学是融知识积累、能力培养、思维训练、情感陶冶、人文熏陶为一体的。

专题四　识字教学策略

近年来，我国各地先后开展的识字教学实验可谓多种多样，目前影响较大的识字教学方法有韵语识字、字理识字、部首识字、多媒体辅助识字等。《语文课程标准》在"教学建议"中提出："识字教学要将儿童熟悉的语言因素作为主要材料，同时充分利用儿童的生活经验，注意教给识字方法，力求识用结合；运用多种形象直观的教学手段，创设丰富多彩的教学情境。"

案例分析

同样教学"盘古开天地"一课中的"创造"二字，让我们来看看以下两位教师的做法不同在哪里？

【案例1-12】

（初读课文之后）

师：这篇课文中有许多难读的生字和词语，老师来看看你们是不是都会读了？（出示写有"创造"二字的词语卡片）

生：创造。

师：没错！这两个字，有什么好办法来记住它吗？

生：我会用"加一加"的办法来记住"创"，就是"仓"字加上"刂"旁。

师：这个办法不错，"创"字能组什么词吗？

生：创造！

师：对，这是我们课文中的词语。

生：创新！

师：真不错！

生：创建。

师：非常好！让我们再来看这个"造"字。

生：我也会用"加一加"的办法来记住"造"就是"告诉"的"告"加上"辶"旁。

师："造"字能组什么词吗？

生：造纸。

师：这是我国古代的四大发明之一呢。

生：制造。

师：没错。同学们，其实许多生字我们都可以用这种"加一加"的方法来记忆，除了"加一加"的方法，我们还可以试着用"减一减""换一换""变一变"的方法。

师：好，下面请同学们拿出练习本，我们一起来写一写这两个字。

【案例 1-13】

执教：深圳市荔园小学　谢佳芮

（初读课文之后）

师：老师知道你们爱读书，但爱读书不等于会读书。有位专家说："会读书的人能把一篇文章读成一句话。"你们能行吗？

生：能！

师：我们来试试，请同学们拿出笔，快速默读课文，想想，这篇课文能读成哪句话？

（学生默读，画出中心句）

生：人类的老祖宗盘古，用他的整个身体创造了美丽的宇宙。

师：没错！

师：不过，还有人说过这样一句话："读书更高的境界是把一句话读成一个词。"从这句话（指刚找出的中心句）里能读出哪个词？

生：创造。

师：对！就是它！创造！（教师奋笔疾书，粗粗的行楷字：创造）

师："创"，什么部首？

生：立刀旁。

师：为什么？

生：创造需要刀斧来披荆斩棘！

师："造"，什么部首？

生：走之旁。

师：这又为什么？

生：我想，创造不是一天两天就能完成的，需要走一段遥远的路途。

（其间的阅读教学内容略）

师：同学们，听了老师的故事，看了动人的画面，你们一定有话对盘古说，请用一句话表达！

生：盘古，你真伟大！

生：盘古，你真了不起！

师：依你们看，盘古什么地方伟大？什么地方了不起？

生：他为了开天地坚持不懈！

生：他把自己的一切都奉献给了人间。

师：你们所说的坚持不懈、乐于奉献、勇于开拓……归根结底，就是一种"创造"的精神！

师：此时此刻，当我再次面对"创造"时，我不禁肃然起敬。

师：（转向黑板上龙飞凤舞的"创造"二字，擦掉它）这一次，我只敢一笔一画，怀着崇敬之心、敬佩之情去认认真真地写好它！

（教师在田字格里，一笔一画、正楷、红色，书写"创造"）

师：请同学们也拿出纸笔，跟我一样，一笔一画、工工整整地写"创造"！一边写，一边用心感受盘古的奉献精神！

（学生在田字格里用心写下端端正正的"创造"二字）

师：（展示好的书法作品）看！只有这样写字，才能真正理解创造精神的！

在常态的识字教学中，或许我们常常都在采用前一个案例中的教学方法，而在与后一个案例的对比之后，钦佩之情是否会在您的心中油然而生呢？识字教学，不仅仅是让孩子们会记、会写，还要让孩子透过文字体会文本所要表达的主旨，让识字、写字与对文本的解读、对人物精神的感悟融为一体！

观点建议

一、"认""写"分开

一个人获取信息的主要途径是阅读，识字量是阅读的基础。《语文课程标准》在识字教学方面，提出"认识""学会"两种要求，并要求一、二年级认识常用汉字 1600～1800 个。由于低年级识字教学任务量大，常常会产生"枯燥无味"的教学效果。崔峦先生在《课程改革中识字与写字问题解答》中强调："认写分开，及早阅读。"由此可见，识字既是语文学习的基础，也是语文教学的一项重要任务。

【案例1-14】

（下面是一位教师在"一株紫丁香"一课中进行识字教学的片段）

（课件出示本课要认识的生字：株、踮、院、除、疲、倦、牵、困）

学生认读后——

师：谁来说说，你有什么好办法来记住这些字？

生：我能记住"除"，数学中有加法、减法、乘法、除法。"除法"的"除"就是这个"除"。

生：我用编谜语的方法来记"困"字，把一堆木头围起来。

生：我用"加一加"的办法来记"株"字，把姓"朱"的"朱"加上"木"字旁，就是"一株"的"株"。

生：我也用"加一加"的办法来记"踮"，把"商店"的"店"加上"足"字旁，就是"踮"。

生：我也用"加一加"的办法来记"院"，把"完"字加一个"阝"就是"院"。

生：把"皮"字加一个"广"就是"疲"。

生：一个"大"加上"冖"，再加上"牛"就是"牵"。

从这个案例中我们可以看出，学生只是对生字的字形进行了机械、繁琐的分析，讲了一些比较简单的识记办法，而没有从整体上进行认记。这样的识字效果以及对于学生思维品质的培养令人质疑。针对这种情况，我们不妨让学生先在学习小组里说一说，将简单的生字在组内消化、解决，重点针对难记的生字，筛选出最巧妙、最有效的办法再来全班交流。与此同时，教师要充分发挥主导作用，避免将简单的问题复杂化。

对于要求"会写"的生字，首先要指导学生结合具体的语言环境或是联系学生的生活经验，了解生字及由生字所组成的词语的意思，再让学生认真分析字形，观察生字在田字格中的具体位置，明确生字笔顺。

在识字量上，提倡"上不封顶下要保底"，鼓励学生积极进行课外识字来弥补课内识字量的不足。

二、灵活运用识字方法

（一）遵循儿童特点趣味识字

低年级教材中，精选了许多篇幅简短、充满童趣的篇目。在教学时，学生很容易对课文进行整体上的掌握和背诵，也很容易对所学生字产生定位联想，通过定位联想来加深记忆。我们可以依据教材特点，利用学生容易在"整体"掌握的基础上再现和记忆"部分"生字的认知规律，在熟读的基础上，把生字挑出来认识，然后再把生字还原回课文中。即采取先整体后局部、先轮廓后内涵的识字方法。

【案例1-15】

师：同学们，美丽的夏天来临了，老师今天给大家带来了一位夏天的使者，想看看它是谁吗？

生：想！

（教师播放课件：蜻蜓飞舞的画面）

师：听啊！小蜻蜓有话对大家说呢。

（教师播放课件：亲爱的同学们，夏天到了，我和我的好朋友们一起，有好多事情要忙呢！快来和我一起认识我的好朋友吧）

师：咱们这就跟随小蜻蜓一起，去认识它的好朋友，好吗？

（教师依次播放课件，出示小动物画面）

生：蝴蝶！

生：还有蚯蚓！

生：还有小蚂蚁！

生：还有一群蝌蚪！

生：还有一只大蜘蛛！

师：大家说得真好！不但叫出了小动物们的名字，还用上了数量词！这些小动物，在夏天里都各自忙些什么呢？睁大眼睛，认真看哟！（播放课件：配有动画的全篇朗诵）

师：小动物们在夏天里忙得多开心呀！请同学们打开课本，自己试着来读一读课文吧！看看谁一边读一边就能把小动物们忙碌的事情记住了！

（学生自由读课文）

师：记清了吗？

生：记清了！

师：（播放课件：课文插图）小动物们都在忙些什么？

生：蜻蜓在半空中飞！

师：没错。（播放课件：点击蜻蜓图片后，呈现句子"蜻蜓半空展翅飞"，"蜻蜓""展"为红色）

师：那其他的小动物都在忙什么呢？

生：蚯蚓土里造宫殿！

（师点击课件：出示句子"蚯蚓土里造宫殿"，"蚯蚓"为红色）

生：蝴蝶花间捉迷藏。

（师点击课件：出示句子"蝴蝶花间捉迷藏"，"蝴蝶"为红色）

生：蚂蚁地上运食粮。

（师点击课件：出示句子"蚂蚁地上运食粮"，"蚂蚁""运"为红色）

生：蝌蚪池中游得欢。

（师点击课件：出示句子"蝌蚪池中游得欢"，"蝌蚪"为红色）

生：蜘蛛房前结网忙。

（师点击课件：出示句子"蜘蛛房前结网忙"，"蜘蛛""网"为红色）

师：同学们读书真专心，这么快就把小动物做的事情记住了！让咱们一起来读一读。

（学生齐读）

师：同学们真了不起！这些小动物咱们平时都很熟悉，让咱们再来读一次，这一次老师希望大家一边读一边加上动作。

（学生起立，加动作表演朗读）

师：现在，老师将大屏幕的小短文变一下，看看你们还能不能记住小动物所忙的事了。

［教师点击课件，课件呈现：

蜻蜓　展（zhǎn），

蝴蝶　捉（zhuō）。

蚯蚓　造（zào），

蚂蚁　运（yùn）。

蝌蚪　游（yóu），

蜘蛛　结（jié）。］

（学生兴奋地齐诵）

师：真是了不起！现在老师把这些字的顺序打乱，你们还认识吗？

（点击课件，课件呈现：

蝴蝶　蜻蜓　蚂蚁　蚯蚓　蜘蛛　蝌蚪）

······

儿童活泼好动，喜欢唱歌、喜欢模仿、喜欢表现等。案例中教师充分利用课文简短押韵、易于诵读背诵的特点，再加上声音、图画、颜色等外在刺激，令学生产生了浓厚兴趣。教师通过这种顺应儿童心理的教学设计，最大程度地激发起了学生识字的学习兴趣。

（二）依据汉字规律科学识字

【案例1-16】

（让我们来看看下面的这位教师是如何在人教版实验教科书一年级下册"四个太阳"一课中，对"脸"字进行教学的）

师：让我们一同走进冬天去看看！（播放课件：北风呼啸的声音）北风呼呼地刮着，同学们感觉到了什么？

生：我觉得很冷。

师：是啊！你觉得哪儿冷呢？

生：我觉得我的手很冷，冰凉。

生：我觉得我的全身都冷，快要冻僵了。

生：我觉得我的脸很冷。

师：（出示字卡：脸）这就是"脸"字。"脸"是我们身体的一部分，很多带有"月"字旁的字都和我们的身体有关。大家想想有哪些字？

生：我想到了"脚"。

师：（板书"脚"）是的，"脚"也是"月"字旁，也是我们身体的一部分。

生：还有"腿"。

（教师板书"腿"）

生：还有"脑"。

生：腰。

生：肚子的"肚"。

师：让咱们一边指着自己身体的部位，一边来读读这些字吧！

......

这种利用"部首"带动一批字记忆的教学方式，可以帮助学生通过部首的示意作用在增加识字量的同时系统地记忆字义。

【案例 1-17】

师：同学们，咱们今天试着用念儿歌的方式来复习生字。（幻灯片出示"青"字）下了好几天的雨终于停了，"青加日字读作晴，风停雨过天气晴"。（板书："晴"）

生：青加"忄"读做"情"，我们都有好心情。

（板书：情）

生：青加"氵"读作"清"，山间清泉清又清。

（板书：清）

生：青加"虫"读作"蜻"，保护益虫小蜻蜓。

（板书：蜻）

生：青加"目"字读作"睛"，爱护双眼亮晶晶。

（板书：睛）

......

从认知规律来看，通过基本字带动相关字来进行识字教学，可以很好地帮助学生进行信息的记忆与提取，既能引导学生识字，又有利于学生记忆这些字；既有利于简化教学过程，也有利于学生进行举一反三的主动学习，从而达到扩大识字量、提高识字能力和读写能力的目的。

（三）利用汉字优势，字理识字

汉字是世界上独一无二的表意文字，每一个汉字，都是一幅画、一个故事，都充满感情，蕴含着极其丰富的文化信息，浓缩着先人的智慧和思想观念。我国当代"字圣"萧启宏教授认为："先贤造字，以字载道，以象示人，字形藏理，字音通意，同形同宗，同音意通。"绝大多数的汉字是有规律可循的，按照汉字的特点和规律进行教学，容易被学生接受，并且会使学生产生浓厚的探究兴趣。在教学过程中，学生在发展思维语言的同时，还可以了解祖国文字的无穷魅力和丰富内涵。不过，这种识字方式对教师的要求相对较高，不仅要对字理的演变知其然，还要知其所以然，避免传授过程中的知识性错误。

【案例1-18】

师：命运是什么？

生：命运要靠自己去拼搏。

生：命运要靠自己去掌握。

生：有的人天生命好，生下来就有吃不尽的好吃的、穿不尽的好衣服。

生：也有人天生命不好，一生都很努力，也在不停地奋斗，到最后还是一个穷光蛋。

生：有的人早早就得了疾病死去了，这也是他的命运。

师：我们来看看"命运"这两个字，你有什么发现吗？

生："命"字最上面是个人字。

师：你觉得这说明什么？

生：命运是属于我们每个人的。

师：也可以这样说。在我们中国的传统文化中，人字的一撇一捺代表着阴阳交合，这下面的一横，我们可以理解为"合二为一"。大家再看，"命"字下面还有一个"口"，代表我们吃饭的嘴巴，这个"卩"——硬耳刀，代表我们的膝盖。

生：老师，我知道了，是父母的幸福结合，带给了我们生命，也带给了属于我们自己的命运。我们不能"为了一口吃的而弯下自己的膝盖"！

生：也就是说，我们要对得起父母给我们的生命，不能轻易向命运低头。

师：你们真了不起！让我们再来看这个"运"字。

生："运"字是走之旁，也就是说，我们要为了命运努力地行走。

师：非常好！大家再想象一下"云"的特点。

生：云是在空中的，是够不着的，是随着风飘动的。

生：也就是说，命运还像云一样，是飘动的，是摸不到的。

师：同学们，你们说得真好！

生：老师，我还想说，"命"是父母给我们的，这是不能改变的事实，然而，"运"字告诉我们，我们可以通过自己的努力来掌握自己的命运！

时至今日，国内外的一些汉字研究工作者提出："汉字的重要性与优越性越来越为世人所瞩目。"汉字的简明和其特有的表意特点，使汉语成为世界上最成熟的语言，同时也是最具有智慧的语言。这就要求我们在教学过程中，从汉字本身的规律着眼，不断改进识字方法，在带领学生感受汉字文化魅力的同时，积极促进学生语言能力及思维能力的发展。

除上述几种识字方法外，我们在日常教学中还有很多经常使用的识字方法，也有的教师会创造性地把他人的成功经验与自己的教学实际结合起来，创造出新的识字方法或是将几种识字方法整合起来使用。无论是何种方法，只要遵循学生的年龄特点与学习规律，不断提高识字教学的科学性、趣味性和艺术性，积极倡导自主、合作、探究的学习方式，把识字的主动权交还给学生，引导学生从书本中识字走向生活中识字，让生活成为学生识字的源泉，就是有效、高效的识字教学。

【案例 1-19】

多种方法巧妙识字

——长春版小学语文一年级下《山行》教学设计

执教：东北师范大学附属小学　刘淑艳

［教学目标］

1. 能正确、流利、有感情地朗读古诗，感悟诗意，体会古诗所描写的景色，激发学生热爱大自然的感情；

2. 学会"枫、径、寒、停、亭"这五个生字，了解形声字的构字规律，了解"寒"的演变过程，能区别"停、亭"，正确书写"径、寒"；

3. 通过学习本课生字，培养识字的兴趣，提高识字的能力，激发对祖国语言文字的热爱之情。

［教学重点］会读、会写五个生字

［教学难点］感悟诗意

［教学准备］枫叶、枫树图、课件、生字卡片

［教学过程］

一、出示图画，激发兴趣，学习"枫"字

师：同学们看，这是教师节一位同学送给我的礼物，你们觉得漂亮吗？

生：漂亮！

师：谁能看出这幅画是用什么做的？

生：是树叶。

师：没错！这种红颜色的树叶，它是什么树的叶子呢？

生：这是枫树的叶子。

师：说得没错，它就是枫树的叶子。同学们请看大屏幕，这儿有一棵识字

树。（出示课件：画面为一棵大树，树上写有"桃、松、梨、柏、柳"五个字）大家找一找，树上有没有这个"枫树"的"枫"字呢？咱们边读边找。

生：桃、松、梨、柏、柳。（个别学生将"柏"读成"bó"）

师：（指"柏"）这个生字刚才有同学没读准，谁愿意再给大家读一读？

生：bǎi。

师：没错，记住是"柏树"的"柏"（bǎi），我们大家一起读一遍。

生：bǎi。

师：你们看，这棵识字树上有没有"枫树"的"枫"呀？

生：没有。

师：其实呀，这个"枫"字就藏在这棵识字树中，如果你们能猜对它的写法，它就能出来。相不相信？

生：相信！

师：谁想来猜猜？

（学生纷纷举手，教师指名）

生："枫树"的"枫"左边是一个"木"字旁，右边是一个"风"字。

师：右边是哪个"风"呢？

生："大风"的"风"。

师：有谁和她猜的一样？

（学生全体举手）

师：哇！你们都是这样猜的，谁来说说，你为什么这样猜呢？有什么道理吗？

生：因为"枫树"是一种树的名字，一般表示树的名字的字都是"木"字旁，我们以前学过了好多"形声字"，所以我猜它应该是读"风"。

师：啊！"大风"的"风"和"枫树"的"枫"的读音——

生：相同。

师：我们来看看大家猜得对不对。（播放课件：画面正中出现红色的"枫"字）对不对呀？

生：对！

师：咱们给自己鼓鼓掌吧！

（学生开心地鼓掌）

师：大家再来看，老师刚才拿的这幅画是什么做的？

生：枫叶。

师：对呀！

师：（出示教具："枫树"贴图）那现在呢，你还想到了哪个词？

生：枫树。

师：对，这就是枫树。你能不能描述一下，这是一棵什么样的枫树？

生：这是一棵美丽的枫树。

师：说得好，还有谁想说？

生：这还是一棵火红的枫树。

师：好，再来看，现在你又想到了哪个词？（又在黑板上贴了许多"枫树"）

生：这是一片枫树林。

师：嗯，没错！谁还想进一步说说，这是一片什么样的枫树林？

生：这是一片茂密的枫树林。

师：很好，他用了"茂密"这个词。还有谁想说？

生：这是一片火红的枫树林，非常美丽。

师：同学们，你们觉得这片枫树林美不美？

生：美！

二、初读古诗，想象画面，感悟诗意

师：实际上呀，真正的枫林要比这美得多，大诗人杜牧在一次长途旅行中就曾经见过，那真是漫山红遍、层林尽染，他被这眼前的景物深深地吸引住了，不顾旅途的劳累而停车观赏，还写下了一首非常有名的诗——《山行》，你们想读一读吗？

生：想！

师：（出示课件）请同学们先自己读一读。

（学生朗读，声音比较整齐）

师：请同学们自由朗读，你想怎么读就怎么读。

（学生自由读）

师：谁想读给大家听？

（教师指定学生朗读）

师：读得太好了，大家鼓励她。

（学生鼓掌）

师：我相信，大家一起读能读得更好，让咱们来试试。

（学生齐读）

师：听你们读得这么好，刘老师也想读一读，你们想听吗？

生：想！

师：想听的同学请闭上眼睛，老师想请你边听边想，在你的眼前会出现一幅什么样的画面，等一会儿老师请你说一说。

（师配乐朗诵）

师：谁想说一说，在你的眼前出现了一幅什么样的画面？

生：我想到了诗人杜牧正在观赏这片美丽的枫林。

（教师在黑板上贴出诗人杜牧）

生：还有山。

师：多少座山？

生：很多山。

师：可以说是连绵起伏的群山。

（用简笔画画群山）

师：还想到了什么？

生：应该还有一些人家。

师：对呀，那在什么地方画好呢？

生：应该是山上。

师：嗯，也就是非常远的地方。（用简笔画画出几户人家）

师：还有谁想说说，除了这些以外，还想到了什么呢？

生：还有一条石头做的小路。

师：（简笔画画小路）啊，还有一条弯弯曲曲的石子小路，一直伸向了远方。

师：还应该有什么呢？结合古诗再想一想。

生：还应该有白云。

师：对！（简笔画画出白云）

师：好了，同学们，咱们来看看，这幅图画美不美呀？

生：美！

师：是的，非常美！

三、多种方法，巧妙识字，发展思维

（一）径——看图识字法

师：刚才有一位同学告诉老师，要画小路，但在诗中也没有提到小路呀，你怎么知道要画小路呢？

生：因为"远上寒山石径斜"就表示这条小路。

师：哪个字是具体表示小路的意思呢？

生：径！

师：啊！"径"就是小路的意思。那我们来认识一下这个字。（出示生字卡，全班一起读）

师：既然它表示小路的意思，我把它贴在什么地方好呢？

生：应该就贴在弯弯曲曲的小路上。

师：（将"径"字贴在黑板的小路上）贴在这儿可不可以？

生：可以。

师：咱们一起再来读一遍。

生：（齐读）径。

师：光认识它还不行，你有没有好办法记住它呢？

生：把"轻重"的"轻"的"车"字旁，换成"双人"旁。

师：哦，这样一换就是"径"了，大家说换得对不对？

生：对！

师：那么我就有一个问题了，为什么是"双人"旁而不是"单人"旁呢？

生：因为"单人"旁好像表示的是人。

师：没错！而"双人"旁表示的才是小路。像咱们以前学过的"行走"的"行"这里面的"双人"旁表示的就是小路。所以说，这个字也是个什么字呀？

生：形声字。

师：这个字写得时候容易出错，老师想请大家再来仔细观察一下这个字，这个字在写得时候，大家要注意什么呢？

生：它的右半部分，那笔"点"不能穿过"横撇"。

师：要是穿过了，就变成了——

生：又。

师：对，大家记住，"径"字的这部分可不是"又"。还有吗？

生：不要把那笔"点"写成"捺"。

师：对！还有吗？

生：不要把那个"工"写成"土"。

师：对！这些地方都是我们要注意的，你们记住了吗？

生：记住了。

师：能写好吗？

生：能！

师：现在请同学们拿起课前发给大家的字卡，将"径"字完成。

（教师在字卡上写好了"彳"，学生完成右半部分）

师：写好了的同学可以请小组里的同学帮你检查一下，看看有没有写错。

（小组内互相检查）

师：好，请大家举起字卡来，互相看一下。

（学生举起制作好的字卡）

师：嗯，写得都不错。

师：（在黑板上画一个圆圈）请同学们看，老师在黑板上画了什么？

生：圆。

师：对，这是一个圆。那你知不知道圆中间的这个点叫什么？

生：圆点。

师：不准确，老师告诉你，它叫圆心，一起说一遍。

生：圆心。

师：大家再看，老师从圆心到圆的边缘画了一条线，有没有人知道，它叫什么？

生：它叫半径。

师：了不起！说对了，它就叫圆的——

生：半径。

师："半径"的"径"就是我们学的这个——

生：径。

师：同学们看，现在我把半径向这边延长到圆上，（板画）大家看，现在通过圆心连接圆上两点的这条线，它又叫什么，知道吗？

生：它叫直径。

师：对！大家一起说一遍，它叫——

生：直径。

师："直径"的"径"也是这个——

生：径。

师：同学们可以想一想，一个圆，它有多少条半径，多少条直径呢？我们现在不说，回家后，你要是感兴趣，可以好好研究一下。那你还可以给"径"组哪些词呢？

生：路径。

师：对。

生：小径。

师：对，小路的意思。

生：田径。

师："田径比赛"就是这个"径"。

师：好了，"径"字我们就学到这里。

（二）寒——字理演示法

师：你们喜欢做游戏吗？

生：喜欢。

师：那咱们现在就来做个游戏放松一下，什么游戏呢？说反义词。大家会玩吗？

生：会！

师：那好，我说左，你们应该说——

生：右。

师：那好，现在我选诗中的字来说，上。

生：下。

师：远。

生：近。

师：白。

生：黑。

师：有。

生：无。

师：现在我找诗中没有的字，看你们会不会，我说暖——

生：寒。

师：这么整齐呀，都说寒，那除了寒还有没有别的词呢？

生：冷。

师：也对。刚才同学们都说寒，为什么"寒"也是"暖"的反义词呢？

生：因为"寒"就是"寒冷"的意思。

师：没错。那咱们来看一幅图，你能不能从这幅图上看出寒冷。

（课件出示：如图1-9）

图 1-9

生：房子上都是雪。

生：房子里的人，身上盖着厚厚的棉被。

师：是，虽然盖着棉被，好像还在瑟瑟发抖呢！

生：地上还有雪，好像还结了一层冰。

生：这个房子没有门。

师：是啊，这样的情况肯定会——

生：冷。

师：刚才咱们说的这个"寒"字，就是根据这幅图，逐渐演变，变成了今天的字。请同学们仔细看看，它是怎样变化的。

（课件出示：如图 1-10）

图 1-10

师：同学们看过之后，能不能说一说，哪一部分变成了"宀"？

（在黑板的田字格内板书"宀"）

生：房子。

师：对，那个房子缩小就变成了"宀"，所以说，带有"宀"的字多数都和什么有关？

生：和"家"有关。

师：对了。大家注意了，"寒"字中间的这部分非常难写，看老师写一遍。

（一边板书，一边说笔顺，留下最后两点没写）

师：再看看老师刚才写过的这部分，是由什么演变来的？

生：是由房子里的那个人和他盖的被子演变过来的。

师：对，老师还给你补充一下，实际上，他的被子下还铺着厚厚的草席。这些合起来，就演变成了"寒"字中间这部分，中间这部分你们看清楚怎么写了吗？

生：看清了。

师：看清了我们一起来写一遍。

（边书写边说笔顺）

师：好，最后这两点，是由什么变来的呢？

生：地上的冰。

师：对！（板书"寒"字的最后两点）

师：这个字比较难写，现在老师请你跟着屏幕一起写一遍，注意笔顺。

（播放课件："寒"字的书写过程）

师：写得很好！刚才咱们说了，寒就是冷的意思，你能给它组哪个词呢？

生：寒冷。

师：对！我这儿有几个"寒冷"的好朋友，是一些和它相关的词，看看你认不认识它？

［课件出示：

寒冷　凉爽　温暖　炎热

（　）的春天（　）的夏天

（　）的秋天（　）的冬天］

师：（指课件中"凉爽"）这个谁认识？

生：凉爽！

师：对！大家跟他一起读一遍。

生：（齐）凉爽。

师：咱们继续来看，这个呢？（指课件中"温暖"）

生：温暖。

师：对，一起读读。

生：（齐）温暖。

师：最后一个词怎么读？

生：（齐）炎热。

师：这四个词语朋友呀，现在找不到家了，它们的家就在下面，你们能帮帮它们，把它们送回家吗？

生：能！

（指定一生用鼠标将词语拖至相应的括号中）

师：咱们来看看他匹配得对不对？一起读一读。

生：（齐）温暖的春天，炎热的夏天，凉爽的秋天，寒冷的冬天。

师：这是四个表示季节的词语，那么你还能给"寒"组什么词呢？

生：寒假。

生：寒冬。

师：好了，"寒"字我们就学到这儿。

（三）学习"亭"和"停"——对比区别法

师：我知道同学们特别喜欢做游戏，现在想不想做一个游戏？

生：想！

师：想做游戏，咱们得先来认识一个字。

（出示字卡：停）

师：这个字，它在诗中的哪一行呢？

生：第三行。

师：大家能读一读这行吗？

生：（齐）停车坐爱枫林晚。

师：接着往下读。

生：霜叶红于二月花。

师：读得不错。我们从这两句诗可以看出，此刻诗人在干什么呢？（指板书）看着诗说也行，看着图说也行。

生：诗人杜牧正在欣赏枫叶。

师：那我想问问你，他为什么不顾旅途的劳累而停车欣赏呢？谁能用"因为……所以……"的关联词造句来说一说。

生：因为枫林的景色实在太美了，所以他就停车了。

师：不错，还有谁想说？

生：因为诗人杜牧太喜欢枫林的景色了，所以就停下车来欣赏。

师：我们来看看诗的第三行，一起来读一遍。

生：停车坐爱枫林晚。

师：你看这行中的哪个字是"因为"的意思啊？"停"是停下车来，"爱"是喜欢，猜猜，哪个字是"因为"的意思呢？

生：我猜是"坐"。

师：这个"坐"的意思和我们今天的"坐"完全不同，这个"坐"在诗中的意思是——

生：因为！

师：那我们来看看，诗人是怎样赞美这火红火红的枫叶的呢？我们一起来读诗的最后一行。

生：霜叶红于二月花。

师：诗人是怎样赞美枫叶的呢？能不能说一说，经过霜打的叶子怎么样呢？

生：经过霜打的叶子比二月的花还红。

师：是的。如果你看到这么美丽的枫林，你打算怎样赞美呢？请你在小组里和同伴们说一说。

（学生小组内交流）

师：好，谁想说一说？

生：这是一片火红的枫林。

师：好像赞美的感情还不够，你能再说一次吗？

生：（声情并茂）这是一片火红的枫林！

生：这片枫林多美啊！

师：好了，现在这个字你认识了吗？（出示"停"）

生：停。

师：如果去掉"亻"，右边的字你还认识吗？

生：认识，也读"亭"。

师：对，它也念"亭"。

（将"停"和"亭"两张字卡贴在黑板上）

师：好了，现在我们开始做游戏。把你们的这两张卡片也准备好。

师：咱们这个游戏的名字就叫做"看图举卡片"。看到图时，你想用哪个"停"（"亭"）就举哪个"停"（"亭"）。

（播放课件：如图 1-11）

图 1-11

师：谁来说说，你举的是哪个"停"（"亭"）？

生：我举的是不带"单人"旁的"亭"。

师：谁和他举的一样？

（学生纷纷举手）

师：你为什么举这个"亭"？

生：因为图上是一个亭子，没有人，和人没有关系。

生：因为这个"亭"是"亭子"的意思。

师：来看看对不对呢？

（播放课件：如图 1-12）

图 1-12

师：通过刚才的演示，大家发现了什么？

生：我觉得这个"亭"字和刚才画面中的那个"亭子"很像。

师：对！也就是说，这个"亭"字，是个"象形字"。好，咱们接着来看看这回该举哪个卡片。

（播放课件：如图 1-13）

图 1-13

（学生举"停"字）

师：你们都举的是带"单人"旁的"停"呀，谁来说说，你为什么这么举呀？

生：因为这些车都停下来了。

师：在什么时候停下的？

生：在红灯的时候停下的。

师：那你能不能看着图说一句话呢？

生：红灯出现了，路上的车都停下了。

师：其他同学的意见呢？

生：我觉得他说得有点不对，应该是红灯亮了，不应该是红灯出现了。

师：嗯，听得真仔细，那你来说一句话吧！

生：红灯亮了，路上的车都停下来了，说明这些驾驶员非常遵守交通规则。

师：说得不错，希望大家也都能这样做。

师：看来大家都对这两个字区别得很清楚，现在我决定增加一点难度，有没有信心做得更好？

生：有！

师：这个游戏是看动作、猜词、举卡片，注意看！

（教师做打电话的动作）

（学生举"亭"）

师：好多同学都举的是"亭子"的"亭"，谁说说为什么呀？

生：因为你在打电话，打电话要到"电话亭"里去打。

师：你们太聪明了，"电话亭"的"亭"就是你们手中举的没有"单人"旁的"亭"，再来！

（教师做交警指挥交通的手势）

（学生举"停"）

师：呀，不一致了，有的举有"单人"旁的，有的举没有"单人"旁的，还有人两个都举了。（走到一名举起两张卡片的学生面前）你说说，为什么把两张卡片都举起来了？

生：因为警察叔叔这样一指挥，（边做动作边说）车子就得停下来。

师：那你为什么还举了不带"单人"旁的"亭"呢？

生：因为警察叔叔是站在"亭子"里指挥的。

师：那个"亭子"叫"岗亭"，就是这个不带"单人"旁的"亭"。

师：原来你是这样想的，有道理！看来老师是考不住你们了，谁愿意给大家做动作，让大家猜？

生：我想用语言表达行吗？

师：行，用语言也行。

生：哎呀！真累呀！休息一会儿吧！

师：好，看看大家举哪个字呢？

（有人举"停"，有人举"亭"，还有人举"停"和"亭"）

师：哎呀！又有人把两个字都举起来了。（走到一名学生身边）来，你给大家说说。

生：他累了，就要停下来休息一会儿，就是"单人"旁的"停"，他如果去"亭子"里休息，就得举不带"单人"旁的"亭子"的"亭"。

师：说得真好，还有谁想考大家？

生：我也想用语言表达。

师：好的。

生：这个房子怎么没墙呀？

（学生纷纷举卡片）

师：谁来说说？

生：因为"亭子"都没有墙，所以就是没有"单人"旁的"亭"。

师：看来大家已经把这两个字区分得很清楚了，请大家把这两张字卡放下。对这两个字，你有什么好办法能把它们记牢靠呢？

生：我利用"高"字来记"亭子"的"亭"，把"高"字的下半部分换成一个"秃宝盖"和一个"丁"就是"亭子"的"亭"。

师：可以，还有谁有好办法？

生：我是用"漂亮"的"亮"来记的，把下面的"几"变成"丁"。

师：嗯，也是好办法。我也有个好办法，想不想听一听？

生：想！

师：我这个办法是个顺口溜（同时播放课件，出示"亭"字的笔顺）一点一横长，口字在中央，谁知道我下面要说什么？

生：一个"秃宝盖"，"丁"字在下方。

师：嗯，不错。也可以这样说："宝盖"没有点，"丁"字底下藏。这个顺口溜好不好听？

生：好听！

师：好，我们就一起来说一遍。

生：（齐）一点一横长，口字在中央，"宝盖"没有点，"丁"字底下藏。

师：你能不能记住这是哪个字呀？

生：亭。

（四）全面整合，复习巩固，加深印象

师：现在我们一起来看看，这节课我们都学习了哪几个字呀？（一边指板书一边问）有"径"吗？

生：有"径"。

师：有"寒"吗？

生：有"寒"。

师：有"亭子"的"亭"吗？

生：有"亭子"的"亭"。

师：有"停车"的"停"吗？

生：有"停车"的"停"。

师：我这儿还有一个，"枫树"的"枫"没贴到相应的位置上。谁帮我出出主意，这个"枫树"的"枫"贴哪儿好？谁来贴？

（请一名学生上前来，该生将"枫"字贴在了"枫树"上）

师：她贴在了"枫树"上，可不可以？

生：可以。

师：嗯，我们讲了"枫树"嘛，贴在这儿，可以。

师：这节课，我们学了这五个生字，它们在诗中的位置大家也看到了。现在，请同学们把卡片准备好，我们一起读诗，边读边举字，你读到哪个字就举哪个字的卡片，我们要读得齐，举得也齐，能不能做到？

生：能！

师：来，试一试。

（学生读诗，在读的过程中，依次举起"寒""径""停""枫"）

师：读得不错，举得也整齐，现在把卡片整理好。最后，我们一起来背背这首诗，好不好？

生：好！

师：我来给大家配点音乐。

（播放课件，师生在音乐声中背诵古诗）

师：大家表现得真棒！这节课就上到这儿，下课！

三、培养学生独立识字能力

《语文课程标准》在第一学段的阶段性目标中指出："喜欢学习汉字，有主动识字的愿望。认识常用汉字 1600～1800 个，其中 800～1000 个会写。"从中我们可以看出：在识字教学中，一方面要完成不同学段对于识字量的要求，同时还要注意对学生识字能力的培养。从某种意义上说，对于识字教学效果的衡量，不是看学生是否完成了规定的识字量，而是要看学生是否具备了独立识字的能力。学生具备了一定的识字能力后，识字的主动性与创造性就会得到更大程度的发挥，加之教师的适当引导与指导，以往那种仅凭教师传授的局面就会得到改变，随着量的不断积累也一定会带来质的飞跃。

让我们来看看下面这个案例中的教师是怎样培养学生的识字能力的。

【案例 1-20】

师：（课件出示"合"字）同学们有什么好办法记住它吗？

生：我用"加一加"的办法来记。"人"加上"一"再加上"口"就是"合"。

生：我爸爸给我讲过这个"合"字的故事。

师：哦？请你给大家讲讲好吗？

生：好的！有一次，曹操在他很爱吃的酥点盒上写了"一合酥"三个字。他的手下杨修看见了，就打开盒子和大家一起把里面的点心全吃光了。后来，曹操问杨修为什么吃他的点心，杨修就说："盒上写着'一人一口酥'，我们不敢违背丞相的命令，就把它分着吃掉了。"

师：孩子，你真了不起！故事讲得既清楚又完整！咱们来鼓励××一下吧！

（师生鼓掌）

师：谁还有办法来记这个字吗？

生：我可以组一个词：合作。

师：没错，合作就是这个"合"。

生：和谐。

（有学生表示反对）

师：孩子们，"和谐"的"和"究竟是不是咱们大屏幕上的这个"合"呢？老师想请大家翻开字典看一看。

（学生翻查字典）

生：不是这个"合"。

师：（将学生查到的页码投影至大屏幕上）大家看，"和谐"这个词在这里。"和谐"和"合作"中的两个"和"（合）是两个读音完全相同、写法不同、用法也不同的同音异形字。今后，我们再遇到这样的问题，也可以像今天一样，向我们的字典朋友求助。

生：老师，你刚才让我们把书合上，是这个"合"吗？

师：孩子！请你顺便看一下字典中对于"合"字的解释，我相信你一定能自己找到答案。

生：哦！我找到了！"合"的第一个意思是……跟开相对。（……为不认识的生字，读不出）

师：（走上前去帮忙）闭上，合拢。（边做动作边读）

生：（兴奋地）老师，把书合上，就是这个"合"！

生：那把眼睛合上呢？

生：当然也是这个"合"！

生：把门合上！

生：把嘴巴合上！

（师生笑）

师：孩子们，你们个个都是小识字能手！今天的语文作业有两个：第一，在你的课外书中找一找"合"字；第二，在你的课外书中找一找"合"的同义字。

这个案例启示我们，培养学生的识字能力，我们可以从以下几个方面入手：

（一）利用已有的知识经验

建构主义学习理论十分强调学习者已有知识、经验的作用，认为只有学习者的已有知识、经验与新知识相互作用时，才能产生对新知识的理解。一年级学生在入学前，已经具备了一定的知识积累，这是不可忽视的宝贵资源。从案例中我们可以看出，学生通过利用已经认识的熟字，就能容易掌握"加一加""减一减""换一换""编字谜""组词""说句子"等常用的识字方法。在识字教学中，利用学生已有的知识经验，能够增强教学的针对性，收到事半功倍的效果。

（二）联系已有的生活经验

在教学中，我们可以充分利用学生已有的生活经验，将识字与生活、识字与认识客观事物结合起来。在教师积极的鼓励与引导下，生动有趣的故事、同音字的区别使用、生活中的实践经历都成为可遇而不可求的教学亮点。学生在参与、体验中掌握了识字方法，这不仅符合学生的心理需求，也大大拓宽了识字途径，增强了识字效果。

（三）借助工具

让学生运用好"字典"这一工具，它不仅是培养学生自主识字的得力工具，更是培养学生终身学习的有效途径。"课外读物"既可以帮助学生逐步养成良好的阅读习惯，又可以达到自主识字的目的。这些都要求我们在教学中充分树立利用好这些工具的意识，积极转变自身的教学方式，不失时机地对学生进行引导与指导，鼓励学生用自己喜欢的方式积极识字。

（四）运用字画

小学生的思维方式以直观形象思维为主，字、画的直观性、形象性很容易引起学生的兴趣，吸引他们的注意力。通过字、画对应引导学生看图识字，同时了解汉字从"画"到"字"的演变过程。这种字、画结合的识字方式，可以使学生在了解汉字的演变过程当中，领略祖国文字精深的文化内涵，进而产生更为强烈的识字兴趣。

专题五　增强写字教学的科学性

《语文课程标准》对写字教学的总目标确定为："能正确地书写汉字，并有一定的速度。"在"阶段目标"和"评价建议"里强调要养成正确的写字姿势和良好的写字习惯。联合国教科文组织曾发起过这样的建议："书写不仅仅是一种教育技能，而且是一种将个人风格最完美地带入其中的表达手段，教育心理学和实验教学所取得的进展表明，书法的教学方式可以进一步适应儿童的潜能。"由此可见，写字教学是《语文课程标准》的重要组成部分，也是语文教学的重要内容。

案例分析

以下是两位教师执教公开课《"红领巾"真好》（人教版二年级上册）的片段，让我们来看看她们对于写字教学的处理有何不同。

【案例 1-21】

一、导入新课

1. 板书课题，理解"红领巾"的含义。

2. 提问：看了课题后你想知道什么？

下面你们就带着这两个问题，自己轻声读课文。

二、初读课文

1. 借助汉语拼音轻声读课文，读准每个字的音，划出不懂的词语，同桌互相交替读、听并纠正错误的读音。

2. 出示生字词卡片，用齐读、"开火车"读、个别读的方法，检查生字、词的读音。

三、检查初读情况

1. 出示带注音的生字词卡片，先读生词，再读生字，用齐读、开火车读的方法，检查生字的读音。提醒学生注意"跃"是整体认读音节，"新"的韵母是前鼻音。

2. 指名分节朗读课文，读后评议，注音纠正错误读音。

四、理解课文，指导朗读

1. 齐读第一节第一句，读出设问的语气。

2. 提问：从课文中哪些词可以看出小鸟最快乐？

3. 指名朗读课文，说出表现小鸟最快乐的词句。

4. 指导朗读。

5. 小结：刚才我们用"读一读，画一画"的方法学习了第一节。下面，请同学们用同样的方法在学习小组内学习第二、三节。

6. 学生轻声自由读课文，边读边想。小组内互相讨论。

7. 提问：小鸟为什么赞扬"红领巾"真好？

五、有感情地齐读课文

（略）

六、识记字形，指导写字

1. 启发学生用偏旁和熟字分析"羽、歌、护、活"的字形。

2. 指导写字。

七、课外拓展

制作爱护小鸟的广告牌。

【案例1-22】

一、谈话揭题，写"领"字

师：同学们，上课前老师想请大家低头看看，你们每个人胸前都佩戴着什么？

生：红领巾。

师：是啊！它是中国少年队的标志，它有一个响亮的名字——

生：红领巾！

师：请同学们举起小手和我一起来写这三个字。（把"红领巾"三个字工工整整地写在黑板上）

师：让我们亲切地叫一叫它的名字。（生读）

师：让我们再来自豪地叫一叫它的名字。（生读）

（多媒体出示田字格中的"领"）

师：仔细看看这个"领"字，你有什么发现？

生：它是左右结构的字，左边一个"令"字，右边一个"页"字。

生："令"字瘦，"页"字胖。

生：写"令"字的时候还要把捺变成点。

师：你们观察得真仔细！是啊，正是因为"令"的谦让，才使"令"和"页"合在一起组成"领"时显得这么和谐、优美！请同学们举起小手，跟老师一起写一个。（师范写，生书写）

师：请大家彼此谦让，互相学习，认真地在自己的语文书上描一个"领"，再写一个"领"。

二、自由朗读，识记生字

1. 借助拼音自由朗读。

2. 出示词语、检查认读、订正读音：

叽叽喳喳　蓬松　活跃　扑棱棱　鸟巢　崭新　木牌

（指读、小组读、齐读等多种形式读）

3. 说说你有什么好办法记住上述词语中的生字。

三、感悟文本，认写结合

1. 学习第一小节

①你读懂了这是一群怎样的小鸟？（可爱的小鸟）

②从哪里看出小鸟的可爱？

③针对"蓬松的羽毛"：

师：让我们来看看小鸟的羽毛。（课件播放"羽"字的字理演变）

生：这个羽字就是从羽毛变来的。

生：羽字的两个"习"字就像小鸟的两只翅膀，左边一个，右边一个。

生：还要一样大，这样小鸟才能飞得高。

师：是呀！让咱们来写一写这个"羽"字，看看你能不能给"羽"字插上漂亮的翅膀，让它就像会飞的、快乐的、可爱的小鸟一样。

④读出小鸟的可爱！（指名读、小组读）

2. 学习第二小节

①这群小鸟不仅快乐、可爱，它们还很机灵呢！从哪些地方能感受到小鸟的机灵？

②（课件播放小鸟捉虫的动画）

师：生活中的小鸟能帮助我们捉虫子，你在生活中捉过什么吗？

生：我在大海边捉过小鱼。

师：说说你是怎么捉的？

生：小鱼游得很快，我要用一个网。

师：站在那里不动能不能捉到小鱼？

生：当然不能了，小鱼会游的。

师：嗯，小鱼游动，那你呢？

生：我就跟着小鱼跑。

师：看来，捉小鱼不光得用手，还得用上脚，是吗？

生：是！

师：大家看看这个"捉"字，想想××捉小鱼的情形，你们想到了什么？

生：捉不光得用手，还得用脚！"提手"旁就代表"手"，"足"就代表我们的脚！

师：说得多好呀！

师：再看这个"捉"字，如果请你写一写，你觉得有什么需要提醒大家注意的吗？

生：我要提醒大家，"提手"旁要比"足"字写得瘦一点，因为只有我们的脚站稳了，手才能捉到小鱼呀！

师：是呀！咱们写字时，其实也需要手脚并用，脚牢牢地钉在地上，做到脚稳，小手才能专注、自如地写好字！来试试让你的手脚并用，写好这个"捉"字！

（师范写，生书写）

④读出小鸟的机灵。

⑤机灵的小鸟们捕捉害虫的本领可强啦！（课件出示资料：《捕虫能手》）

⑥想对小鸟说什么？

小结：小鸟对大自然的保护作出了很大的贡献。

⑦听了小朋友的称赞，小鸟就更加活跃了。

（师生合作读第二小节）

3. 学习第三小节

①请同学们去读读诗歌的第三小节，到字里行间去体会"红领巾"真好，好在哪里？

②"红领巾"来到鸟巢时，会对小鸟说些什么呢？

③怪不得小鸟在枝头高唱："'红领巾'真好!"

④其实,不仅仅"红领巾"们在爱护小鸟,我们国家乃至整个世界都很重视对鸟类的爱护。

三、总结全文,课外拓展

1. 读全诗。

2. 诗中爱鸟的"红领巾",得到了鸟儿们的称赞,你们也是"红领巾",想得到小动物的夸奖吗?让我们也像诗中的"红领巾"一样,去保护大自然中可爱的小动物,让他们在大自然中幸福快乐地生活吧!那我们还应该爱护哪些小动物呢?

3. 课外作业(选做一项):

A：制作保护小动物的宣传牌。

B：选择自己喜欢的一种小动物,仿照《"红领巾"真好》试写一首小诗。

如今,我们的很多语文教师对于写字教学的处理都如【案例1-21】中的这位教师一样,蜻蜓点水,一带而过。教师指导学生写字和学生专心写字的身影越来越少了。还有些教师认为,随着时代的发展、计算机的普及,对于写字的指导应充分利用多媒体这一现代教学手段。也有的教师认为,写字教学已经不再重要了,在课堂上安排写字会冲淡课堂精彩的生成。而在【案例1-22】中,写字教学的地位得到了凸显,课堂洋溢出的语文味更令人回味。

目前,许多教师对于写字教学的价值与意义还缺乏科学的认识,将"写字"简单地等同于"写字技能"。由于对写字教学价值的忽视,致使其在写字教学中用多媒体演示代替教师示范,用打字代替写字。写字教学变成了简单、机械的训练,甚至变成了惩罚学生的一种手段。面对种种不良现象,应该大声呼吁:写字教学不可缺位!

观点建议

写字能促进学生智力的发展。这是因为书写是一项手脑并用的动作技能,学生写字时,视觉分析器与运动分析器需要联系、协调运行;书写时的手指运动对智力发展有很大的促进作用;另外,中国汉字的字形、结构不仅具有表意的功能,还具有一定的规律性,要把汉字写得规范、正确、优美,需要观察、比较、辨析、联想等智力因素的参与,学生的形象思维与抽象思维都得到了调动，在书写的过程中，学生的智力与大脑潜能会获得很大程度的开发。

除此之外，写字还有利于非智力因素的培养。《语文课程标准》指出，要让学生"初步感受汉字的形体美"。这就在注重培养学生写字技能的同时，还注重了对学生写字态度与情感的培养。而要想感受汉字的形体美，就需要学生仔细观察汉字的框架结构，细心揣摩笔画间的关联、呼应。久而久之，学生就会在全神贯注、凝神静气的过程中养成细心、沉着、注意力集中等良好的心理品质。

【案例1-23】

（写字课上，张老师和学生们一起学写"花"字，张老师故意让"艹"占据了上半格的位置，可想而知"化"被"挤"得很不协调了）

生：（迫不及待地）老师，你的"艹"写得太大太长了。

生：是呀，好难看呀！

师：是吗？谁来说说，为什么这样写不好看呢？

生："花"是上下结构的嘛，"艹"要写得扁一点才好看。

师：既然是上下结构的字，我这个"花"字上下部分各占一半，有什么不可以呢？

生："花"是个形声字。上面的"艹"是它的"形旁"，下面的"化"是它的"声旁"。声旁应该是主要部分，所以声旁"化"就要占据较多位置，这样才明显。

师：嗯，好像有些道理。还有谁愿意来说服我？

生：老师，有花的地方一定有草。花一定比草更好看，更漂亮。你不能让草长得那么长呀！

师：哇，有道理有道理！（兴奋地提笔修改）

师：这回怎么样？"花"和"草"长得让你满意吗？

生：嗯，满意！

师：好，让咱们一起来写好这朵"花"！别忘了让"草儿"成为它身边美丽的点缀！

【案例1-24】

中国民间流传着很多字谜故事，这些故事在诙谐幽默之中体现了古人的智慧。

一次，和珅在府内后花园修建了一座书亭，邀请大学士纪晓岚题写匾额。和珅的几个儿子多是些只知道吃喝玩乐，不懂文墨的花花公子。纪晓岚决定借机捉弄他们一下。于是，他爽快答应，并挥笔写下了"竹苞"二字。

和珅向纪晓岚询问缘由，纪晓岚说："书亭四周的翠竹围绕，景致怡人，所以取'竹苞松茂'之意。"和珅听了，乐呵呵地说："清雅、别致，妙不可言！"随即命令工匠将"竹苞"二字精心雕刻，镶在了书亭之上。

一天，乾隆皇帝亲临和府，见到书亭的匾额后大笑不止，和珅大为不解。乾隆解释说："和爱卿，这是纪晓岚在嘲笑你和你的儿子们呢！将'竹苞'二字拆开来读，正是'个个草包'！"

和珅听了，恍然大悟，直说自己糊涂！

【案例 1-25】

师：今天的这节写字课，咱们来玩一个"木头人"的游戏，想不想玩？

生：（兴奋地）想！

师：好，木头人的游戏是这样的：我一说"你们都是木头人"，大家接着说"不许移动不许笑"，不仅要这样说，还要这样做，清楚了吗？

生：清楚了！

师：咱们先来实验一次。你们都是木头人！

生：不许移动不许笑！（全班静止不动）

师：非常好，下面请大家拿出今天的写字课本，开始写字。

（五分钟后）

师：你们都是木头人！

生：不许移动不许笑！（定位姿势）

（教师走至写字姿势标准的同学身边，在其作业本上粘贴"红花"）

师：好了，今天游戏的获胜者已经评出来了，大家知道是谁吗？

生：知道！

师：说说为什么？

生：他们的写字姿势非常标准！

师：没错！良好的写字姿势是咱们写好字的前提。这不仅可以帮助我们将字写得更漂亮，还能帮助我们的身体长得更加修长、挺拔！

生：老师，咱们再玩一次好吗？

师：当然可以！

一、培养写字兴趣

随着现代化教学手段的运用，写字教学在慢慢被人们淡化。随之而来的，就是学生的写字态度及兴趣也不如以前了。我们都知道，兴趣有巨大的内驱力，它是认知的欲望，是学习者参加学习的直接动力，也是自觉能动性的重要组成部分。学生如果能对汉字产生兴趣，就会从心底产生写好汉字的愿望。

（一）榜样促趣

在写字教学前，有的教师喜欢收集一些资料。比如，我国古代大书法家的字帖、广告艺术字、身边同学写的书法作品等。还有的教师非常注重自身榜样的示范作用。在平时的教学板书、作业批改中，展示给学生一个个端端正正的汉字。也有的教师注重发挥同伴之间的榜样作用，定期在学生中开展优秀作品评比及展览。

（二）故事激趣

汉代的萧何为了写好题匾冥想、苦练三个月；东晋大书法家王羲之苦练书法把一池清水变成了一池墨水；南宋岳飞在沙上练字……这些故事中主人公刻苦练字的精神及高尚人格在令学生深受感染和启发的同时，也会激发起学生写字的兴趣。

（三）谜语引趣

猜谜语是小学生最喜欢的游戏之一。在教学中可以利用"字谜"来引发学生的写字兴趣。当学生猜出谜底后，还可以请学生说说他是怎样猜出来的，教师相机在黑板上范写，这对于学生记忆、区分字形都能起到很好的帮助作用。

（四）游戏增趣

心理研究表明：游戏符合小学生的心理特点，是小学生最喜爱的活动。在写字教学中，合理地设计些游戏活动，既增加了学生写字的兴趣，又培养了学生的创新能力。有的教师为了指导学生掌握正确的书写笔顺，设计了"划拳写字"的游戏：同桌两人通过剪子、石头、布来猜拳，获胜方就获得了先写"一画"的权利，谁先将规定的字写得笔顺正确、结构合理、美观大方，谁就可以胜出。

对于小学低年级的学生来说，培养浓厚的写字兴趣是写字教学的前提。只要我们能够运用科学、合理的方法，以"兴趣是最好的老师"为前提，就一定能够指导学生写出一手端正、整洁、美观的汉字来。

二、培养写字习惯

小学生正处于身体生长、发育的关键时期，写字姿势不良很容易造成肩斜、背驼、近视眼等现象，影响身体健康。因此，一定要让学生养成良好的写字习惯。写字习惯包括写字姿势、执笔方法、书写习惯等。

写字姿势对于练习写字非常重要。正确的写字姿势：头正、肩平、背直、足安。头稍向前倾，眼睛离桌面一尺左右；两肩齐平，胸、背挺起，胸口离桌沿一拳左右；两脚平放在地上与肩同宽。

执笔方法直接影响书写的效果，关系笔的控制能力、运笔的灵活性、书写的速度。正确的执笔方法，应采用三指执笔法：右手（也有人用左手）执笔，大拇指、食指、中指分别从三个方向捏住离笔尖3厘米左右的笔杆下端，食指稍前，大拇指稍后，中指在内侧抵住笔杆，无名指和小指依次自然地放在中指的下方并向手心弯曲。执笔要做到"指实掌虚"，就是手指握笔要实，掌心要空，这样才能保证书写自如、减缓疲劳、提高书写水平。

要养成良好的书写习惯，绝非一朝一夕之功，而要靠长期不懈、持之以恒的训练。为达到这一目的，我们可以尝试采用以下方法：（1）编唱儿歌。将正确坐姿及握笔的要点编成儿歌，让学生熟记成诵。（2）互相查验。引导学生通过自主查验，发现身边存在的问题及问题形成的原因，互相提示、督促。（3）榜样鼓励。通过对坐姿和握笔姿势非常正确的同学给予鼓励，让同学感受来自身边榜样的力量。（4）家校配合。请家长参与配合，形成教师、家长齐抓共管的局面，培养学生"提笔即练字"的好习惯。

三、加强写字指导

写字技能的形成不是一朝一夕的事情，需要经过一定的练习与巩固。我们一定要重视在课堂上为学生预留一定的练习时间，使学生能在教师的关注下进行练习，这也便于教师及时发现问题，进行有针对性的指导与纠正。俗话说，授人以鱼，不如授人以渔。让学生从一开始就在正确方法的指导下，学会举一反三，才能为以后的学习打下坚实基础。

四、重视写字评价

写字评价是写字教学中至关重要的环节。写字是一项复杂的活动，学生从开始提笔到一次写字练习的全部结束，是一个有时间延续的完整过程。因此，我们必须关注学生写字过程中的一些重要因素，给学生一个全面正确的导向。写字教学中的评价，可以重点关注以下几个方面：写字姿势，专注程度，整洁美观度等。

要想使学生感受写字过程的乐趣，就需要我们通过灵活、多样的方式，积极发现、赏识学生写字过程中的每一个亮点，使之感受到成功的乐趣。教师言语上的肯定、赞美，作业本上代表鼓励的嘉奖符号，细致的评价等级，来于伙伴间的比赛竞争……只要我们坚持以赏识的目光去发现学生，用信任的目光去期待学生，用心点拨，悉心引导，学生的写字兴趣和写字能力一定会得到长足的进步！

专题六　纠正错别字

小学生记忆的伸缩性很大，有易学易忘的特点。随着识字教学的深入、识字量的增大，学生写字时容易出现加笔画、丢笔画、写错笔画以及同音字、形近字相混的现象。这严重影响了学生的书面表达及情感交流，也很容易形成不良习惯，为今后的语言学习制造不同程度的障碍。

纠正与预防错别字是小学语文教学中不可回避的内容。我们在对自己的教学方法、教学手段、教学理念等方面进行反思的同时，还需要在教学实践中不断探索这方面的科学方法和有效经验，以期帮助学生提高识字效率。

案例分析

【案例 1-26】

（李老师走进教室，一抬头就看到黑板上"值日生"三个字中的"值"少写了一横，这是孩子们在书写过程中经常出现的错误；李老师走上前去，将"值"字擦掉）

生：老师，你为什么把"值"字擦掉啊？

师："值"字今天的身体非常不舒服，他觉得全身疼痛难忍，这会儿他去医院看病了。

生：（困惑地）什么病？

师：医生刚刚的检查结果："值"字少了一条肋骨，不及时治疗会对他的身体健康造成很大的影响。

生：真的吗？那他为什么会少了一条肋骨呢？

师：你们不信吗？那咱们这就去看看"值"字。（板书错误的"值"字）

生：哦！我知道了，右边的"直"里面应该是三笔横，而这个"直"字里只有两笔横！

生：原来少了一条肋骨是这样的啊！

师：是啊，不仅"值"字自己痛苦得受不了，大家看了"值"字是不是也会觉得心痛，也会觉得不舒服？

生：（认真地）是！

师：大家再想想，还有哪些生字被咱们不小心弄丢了身体的一部分呢？

生：还有"算"字，我以前也弄丢过它的肋骨。

生：我以前把"睛"写成了"晴"。我想，我一定是不小心弄伤了他的眼睛。

生：还有"代"字，我以前总是忘记写最后一笔点。我想，它一定觉得我把它的帽子弄丢了。

生：还有兔子的"兔"，我以前也忘记过它的最后一笔点。我要提醒大家，虽然兔子的尾巴很短，可不要像我以前一样把它的尾巴弄丢了。

……

在常用字中，有些汉字字形相近，差别细微；也有众多的汉字读音相同或相近。学生在积累、运用汉字的过程中，很容易出现字形混淆、同音字互相替代的现象，也就是我们常说的"错别字"。认知心理学研究表明，学生通过视觉获取的第一印象至关重要。一旦学生将错误的认知信息输入大脑，就会形成一种错误的记忆。纠正这种记忆，是一个十分艰难、复杂的过程。【案例1-26】中的教师，巧妙地抓住了契机，创设教学情境，从一个"值"字引入，帮助学生订正了一批错别字，既注意了知识与能力的培养，又很好地调动了情感、态度的积极参与，令艰难、复杂的学习过程变得轻松而愉快。

观点建议

《语文课程标准》指出："关注学生日常识字的兴趣……激发学生识字写字的积极性，不能简单地用罚抄的方法来达到纠正错别字的目的。"这就要求我们，不断改进自身的教学实践，在教学过程中注重寓教于乐，努力将学生的思维、语言、想象力、创造力引导到生字学习中来，激发学生订正错别字的积极性与主动性。

一、画画辨析

图画的特点是直观形象，一目了然。识字教学中，有些同音字的字义能用图画表示出来。比如，引导学生区别"圆"和"园"这两个同音字时，可以让学生画一个"圆"，告诉学生这是一个"圆圈"，学生自然地联想到"圆球""圆桌""汤圆"……再画一幅"公园"图画，告诉学生这个"园"代表供我们休息或是游玩的场所，学生由此自然联想到"园地""花园""校园""幼儿园"……通过这样的图画比较，学生不仅理解了字义，而且印象深刻。用这样的方法来辨析的同音字还有很多，比如，"棵"和"颗"，"中"和"终"，"支"和"枝"等。

二、归类辨析

引导学生将常错字进行归类，由一个字带出多个字，识记一串字，能明显地提高识字的效率。比如，学生在写"考"时，经常会将下半部分写成"与"，纠正这个字时，可以联系"烤""拷""铐"。学生用归类的方法来辨别记忆，不仅能够提高记忆强度，同时还可以掌握与之相关的一批生字。

三、形象比拟

根据字形某一部分的特殊性，将生字形象比拟成学生熟悉的事物或是生活中常见的场景，可以使之变得形象、直观。

比如，学生写"帽"字时，常常将右半部分的"冒"写成"昌"。为帮助学生区别记忆，可以告诉学生："太阳很大，照得人们睁不开眼睛，我们来戴顶大帽子遮挡一下太阳吧！记住，一定要选一顶大帽子，小了就挡不住阳光了。"通过这样的形象比拟，学生们对于"帽""冒"和"昌"字的印象就更深刻了。

四、析义辨形

有些生字的读音相同、字形相近，区别比较这些生字时，可以先指导学生查字典了解生字的意思，通过联系词语的意思进行比较，进而作出正确的判断。学生在使用"漂"和"飘"时，经常出现混淆的现象。通过对字义的辨析、比较，学生了解到"漂"和"水流"有关，"飘"和"随风飘动"有关。

五、诵读儿歌

儿歌朗朗上口，一旦记住就不会忘记，学生很喜欢。如跑、抱、泡、饱、袍、炮这几个字，可以通过儿歌"有足快快跑，有手轻轻抱，有水把茶泡，有饭能吃饱，有衣穿长袍，有火放鞭炮"来辨析记忆。儿歌中既用到了这些易混淆的字，又告诉学生每个字的意思跟其偏旁有关。

六、放大字号

将学生易写错的字放大处理，以引起学生的注意；并把易错的笔画用彩笔标出来，以达到引起注意、加深记忆的目的。"怀念"的"念"的上半部分是"令"，最后一笔点容易漏掉，又如"必"字中间的一笔撇，"匹"最后一笔的"竖弯钩"，"步"的下半部分不是"少"……纠正这些字时就可以用放大字号、突出笔画的方法，给学生留下鲜明、深刻的印象。

七、自主纠错

引导学生自主发现自己及同伴经常出错的生字，通过比较发现错别字与正确的字有何异同，自己想办法、动脑筋，记忆正确的写法，学生就不易再出错了。

八、当及时纠错

低年级学生的记忆特点是记得快、忘得也快。因此，教师应该及时进行纠正、反馈。

阅读教学

专题一 走向和谐的阅读对话

《语文课程标准》指出："阅读是搜集处理信息、认识世界、发展思维、获得审美体验的重要途径。阅读教学是学生、教师、文本之间对话的过程。"这一句话集中体现了新课程阅读教学的新理念，包含了两层含义：其一，阅读是读者与文本主体间的对话过程；其二，教学是教师与学生以及学生与学生主体间对话的过程。

"对话"在现代社会中被广泛应用于各个领域。教学中的对话，不能简单地理解为教学双方语言上的你问我答，它本质上是一种价值追求，意味着教者与学习者在相互尊重、信任、平等的基础上，以语言等符号为中介而进行的精神上的双向交流、沟通和理解，而且有知识、思想、情感、经验等多方面、多层次的相互交流与共同建构。阅读中的对话是学生与文本、教师与文本、教师与学生基于平等的立场，通过言谈、倾听或感悟而进行的多向交流、共同学习的教学方式，也是一种以对话为原则、以对话精神为主导的教学形态。

把握阅读教学中的"对话"，从学生与文本的关系来说，既要珍视学生的独特感受、体验与理解，又要重视学生在阅读过程中的主体地位，引导学生领会作者本意，不能游离于作者本意、进行漫无边际的理解；从教师与文本的关系来说，既要珍视自己对文本的解读与感受，又不能让"教学参考"束缚自己的手脚；从教师与学生的关系来说，教师既不能将自己对文本的解读强加给学生以此代替学生的个性化阅读，也不能以尊重学生的个性化理解、体验和感悟为由而放弃对学生进行价值观的引导。

那么，在具体的教学实践中，如何实现阅读教学中的和谐对话呢？

案例分析

【案例 2-1】

<h3 style="text-align:center">"地震中的父与子"教学实录</h3>

一、播放录像，感受灾难

师：同学们好！咱们又见面了，知道咱们今天要共同学习哪篇课文吗？

生：地震中的父与子。

师：是的，上课前，我想请大家和我一起走进一个特殊的场景。

（播放录像：地震场景）

师：影片就看到这儿，谁来说说刚才你看到了什么？

生：我看到了地震。

师：是的，能说得具体些吗？

生：地震发生了，楼房都倒塌了，很多人失去了生命。

师：的确，地震实在是太可怕了！

师：还有补充吗？

生：地震让人们惊慌失措。地震让人们失去了家园、失去了亲人，人们的内心可能是无比恐惧和悲痛的。

师：是的，亲爱的同学们，地震给我们人类带来的伤害往往是难以平复的。咱们今天要学习的这篇课文讲述的就是一个发生在地震当中的感人故事。

师：请大家齐读课题。

生：地震中的父与子。

二、出示数字，引领全文

师：非常好，让我们再来看大屏幕。这次，你又看到什么了？

生：我看到了 1994 年，4 分钟，30 万人，7 岁，8 小时，12 小时，24 小时，36 小时，38 小时，50 分钟。

师：这其实就是一组——

生：数字。

师：是的，亲爱的同学们，我想请大家思考：这仅仅是一些普通的数字吗？这些数字就来自于课文，每一个数字都有着不同的含义，每一个数字的背后都有一个动人的故事。你能讲出这些数字背后的故事吗？

生：1994 年美国洛杉矶发生了一场可怕的大地震，30 万人在 4 分钟内受到了不同程度的伤害……

师：同学们，请允许我补充一下，在这短短 4 分钟的时间里，受到伤害的还不止这 30 万人，在震中 30 公里的范围之内，还有 11000 多座房屋倒塌，高速公路和楼房几乎全部被毁，自来水管、煤气管道爆裂，火灾四起，通讯中断，这就是震惊世界的 1994 年洛杉矶大地震。

师：你为我们开了个好头，让咱们把机会留给更多的同学，还有谁想接着说？

生：一名 7 岁的小男孩，他的名字叫阿曼达，他和同学们被困在了学校倒塌的楼房里。

师：是的，这位叫阿曼达的 7 岁小男孩，是我们课题中的这位——

生：儿子。

师：好，谁愿意接着讲下去。

生：阿曼达的父亲，为了救儿子，他在废墟中挖了 12 小时，24 小时，36 小时，38 小时……

师：是的，从 12 小时到 38 小时，这是父亲挖掘废墟所用的——

生：时间。

师：同学们，你们知道 38 小时有多久吗？

生：一天是 24 个小时，38 个小时就是一天再加 14 个小时。

师：是的，难以想象，这 38 个小时，对于这对父子来说，是何等的——

生：漫长！

生：艰难！

生：痛苦！

生：绝望中又不想放弃希望。

师：说得多好呀！

师：还有最后两个数字。

生：阿曼达他们班有 14 个小孩子都被困在废墟里，也都活着，50 分钟之后，阿曼达的父亲开辟出了一条救援通道，孩子们全部得救了！

师：说得非常完整，让我们用掌声感谢刚才发言的这几位同学。

师：现在，我想请一位同学，根据同学们刚才的发言，用上这些数字连起来说一说，这篇课文主要讲了一件什么事？

生：1994 年，美国洛杉矶发生了一次大地震，在 4 分钟的时间内，有 30 万人都受到了不同程度的伤害。其中有一位 7 岁的小男孩，他的名字叫做阿曼达。阿曼达的父亲在寻找他，经过了 38 小时的挖掘，父子团聚。阿曼达说还有 14 位同学在里面，父亲赶快找人来帮忙。50 分钟以后，这 14 位同学全部获救。

师：说得非常完整，感谢你！

三、想象画面，引读悟情

师：亲爱的同学们，你们从这组数字中看到了一个感人的故事，老师也从这组数字中看到了一个动人的场面，你们想看看吗？

生：想。

师：请大家闭上眼睛，跟随我的描述，去想象这个画面——

师：（配乐深情朗诵）这位父亲在废墟中不停地挖掘着，他挖了 8 小时，12 小时，24 小时，36 小时，没人再来阻挡他。他满脸灰尘，双眼布满血丝，衣服破烂不堪，到处都是血迹……

师：同学们，请睁开眼睛，你看到这位父亲了吗？（音乐，父亲图画）

生：看到了！

师：他什么样？

生：他为了救自己的儿子，衣服都破了，身上到处都是血！

师：是的，这是 30 多个小时奋力挖掘的结果。

师：还有谁想说？

生：这位父亲遵守他与儿子的约定，不管发生什么事，只要父亲活着，他就一定会和他的儿子在一起，这就是父爱的体现。

师：孩子，你很了不起！你通过这些文字理解到了父亲的思想与精神！

师：时间带走了所有人的希望，唯独剩下这位执著的父亲！看着眼前的这位父亲，你想对他说什么？

生：这位父亲，已经没有希望了，你别再挖了。

师：是的，有可能人们会这样说，这是人们绝望之余对他的劝说。

师：人们还有可能对他说什么吗？

生：这里很危险，你再这样挖下去，自己有可能会遇到危险的。

师：这是人们对他关切的提醒。

师：还有吗？

生：你已经挖了这么久了，你看你的身上到处都是血迹了，你快回家休息一下吧!

师:没错!同学们,对于人们的劝说和提醒,这位父亲,他停下来了吗?

生:没有!

师:他为什么没有停下来?

生:因为他一心想着要救出自己的儿子。

师:说说看,这是一位什么样的父亲?

生:了不起的父亲!

生:执著的父亲!

生:令人钦佩的父亲!

生:令人尊敬的父亲!

师:说得太好了!亲爱的同学们,让我们打开书找到这段话,好好读一读!

(学生读课文)

师:谁愿意读一读?

生:他挖了8小时,12小时,24小时,36小时,没人再来阻挡他。他满脸灰尘,双眼布满血丝,衣服破烂不堪,到处都是血迹。

师:让我们把所有的钦佩与尊敬一起来读进这个句子里去——

生:他挖了8小时,12小时,24小时,36小时,没人再来阻挡他。他满脸灰尘,双眼布满血丝,衣服破烂不堪,到处都是血迹。

师:同学们,就是这位父亲,此时此刻他心中只有一个念头,请你们接着去课文中找一找,他这唯一的念头是什么?

生:他的念头是"儿子在等着我"。

师:没错,就是这个念头。(播放课件)

师:挖到8小时时,他心里想的是——

生:儿子在等着我!

师:挖到12小时时,他心里想的还是——

生:儿子在等着我!

师:挖到24小时时,他心里想的也是——

生:儿子在等着我!

师:挖到36小时时,他心里想的仍然是——

生:儿子在等着我!

师:就是这位父亲,在挖了36小时后,他——

生：满脸灰尘，双眼布满血丝，浑身上下破烂不堪，到处是血迹。

师：同学们，从这位父亲身上，你感受到了什么？

生：爱，对儿子的爱。

师：没错，这就是父爱，浓重的爱，天地间大写的爱！（板书：爱）

四、抓住重点，牵动全篇

师：同学们，父亲心中为什么只有这一个念头，他为什么坚信儿子在等着他呢？课文中有一句话回答了这个问题，你们找到了吗？

生：找到了，是"不论发生什么，我总会跟你在一起"。

师：是的，请大家想象一下，在这场灾难发生之前，这位父亲在怎样的情况下跟阿曼达说过这句话？

生：有可能是阿曼达在公园玩，他摔倒了，父亲把他扶起来，对他说："不论发生什么，我总会跟你在一起！"

师：是的，父亲跟阿曼达在一起，教他学习坚强。

生：有可能是阿曼达在爬山的时候，他太累了，爬不上去了，想放弃，父亲对他说："不论发生什么，我总会跟你在一起！"

师：说得很好！父亲用一句"不论发生什么，我总会跟你在一起"鼓励儿子懂得坚持，学会坚强。

生：有可能阿曼在出去玩的时候，迷路了，父亲找到了他，对他说："不论发生什么，我总会跟你在一起！"

师：是呀，父亲再次用这句话鼓励阿曼达，遇到陌生的情况，甚至是危险、恐惧时，要坚信——

生：不论发生什么，我总会跟你在一起！

师：总之，生活中，父亲一直都在用自己的实际行动向阿曼达兑现着这个承诺，那就是——

生：不论发生什么，我总会跟你在一起！

五、展开对比，深化情感

师：同学们，让我们进一步走近这位"无论发生什么，都会跟儿子在一起"的父亲！请同学们默读第5～11自然段，画出父亲说的三句话。

（学生默读，标注）

师：哪位同学给我们读一读你找到了哪三句话？

生："谁愿意帮助我？""你是不是来帮助我？""你是不是来帮助我？"

师：就是这三句话，（播放课件）这三句话表面看起来差不多，其实它们背后的含义是不同的，请大家在小组内讨论一下，父亲说这三句话时的情况分别是怎样的。

（学生小组内讨论）

师：好，请停下来，谁愿意来说说？

生：第一句话是在问周围的人，第二句话是对消防队员说的，第三句话是问警察。

师：大家的意见和他一样吗？

生：一样！

师：好的，让我们来再现当时的情形。

师：这位父亲在废墟中挖掘着，有许多好心人从此经过，父亲多么希望他们当中能够有人帮帮他呀！他双眼直直地望着这些好心人，请求道——

生："谁愿意帮助我？"

师：然而没有人留下来帮助他，消防队长走来了，父亲好似看到了一丝曙光，然而消防队长却挡住他，请他离开。这位父亲恼怒了，生气了，他瞪着眼睛大声质问——

生："你是不是来帮助我？"

师：警察走来了，他不是来帮助这位父亲的，而是请他马上回家，这位无助的父亲逼视着警察，绝望地怒吼道——

生："你是不是来帮助我？"

师：同学们，就是这位父亲，在人们看来精神失常的父亲，执著地挖着。因为，他不会忘记，他对儿子曾经有过一个庄严的承诺——

生："不论发生什么，我总会跟你在一起！"

六、放飞想象，感悟对话

师：就是这位执著的父亲，在挖到第 38 小时的时候，奇迹出现了。大家请看，这是父亲和儿子的一段对话。同学们，父亲和儿子的第一次对话，让我们来读一读。请男同学来读父亲的话，女同学来读儿子的话。

（男女生合作读）

师：男同学们，阿曼达，这个熟悉得不能再熟悉的称呼，不知道每天要称呼多少遍，此时此刻，父亲的这一声称呼与平常会有什么不同吗？

生：父亲一定是很激动。

生：他的声音应该有些颤抖。

师：说得好，男同学们，让我们和这位父亲一同深情地呼唤一下他的儿子。

生：阿曼达，我的儿子！

师：很好，女同学，再来配合一次。

（男女生合作读）

师：这对历经磨难的父子马上就要相见了，让我们来看他们的最后一次对话，谁愿意来读？

（两生读）

师：谁来评价一下他们的朗读？

生：我觉得他们应该再激动些。

生：我觉得他们应该读得小声一些，因为父亲和儿子都已经很辛苦了。

师：评价得真好！你们接受大家的意见吗？

生：接受！

师：愿意再读一次吗？

（两生再次对读）

师：请同学们注意课题，"地震中的父与子"，地震结束了吗？

生：没有。

师：那此刻的儿子，还处于危险之中，面对父亲的呼唤，面对脱离险境的机会，他为什么斩钉截铁地说出一个"不"字呢？

生：因为儿子有先人后己的精神。

师：也就是说，儿子很关心他的同学们，是吗？

生：是的！

师：说得很好。不过我想，儿子对同学们，应该不仅仅只有关心。大家可以想象一下，在过去的 38 个小时的时间里，阿曼达除了关心同学之外，他还有可能为同学们做了些什么，对同学们说了些什么吗？

生：他有可能告诉同学们不要大声呼喊，要保存好体力。

师：有这种可能。

生：他有可能帮助受伤的同学处理伤口。

师：有这种可能。

生：还有可能告诉同学们："不要放弃，我的爸爸一定会来救我们的。"

师：阿曼达之所以这样说、这样做，都是因为他相信——

生：父亲会来救他们。

师：是的，这就是阿曼达对父亲的信任！

（板书：信任）

师：正是由于儿子对父亲的信任，父亲对儿子深挚的爱，才创造了这幕地震中的生命奇迹。

师：让我们一起分享这对父子的喜悦，让我们共同来读读最后一个自然段。

（学生齐读）

七、小结全文，拓展升华

师：同学们，课文中说，这是一对了不起的父子，你们能不能说说，他们了不起在哪儿呢？

生：父亲凭着坚定的信念救出了他的儿子和另外 14 个同学，所以说他很了不起。

师：说得好。

生：阿曼达在地震中一直很信任父亲，他让同学们先离开，他也很了不起。

师：是的，儿子也很了不起。

生：他们在 38 个小时里不吃不喝，很了不起。

师：你是说，他们坚定的意志很了不起，是吗？

生：是的。

师：大家说得都很好！让我们带着赞美，带着敬佩再一次来读读课题——

生：地震中的父与子！

师：同学们，老师在上这课之前，还邀请了一些家长朋友来谈谈他们读完这篇文章后的感受，我今天也将他们的读后感带到了课堂上来，你们想不想听一听？

生：想！

师：（朗读家长的信）亲爱的孩子们，作为家长，我有幸阅读了《地震中的父与子》这篇课文，我几乎是屏住呼吸看完这篇感人的文章的。文中这位伟大的父亲，爱撼天地，竟在地震后 38 小时，用他那坚实有力的双手，执著地在一片废墟里挖出了 15 条鲜活的小生命。这是父爱所创造出的一幕人间奇迹。

亲爱的孩子们，当你们读过这篇课文后，是否会想到在炎炎烈日下，顶着酷暑接送你们去上补习班的父母吗？你们会想到为了能让生病的孩子尽快好起来转而四处奔波、求医讨药的父母吗？你们会想到三天三夜守在你的病床前都不曾打过盹儿的父母吗？

像这样的故事，就好似发丝一样细数不尽。其实，在每一个人的成长历程中，这种崇高的爱就如人体中的血液一样的宝贵，永不枯竭！

师：同学们，大家有什么想说的吗？

生：其实，我们每一个人的父母，对我们的爱都是无私的。我记得有一次我生病了，当时是夜里三点半，妈妈把我带到医院，看着我打吊针，后来，我的病好了，妈妈却病倒了。

师：孩子，你感受到了妈妈对你的爱，今后，你也会同样地回报妈妈吗？

生：会！

师：好孩子，我相信你们！

师：亲爱的同学们，我们有太多太多想对父母说的话，不过，下课的铃声已经响了，让我们把这些没说完的话回家后说给爸爸、妈妈听，好吗？

生：好！

师：亲爱的同学们，很高兴和大家一起度过了这美好的 40 分钟，最后，让我们一同带着对父母的爱和信任，同时也带上对他人的爱，向着未来美好的生活一路勇敢前行吧！下课！

【案例 2-2】

"地震中的父与子"教学实录

执教：深圳市教育局教育教学研究室　赵志祥

第一课时

师：孩子们，我们又见面了。高兴吗？

生：高兴！

师：谁还记得我们以前一起学习过哪一课？

生：鲸。

师：对，记得真清楚。那一课我们学得开心吗？

生：开心！

师：今天，我们仍然会学得很开心。不过，学习中有可能会让大家"伤心"哦！

生：不会！

师：好吧，咱们上课。课前已经把课文读过两遍以上的同学请举手。（学生全部举手）很好！

师：请大家看课题，这个星号是什么意思？

生：表示这篇课文是略读课文。

师：谁知道什么叫略读？

生：就是说要简单地、简略地去读。

师：还有一点十分重要，就是这篇课文需要大家自己读懂，老师只能简单地提示你们。有信心读懂吗？

生：有！

师：很好！能把课文读得正确流利的同学请举手。（多数同学举手）

师：嗯，大多数同学都能做到。有的同学想举手还不敢举手，对自己没有信心，是不是？

生：是。

师：请潇洒一点，凡是认为自己基本上能正确、流利地朗读的同学请举手！（绝大多数同学举手）

师：好！看来只有几个同学还没有信心。没关系，再读一读就能做到正确流利了。大家还愿意读吗？

生：愿意！

师：请看，题目叫——

生：地震中的父与子。

师：平时老师和大家一起学习课文，总是提几个问题让大家读书思考，是不是？

生：是！

师：那现在请大家以小组为单位，先读课文，边读边想，再讨论讨论，猜一猜，今天赵老师要给大家提哪些问题？先提示一下，我一共要提3个问题。讨论时要注意，一定要先认真读课文，一边读一边想：老师会在哪里提问题？如果老师在这里提问题，我们该怎样回答？现在请各小组开始读书、讨论。

（学生小声读书讨论，教师深入学生中间指导读书、参与讨论）

【教者注：力求引导学生自主读书，合作学习。】

师：刚才讨论时，有些同学提的问题已经接近老师要提的问题了。看来同学们还是很会提问题的，你们的思想即将和老师的思想产生共鸣了。哦，对了，我有个习惯：谁能猜准我要提的问题，将会得到我的特别奖励。想知道是什么奖励吗？

生：想！

师：十一国庆之前，我会领着这些同学到书城买书，可以任意挑选你喜欢的一本，我买单！

生：呀！（嘚！噫！）

师：要不要再讨论讨论？

生：要！

师：那开始吧！（学生再次认真读书，热烈讨论，教师参与）

师：好了。谁先说说？

生：我认为老师一定会问，这一课的主要内容是什么？

师：嘚，这么肯定！也就是说这篇文章主要写了什么事？

生：对！

师：你能回答吗？

生：能！

师：请你说说。

生：本文主要写在一次大地震中，一位父亲奋不顾身地在废墟中挖了38个小时，终于救出了自己的儿子和儿子的同学这件事。

师：我很欣赏你用的一个词，奋不顾身。你觉得你说得准确吗？

生：还可以吧！（笑声）

师：我也觉得"还可以"。（笑声）要是能把时间和地点加上就更好了。能重新说说吗？

生：能！1994年，美国洛杉矶大地震中，一位父亲奋不顾身地挖了38个小时，终于救出了自己的儿子和儿子的同学。

师：好！真想奖励你！但是，你提的却不是我要问的。抱歉啦！（笑声）

生：我觉得老师会问"父亲"为什么一直坚信他儿子还活着，而不像别的父亲一样认为自己的孩子已经死了。

师：哦，提了这么个问题。那你能不能回答这个问题？

生：怕回答不全面。

师：知道多少说多少。

生：就是他一直觉得还有希望，因为前边说了，他跟儿子说过一句话："不论发生什么事，我总会和你在一起。"也就是说，不管是死还是活，他都要见到儿子。

师：看，你还怕自己回答不全面，你已经非常准确又很全面地回答了这个问题，而且还从父亲的内心世界出发，抓住了一句非常关键的话："不论发生什么事，我总会和你在一起。"请坐！问得好，回答得也好！可惜的是，不是我要提的问题。谁再来说？

生：课文第 20 小节说："父亲颤抖地说：'出来吧，阿曼达！'"为什么要颤抖地说？父亲应该高兴才对。

师：你在提问时把课文读得很好。那你说为什么？

生：……

师：是啊，挖了这么长时间，终于见到自己的儿子了，应该高兴才对呀。可他的声音为什么还要颤抖呢？谁来帮他说？

生：我想他还是有点担心。

师：是的。

生：我想他是因为挖了很长时间劳累所致。

师：有这个原因。挖了 38 个小时，不吃不喝也不睡，能不累吗？累了的时候声音是有点颤抖的。

生：我想他是激动的。挖了 38 小时才找到自己的儿子，他一定很激动。

师：这位同学的心地很善良，而且能够以一个父亲的思想设身处地地看待这个问题。因此，你说出了一个最重要的原因。把这三个同学说的合起来就能完整地回答这个问题。（面对提问题的学生）明白了吗？

生：明白了。

师：问题提得很好，激发了大家的思维。遗憾的是，还没有猜对！谁再来猜？

生：我想老师会问：为什么说这对父子了不起？

师：这个问题很有价值。作为奖励，请你把"了不起"三个字写到黑板上，写在"地震中"下面。谁能回答，这对父子了不起在哪儿？

生：父亲的了不起就在于他坚持自己的信念，救自己的儿子；儿子的了不起就在于他想着自己的同学，想先救自己的同学。

师：回答的简明扼要！这样的父与子是不是很了不起？

生：是！

师："地震中的父与子"能不能换成"了不起的父与子"？

生：能！

师：这个问题已经接近我要提的问题了。最后再给大家一次机会。谁来说？谁认为自己最有把握，请把手举得高一点。

生：您可能会问，为什么其他的父母不去救，只哭两声、喊两声就走了？

师：他们只是哭喊两声"我的女儿""我的儿子"，就走了，是吧？

生：是！

师：那你说为什么？

生：因为他们不愿见到孩子的尸首，不愿承认这个事实。

师：他们不想看到孩子在地震中死去的惨相。你这是从父母的心理角度来考虑的，有这个因素。还有其他的原因吗？

生：他们以为孩子已经死了，不用救了。

师：他考虑得比较现实。看到学校的教学楼已经变成一片废墟，挖也没有用了。

生：对！

师：还有什么原因？

生：这位父亲抱着活要见人、死要见尸的态度。

师：你说的是阿曼达的父亲。她问的是那些哭喊了两声就走了的父母。

生：因为消防队长已经说了，地震中随时可能发生大爆炸，继续挖会很危险。

师：把这几个同学的观点综合起来就可以回答刚才的问题了。

【教者注：至此，基本上疏通了课文，大致了解了课文内容。】

师：到现在为止，同学们提的问题都很不错，帮助我们大致了解了课文内容，基本上读懂了课文。现在大家听听我要提的问题：课文当中有一段写那位父亲因为悲伤过度而精神失常了。找到没有？

生：找到了。

师：读一下。

（学生读课文）

师：（板书：失常）我要提的问题就在这儿。这位父亲的精神是不是失常了？

（学生纷纷举手）

师：别忙，请大家再浏览一下课文。你要是认为这位父亲精神失常，请找到相关的事实依据；你要是认为这位父亲的精神没失常，也找到相关的例证。待会儿说出你的理由，开始吧。

【教者注：提出问题的目的在于引导学生合作、探究，在感悟课文中培养其思辨能力。】

师：认为这位父亲精神失常的同学请举手。1，2……只有6个。其他人都认为父亲的精神没有失常。这样吧，认为父亲"失常"的同学重新组成一个小组，从课文中找出从哪儿看出父亲精神失常，并用笔画出来，懂了吗？

生：懂！

师：剩下的同学要认真读书、思考、讨论，我们不同意父亲精神失常，也要找到理由和那6位同学辩论，证明父亲的精神是正常的。

（热烈讨论3分钟）

师：下面，我们的辩论即将开始。认为父亲精神失常的同学为正方……（认为正常的同学纷纷举手："老师！"）请把手放下。我知道你们的意思，你们是觉得自己一方是对的，应该是正方，是吧？

生：是！

师：辩论的正反双方与辩论观点的正确与否无关。他们认为父亲的精神失常了，就是"是"，为正方；你们认为父亲的精神没失常，就是"否"，为反方。反方就是反对正方意见的一方。懂了吗？

生：懂了。

师：刚才正方同学找到了三个理由，一是"两眼直直"，二是"只有一个念头"，三是"挖了38小时"。先看第一个理由——两眼直直。请正方同学回答。

【教者注：以下括弧中的"是"代表认为父亲精神失常学生，括弧中的"否"代表认为没失常学生。】

生（是）：别的父母喊了两声都走了，只有这位父亲还在那儿挖。别人来劝他，他两眼直直地看着别人，一般的正常人，像我，都不会两眼直直地看人，（笑声）可他却直直地看，说明他失常了。

师：有道理。反方？

生（否）：可能是因为他的心里已经没有希望了，才直直看着别人，想请别人来帮助他。

师：我想帮助你一下，好吗？（生答好）与其说父亲心里没有希望，不如说父亲心里充满了希望、充满了渴望。他多么希望别人来帮助他啊！正是由于他过于渴望，才——

生（否）：才有点两眼直直的。

师：有点像失常。

生（否）：但不是失常。

师：谁来读读这段课文？要读出父亲的渴望之情。

（生读课文）

师：请看第二个理由——只有一个念头。请大家找到那一段课文，看看只有一个什么念头。读。

生：（读课文）"然而……等着我！"

师：请正方同学说说，为什么只有一个念头就是精神失常？

生（是）：因为他见人就说"你愿意帮助我吗？"

师：注意"只有一个念头"。

生（是）：他心中除了这个念头，其他的一片空白。

师：这样就显得精神失常？

生（是）：是。

生（否）：如果他精神失常的话，他干吗还救自己的儿子？（笑声）

师：请看第三个理由：挖了38小时。请你说说，为什么挖了38小时就是精神失常了？

生（是）：我以一个正常人的标准来看。（笑声）正常人的标准，挖几个小时，手就已经累了，而他挖了一天多，38小时，有点不可思议。

师：就是有点不正常是吧？

生（是）：是。

生（否）：（纷纷举手）老师！老师！

师：请讲。

生（否）：（美国）世贸大厦倒塌，死了很多人，挖了几个月呢！

师：你说的有点道理，但没切中要害。想一想，38个小时，不吃不喝呀。看看书，实不相瞒，我在这个地方，就是"38小时"旁边写了两个字：失常。我没写"精神"两个字，只写了"失常"。

生（否）：课文后边说了，"这对了不起的父与子"，正是因为他挖了38小时，才说明他了不起。否则就不是了不起的父与子了。

师：你是说挖了38小时就了不起吗？

生（否）：是！

师：你说的已经非常接近关键处了。但是，请想一想，挖了38小时就了不起吗？你到我们学校新建的塑胶操场上挖38小时看看，恐怕校长都会踢你一脚。（笑声）

生（是）：我反对她的意见。他绝对有失常的感觉，否则的话……比如说，其他的父母也有可能是这样想的，如果引起爆炸，那些本来没有死的孩子也有可能被炸死。他应该更理念一些，去……

师：注意，"更理智一些"更恰当。

生（是）：对，更理智一些。他应该去找那些救护人员来挖，这样安全一些。可是他只想到，我一定要救我的孩子，就像发疯一样，不顾任何危险。假设他真的使楼房发生爆炸的话，那他也白送了自己的生命。

师：你说得有道理，但从这里是否可以看出，他宁可牺牲自己也要救出自己的孩子？

生：可以。

师：这是不是一种爱的力量？

生：是。

师：大家说是不是？

生：是！

师：同学们，当我们面对一个因为爱自己的孩子，因为怕失去孩子而过于悲痛，精神上、行动上与一般人有点反常的父亲，你会说他的精神失常了？你会这样说吗？

生：不会！

师：你只会为他的精神所感动，对他的悲惨遭遇感到同情。我想，任何人都不会对他说：你的精神失常了！只能是深深地敬佩这位了不起的父亲。

生（否）：老师，我想给正方说一个故事。

师：请讲！

生（否）：有这么一个故事，说一位母亲去买菜，突然她看到自己两岁多的小孩快要从高楼的阳台上摔下来了，那位母亲呢，一下子从很远的地方跑过去，接住了那个小孩！（后来）消防人员做了一个实验，从同一个地方、同一个地点、同一个时间，跑过去，那位母亲却接不到一个沙包。我想，这位父亲也和那位母亲一样，为了找到自己的儿子，才能挖28个小时……哦，是38小时。我觉得这是一种父爱，和那个母爱是一样的。

师：你说的这个事，我昨天还和我们学校的老师一起谈论过，确实很感人。不过，我要问问你，你用这个故事想说明什么？

生（否）：如果每个人心中都有一种信念的话，他就会产生一种超出常人的力量。

师：一个什么信念？

生（否）：就是一定要救自己的孩子，相信自己的孩子在等着他，不会死。

师：也就是说对自己孩子的生存充满了……

生：希望。

师：充满了希望就会产生超出常人的力量？

生（否）：是，产生超出常人的力量。

师：抱歉！我要反驳你了。你已经说了，会产生一种超——乎——常——人的力量，这就是失——常。（笑声）

生（否）：老师……

师：对不起，先停下来吧！尽管你辩论的时候说明了自己的观点，但同时也帮助了正方的同学。

生（否）：老师，我还想说！我只发过一次言。

师：好，那请说吧。

生（否）：人在紧急的情况下，肾上腺（quán）会分泌胰岛素……

师：肾上腺（xiàn）。

生（否）：哦，肾上腺。比如，人在跑步的时候，跑着跑着，肾上腺就会产生激素，激素就会刺激大脑，大脑就会到全身（笑声）……就会指挥全身产生很大的力量……力量，拼命跑……人在紧急的时候，就会产生一种信念……信念……就会刺激肾上腺，分泌激素，就会……就会……

师：会使人兴奋，产生不一般的力量，对不对？

生（否）：对！

师：让人想不到的出奇的厉害？

生（否）：对！

师：你的知识真丰富。不过请问，你现在有没有这种力量？

生（否）：没有。

师：全班同学有没有？

生（否）：没有。

师：因为这是一种超——常的力量，对不对？

生（否）：对！

师：那你请坐吧！（笑声）大家别再辩论了。看来同学们都有自己的见解，我们辩论到明天也很难结束。我有一个观点，不知同学们是否同意。如果不同意，咱们下课接着辩。我认为，这位父亲的精神是失常了，但也不失常。（笑声）

师：（深情地）孩子们！38个小时，不吃、不喝、不睡，想想看，这是多么的惊人！说他失常吧？确实失常，他失去了与一般的正常人一样的举动。说他不失常吧？的确不失常。因为一种伟大的父爱的力量充溢着他的全身。所以，他心中只有一个念头：我要救我的儿子！我要救那些和我的儿子一样被压在废墟底下的可怜的孩子们！他们在等着我！所以，他失常，但失常的伟大；他不失常，不失常的惊人！这就是爱，伟大的父爱！（板书：爱）同意吗？

生：（肃然）同意！

师：这个问题我们暂时讨论到这里。今天大家辩论得很精彩，出乎我的想象，有点失——常！（笑声）这是骂你们还是夸你们？

生：夸我们！

【教者注：至此，课文的思想感情、主人公的精神面貌已经凸显。】

第二课时

（下课铃声响起）

师：孩子们，下课的铃声响了，我们休息吧。

生：不休息！

校长：孩子们，下课了，该休息了！

生：我们不休息。

师：大家累不累？

生：不累！

师：（目视校长询问，校长点头应允）好！下面，老师的第二个问题要出来了。和以前我们学过的课文相比，这篇文章的标点符号有什么特别之处？请大家看书，找找、看看、想想。一定要注意特别之处。

（学生读书、思考）

师：不容易吧，这个问题？

生：我发现了。

师：什么标点符号？

生：感叹号。

师：记得上次上课时我好像批评了这个同学，是吧？（生答是）现在，我要重重地表扬他：了不起！我读这篇课文的时候，读了一遍就深受感动了，读了第二遍就注意到本文感叹号特别多。我数了一下，一共有15个。现在，请各小组做两件事：第一，看看这些叹号大都集中在哪里？第二，这些叹号表达了一种什么样的思想感情？然后，你试着通过你的朗读把这种感情表达出来，好吗？开始吧。（小组学习，教师参与）

【教者注：此设计在于引导学生有感情地朗读课文，学会表达内心的情感体验。】

师：我看了，同学们找得很准。课文中叹号大都集中在对话之中。看来咱们之间真的心有灵犀了，先看这一段。（投影出示课文片段1）

生：（朗读）"在混乱中……向那片废墟走去。"

师：读得不错。特别是这儿，"阿曼达，我的儿子"。不过，有一点点不好。我认为你只是在用嘴喊，能不能用心喊？再来一遍。

生："他顿时感到眼前一片漆黑，大喊：'阿曼达，我的儿子！'"（读得声情并茂）

师：刚才，我发现有4个同学在微笑。我觉得这样的同学似乎有点失常。假如阿曼达是我们的亲人，被埋在废墟下面，你还会笑吗？

生：不——会！

师：就是呀！我们再来，用我们的心一起喊一次："他顿时感到眼前一片漆黑……"读——（学生很有感情地齐读）

师：好！这就是用心在喊。（投影出示第二个课文片段2）请看红色的字，还是"阿曼达！我的儿子！"读这一段的时候，要注意什么呢？要很有感情，非常高兴。好像在笑，又像在哭。开始吧！（生读）

师："阿曼达！我的儿子！"这一句读得很好。但是中间一句没读好。想想这句应该怎么读？（生练习）

师：谁来读读？请你来读。

生："是儿子的声音！"（稍微强调了"儿子"）

师：有点感觉了。谁再来？

生："是儿子的声音！"

师：好多了！大家说，如果要讲点朗读技巧的话，这句话应该强调哪个词？

生：儿子。

师：是啊！大家想想，挖了38个小时啊，终于要见到儿子了。"是儿子的声音！"激动吗？

生：激动！

师：太激动了呀！38个小时的疲劳完全消失了！来，再读一遍。（学生很有感情地朗读）

师：好！还有一个地方叹号用的很多。（投影出示课文片段3）请你来读读。(生站起来）刚才你说，话都说完了，是吧？

生：是。

师：是的，该说的都说完了，现在也不让你说了，请你读。你的读，就代表了你的一切理解和感情。

生："爸爸，真的是你吗……和我在一起！"

师：应该说是读得声情并茂。还有人能比他读得更好吗？

生："爸爸，真的是你吗……和我在一起！"

师：感情更深了。注意"是我，是爸爸！"的中间是个逗号，逗号的停顿应该短一些。这里应该读得稍微快一点。"是我，是爸爸！我的儿子！"大家一起来一遍，读——

生："爸爸，真的是你吗……和我在一起！"

师：（出示课文片段4）接着读。

生："一个安全的出口开辟出来了。父亲颤抖地说：'出来吧，阿曼达！'"

师：停，没有颤抖。再读！

生："父亲颤抖地说：'出来吧，阿曼达！……不！……'"

师："不！"要读得斩钉截铁！读——

生："不！……你总会和我在一起！"

师：好！读得非常感人，读出了阿曼达的自豪感。

【教者注：教学目的基本达成，但由于时间问题，没敢放开，牵引较多。】

师：我要提的第二个问题解决了。下面我要说第三个问题了。我们每个人读这篇课文的时候都会深受感动。感动就会心潮澎湃，思绪万千。你们猜一猜，赵老师读完这篇课文以后，会想些什么呢？或者说想到了什么呢？

生：老师读的时候想到了自己的儿子。

师：是的，我是想到了自己的儿子。但这个念头我只是一念之差（注：教师的口误，本想说"一闪而过"）。

生：您会想到，为什么那些父母只是哭一声就走了，而阿曼达的父亲却有着坚定的信念。

师：那是因为他很……

生：很爱自己的孩子。

师：对呀！大家看看，（指着黑板上的"爱"字）我把这个字写得这么大，由这个字你们会联想到什么？

生：（纷纷地）父爱！

师：是啊。由父爱再联想一下呢？我听你们殷老师说，咱们班在课外阅读课上读过一篇很好的描写父爱的文章……

生：背影。

师：对呀！你们会不会想到？

生：会！

师：赵老师会不会想到？

生：会！

师：就是呀！我读完课文以后，第一个想到的就是《背影》。还记得文中那感人的情景吗？

生：记得。

师：我今天还特意给大家带来了《背影》的精彩片段，我们来重温一下吧！（投影出示《背影》片段）请大家轻轻地、深情地读。

（学生有感情地朗读）

师：这篇文章非常感人。我已经读了不下 20 遍。我经常和我的儿子在一起很深情地背诵这篇文章。我们刚才学的这篇课文中的父亲对儿子是一种非常强烈的爱，那朱自清先生笔下的这位父亲，对儿子又是一种什么样的爱呢？

生：应该是默默的爱。

师："默默的"，意思我明白了，就是这个词不太恰当。

生：应该是无微不至的。

师：这个词可以，不过呢，这个词只能说明朱自清先生在文中是通过一些微小的事情来反映父亲的爱。阿曼达父亲的爱是一种强烈的爱，是外显的爱。而《背影》中的父亲是……

生：是深沉的爱。

师：对——是深沉的爱，是含蓄的爱。一种是强烈的、外显的爱，一种是深沉而含蓄的爱，都是伟大的爱！由这伟大的父爱，我接着又想到了伟大的母爱。由母爱我又想到了唐朝一位诗人描写母爱的一首诗。是哪首诗呢？

生：游子吟。

师："慈母——"

生："——手中线，游子身上衣。临行密密缝，意恐迟迟归。谁言寸草心，报得三春晖。"

师：孟郊只是选择了母亲在他远行之前给他密密地缝衣服这么一件小事，来表达母亲对他无微不至的关爱之情。（生插话：表达"母爱"）对，一言以蔽之，表达母爱。这种母爱是惊天动地的吗？

生：不是。

师：但是你能说它不伟大吗？

生：不能！

师：是啊，读了孟郊的诗，我又联想到了一件事。这是一个 30 多岁的儿子，他即将离开自己的家，离别自己的母亲，到南方去工作。他把与母亲分别时的情景详详细细地写了下来。我把这篇文章带来了，请大家看一看！（投影出示，抒情、感人的《神秘园》乐曲也随之响起）

师：（静待数十秒后）想不想听听文章的作者朗读这篇文章？

生：想！

（教师有感情地朗读下文）

亲友们的热情相送冲淡了我的依恋和惆怅。娘站在一边看着我，什么也没说。等我快要出门时，娘突然说："阳阳他爸，你过来。"我走过去，娘掏出一个鼓鼓囊囊的手绢包，塞到我手里："孩子，你爸走得早，没给咱家留下什么。娘穷，不能给你太多路费，只有这 500 块钱，你拿着。"我想推辞，但我知道娘的脾气，只好默默地接过来。娘笑了，赶紧帮我打开旅行箱，又从我手里拿过那个鼓鼓囊囊的手绢包，慢慢地、仔细地塞到了箱子底下，才费力地直起老迈的腰，很满足地长长地吁了一口气。走出家门了，回眸间，没看到娘的身影。我知道，娘是躲在屋里悄悄地抹眼泪了。尽管难过，可她不想让远行的儿子因为母亲的伤感而伤感，她想让儿子无牵无挂地离开这个尽管穷却十分温暖的家。坐在火车上，忍不住地，拿出了那个鼓鼓囊囊的手绢包，一层层地打开，一向自诩为"男儿有泪不轻弹"的男子汉的我，竟禁不住热泪盈眶了：那厚厚的一叠，除了一张 50 元的，其余的都是 10 元、5 元的，还有两张竟然是 5 毛的！我竭力控制着自己，不让眼泪流出来。娘的身影不时地浮现在眼前：寒风中，娘正在集市上守着一篮子鸡蛋等待着买主，眼里含着期待；烈日下，娘正在农田里锄草，眼里含着希望；微弱的灯光下，娘正摩挲着儿子的照片，微笑着，眼里却含着泪花；阴雨连绵的日子，娘伫立窗前，遥望南方："儿啊，多穿一件衣服啊。出门别忘了带伞啊。"我再也忍不住了，泪水夺眶而出："娘啊，娘！"（大多学生与听课教师落泪；数十秒后，音乐缓缓停止）

师：同学们，读了这篇文章以后，大家又有什么感想呢？

生：这篇文章非常感人。

师：那你们觉得这篇文章中的母亲伟大吗？

生：伟大！

师：那她做的事是不是惊天动地的呢？

生：不是。

师：我们每天生活在母亲的身边。也许，你从出生到现在都没有感受到母亲的那种无微不至、体贴入微的浓浓的情、深深的爱。也许你会觉得一切都很正常。孩子们，现在我们想一想，在我们的生活中，我们的母亲做了哪些看起来是微不足道，却又饱含深情、饱含母爱的事呢？请大家在小组里交流一下。记住，这样的事不一定要惊天动地。开始吧！（学生讨论，教师参与；有的学生还在默默地流泪）

师：谁来说说？

生：我们的母亲每天给我们做饭。一日三餐，看起来很简单。但是，如果母亲对我们不是深爱的话，不是早就做腻了吗？

师：是啊，一日三餐再简单不过了。但是，十数年如一日，天天烧、天天做，而且顿顿都要想法变着花样让我们吃好。这种爱难道还不伟大吗？我想，你就以"一日三餐"为题，加上你的联想，加上你的感受，写一篇小文章，表达对母亲的爱，好吗？

生：好！

师：请你也说说。

生：夏天的时候，爸爸总是买西瓜给我吃。每次吃西瓜的时候，爸爸总是把西瓜切成一片一片的，再拿来让我吃。

师：从这里你感觉到爱了吗？

生：感觉到了。

师：爸爸只是把西瓜切成一片一片的，很普通啊？

生：爸爸每次都是轻轻地端来让我吃，他是想让我吃得更舒服一些。

师：由此你想到了什么？

生：我想，爸爸非常关心和爱护我。

师：那你就可以以"一片西瓜"为题，写下这件小事。同学们，事情虽小，但是，只要我们善于联想，再把我们对父母那种浓浓的情、深深的爱的崇敬之情、感激之情融在里边，我们就能写出非常感人的文章。像《地震中的父与子》中的这位父亲的经历应该说是太少太少了，更多的是朱自清先生笔下的那位父亲和我刚才读的这篇文章中的那位很普通的母亲。我们能不能通过一些微不足道的小事写一篇充溢着母爱、洋溢着父爱的感人文章呢？

生：能！

师：有信心的同学请举手。还有几个同学没有信心，不过没有关系，下课以后，我会把《背影》和刚才我读的这篇文章打印出来发给你们，你们可以模仿着写。好不好？

生：好！

师：模仿时要注意，看看作者是怎样把看起来微不足道的一些小事，加上自己的感受，通过细腻的描写，读起来催人泪下的。本来，想请大家在课堂上写的，但是刚才第一节课大家辩论得太激烈了，都不愿意下课，以至于时间悄悄地过去了。因此，只好留在课后来完成了。可以吗？

生：可以！

师：想知道刚才我读的那篇文章是谁写的吗？

生：是……

师：我当时说"想听听文章的作者朗诵吗"，你们说"想"。接着，就传来了一个声音，是谁的声音？

生：赵老师。

师：对，那这篇文章的作者是——

生：赵老师！

师：我就是用电脑写的，写成后又修改了好多次。同学们写好以后，可以发 E-mail 给我。请大家记下来我的 E-mail 地址。

【教者注：以上设计目的有三：1. 将课内外知识结合，进行语文教学研究性学习的尝试；2. 情感升华；3. 引导学生抓住生活中细小的事件，提炼写作素材，融入情感，细腻描写。】

师：请大家坐起来，两节课就这样过来了。最后，我再问大家一个小问题。两节课大家都没有休息，校长让大家休息，大家都不愿休息。你们说这是为什么？（一生随口：不知道；笑声）

生：我知道，大家太投入了。

师：对，大家太投入了。孩子们，以后做任何事情都要投入。还有其他的原因吗？

生：还有一个就是大家都想学习。

师：学习的欲望驱使着你，这是对你太投入的解释。

生：还有，就是我们都想打败对方。

师：哦，强烈的打败对方的欲望也驱使着你。

生：我们有兴趣，太入迷了。

师：知道为什么有兴趣，为什么太入迷了吗？因为我们都被《地震中的父与子》和朱自清先生笔下的伟大的父爱深深地感动了。一个我们自身的原因——太投入了；一个是课文的原因——太感人了。当然了，为什么我们投入，还是因为文章感人。说穿了，只有一个原因：就是父爱和母爱的感染。它时时刻刻都在我们身边，滋润着我们。最后，我得出一个结论：我们42位同学都是感情丰富的人。能被爱感动，能被爱吸引，不愿意下课、不愿意休息的孩子，肯定是了不起的孩子！《地震中的父与子》中的孩子了不起，我还要说，我们后海小学的你们这个班的孩子们也了不起！（学生面露喜色，相互对望）

师：哎呀，大家也要学会交际。你们应该说，赵老师也是——

生：了不起！

师：对呀，咱们不能光会辩论，也得会交往。再来一遍：你们都是了不起的孩子！

生：赵老师是了不起的老师（父亲）！

师：啊，他夸我是了不起的父亲！（笑声）看来，我们之间有一种父子般的默契。（笑声）下课以后，我们俩好好交流交流！孩子们，收拾我们的东西，下课！

【教者注：以上教学目的有二：1. 简要总结；2. 调节气氛，以防孩子们因"感动"而"感伤"。】

当前阅读教学，从对话主体上看，存在两种形式：主导式对话和主角式对话。主导式对话中对话的问题由教师预设，对话的内容与对话的结果也均在教师的掌控之中，这种对话的方式大多采用"教师—学生"的单向问答，少有学生与学生之间的互动交流。这种以教师为主导的对话中，教师是对话的核心人物，学生只能是教师表演的配角。所谓主角式对话，就是在对话中充当对话角色的是少数善于思考、乐于发言的学生，多数学生只能是观众，特别是那些基础不好、思考速度缓慢、不善言谈、缺少自信的学生，就成了被遗忘的对象，成了对话的旁观者。从对话内容上看，也存在两种形式：空谈式和预设式。空谈式对话表面看起来能充分尊重学生的主体地位，发挥学生的个性化表达，但这种对话往往由于缺乏主题，使得学生的对话空泛而不着边际，既不利于学生对文本的深入理解、领悟，也不利于学生语言能力的发展。预设式对话就是教师牵引学生一步步地走向预设的"感悟"，"启发"学生回答预设的答案，直到获得"真知"。这种对话是经过伪装的输灌式教学，学生成了教师思想和教参标准答案的代言人，学生的主体地位被完全剥夺。

以上两种对话形式都违背了"对话的主体是每一位学生"的对话原则。所以，它不是真正意义上的阅读对话。真正意义的阅读对话不仅限于知识的获得，更在于了解和掌握知识获得的过程，形成与他人合作的意识。体现在教学过程中，教师与学生、学生与学生、学生与文本之间是一种民主、平等的双向交流关系。

回顾以上两个案例，首先值得我们肯定的是，两个案例在对话过程中，参与对话的双方或是多方，都在各自走进对方的心灵世界，以情感激活情感，以心灵碰撞心灵。这是执教者的匠心，更是智慧！然而，在将以上两个案例进行对比后，我们会发现【案例2-2】中的师生作为对话双方，自始至终处于民主平等的伙伴关系，双方均有着独立人格、有着丰富的内心世界和有着独特的表达方式。教师作为"平等中的首席"，只是努力让自己成为启迪者、引领者、协调者、促进者和激励者，这种充满人文关怀的师生平等对话过程，尤为令人钦佩！

观点建议

一、搭建平台，展开对话

课堂的生命力来自于学生、教师的积极参与，只有搭建起文本、学生、教师之间的和谐对话平台，才有可能演绎出课堂的精彩。

（一）教师与文本的对话平台

教师与文本对话是和谐阅读对话的保障基础，教师只有通过与文本的对话，品味到语言文字的精美绝妙，揣摩到字里行间的真情实感，才能游刃有余地担任好"对话中的首席"。

（二）学生与文本的对话平台

阅读是一种从书面符号中获取和转换信息的过程，其特点是独立性、个体性。这一过程教师要充分认识自读自悟对于培养和提高学生阅读能力的重要性。要努力做到的：首先，为学生营造良好的阅读氛围，为其排除干扰，使其沉浸其中；其次，给予学生充分的读书时间，使其有可能逐步深入文本；最后，教给学生养成随时做好批注的阅读习惯。

（三）教师与学生的对话平台

在这一对话过程中，教师首先要善于倾听，给学生畅所欲言的空间，敏锐地将学生的课堂表现转化成为新的教学资源；其次，教师要以一种赏识的心态，给予学生充分的人文关怀，学生也会因此而自主地、积极地投入学习；最后，教师不仅要关注学生知识的掌握、能力的提高，还必须关注学生的情感、态度和价值观，面对学生学习的不同对话，要做到"尊重而不盲从"，既要尊重学生的独特体验，同时也不能忽视文本的价值取向。

（四）学生与学生的对话平台

学生的学习过程是以自己的方式去构建对新事物的理解，他们看到的往往是事物不同的方面。学生对文本感悟的多元必然会引起学生间认知、经验、情感、智慧、灵性的对话。在这一对话过程中，学生可以积极吸取来自他人的信息，同时自己已有的知识、经验也会被他人所唤醒和激活。

二、捕捉生成，深入对话

阅读对话的主体是每一个学生，而每一个学生都有自己独特的内心世界、精神世界和内在感受。和谐的阅读对话中，学生不是消极、被动地接受，而是常常能从特殊的视角提出与众不同的问题和观点，积极主动地发现、建构，甚至是创造。对此，教师不要用唯一的标准来禁锢学生思维，应当敏锐地捕捉与阅读对话中的生成点，鼓励学生将自己的阅读感受或是认为特别重要的问题，与作者的意图进行比较，为文本的内容和表达另做设计。只要学生言之有理、能自圆其说，都应得到鼓励和尊重。

【案例 2-3】

教师引导学生一起学习《鸟的天堂》，学至第三自然段（众鸟纷飞的场面），一切皆如备课时所预设的，学生们在理解感悟了众鸟纷飞的壮观之后，不仅做到了正确、流利、有感情地朗读，同时也发现了作者用词造句的准确、生动。

教师正要总结此段，进入下一环节的教学时，一位学生站起来，满脸疑惑地问道："老师，鸟的习性是晨出暮归，天亮就离开鸟巢去找食，作者第二次经过'鸟的天堂'是在早晨，怎么可能看到课文中所描绘的众鸟纷飞的情景呢？"

这一个问题有如巨石打破了平静的湖面，教室里顿时"不平静"了起来。

师：从同学们的议论中，我看得出，许多同学都对这个问题很感兴趣。既然大家这么感兴趣，咱们就来研究研究这个问题，不过最终的答案得靠你们自己来寻找，愿意吗？

生：愿意！

师：你们想怎样寻找问题的答案？

生：读书，查资料。

师：很好！这些办法都不错，下面就请大家以学习小组为单位，认真读书，共同商讨，如果有需要，也可以到讲台上的电脑上来查资料。

（约三分钟的热烈研讨过后）

生：老师，我们小组是这样认为的：鸟的习性是早晨出去找食，晚上回到鸟巢，但是这棵大榕树太大了，大得像一片森林一样，"森林"中的食物一定非常丰富，鸟儿不需要飞得很远也应该可以找到食物。

师：分析得很有道理。

生：我们小组认为，鸟儿早晨飞出去，黄昏飞回来，这是自然规律。这儿之所以一大早就会出现众鸟纷飞的情景，有可能是其他地方的鸟儿看到这里环境优美，气候温暖，食物丰富，树大叶茂，所以从远处飞来。

师：反其道而行之的想法，也比较合理。

师：同学们，你们能通过小组共同探讨得出这么多的答案，真的很了不起！从大家的答案中，我们可以想象，不论是清晨不愿飞出去的鸟儿，还是清晨从别处飞来的鸟儿，这棵大榕树对它们来讲，的确是——

生：鸟的天堂！

和谐的阅读对话过程是一个渐进的、多层次的和多角度的逐步走向深入的过程，是师生及多种因素间动态的相互作用的推进过程。它不可能百分之百按预定的轨道运作，常会生成一些意料之外的、有意义或无意义、重要或不重要的新信息、新情境、新思维和新方法，这就需要教师敏锐地捕捉，由此生成的教学过程也远比预定的、计划的生动、活泼、丰富得多。我们有理由相信，在这样的对话过程中，学生将会成为自己的主人，成为学习的主人；这样的对话氛围也将会成为学生学习的乐园、创造的舞台！

三、拓展资源，延伸对话

《语文课程标准》指出："各地区都蕴藏着自然、社会、人文等多种语文课程资源。要有强烈的资源意识，去努力开发，积极利用。"在阅读对话过程中，我们在借助教材这一主要课程资源的同时，还要创造性地去开发和利用一切有助于实现课程目标的资源，把课程资源当做实现新的课程目标的中介，充分发挥其在课程实施过程中的作用。要引导学生通过对教材的学习去领悟、获得教材以外的东西，从而获得学习方法，形成正确的情感、态度和价值观。

【案例 2-4】

（学生表演过后）

师：看了这一家人的生活片段，大家想说些什么？

生：我觉得这一家人生活得很幸福、很和谐。

师：是呀，我们不是正在建设和谐社会嘛。还有谁想说？

生：这一家人互相关心、互相照顾，生活得很快乐！

生：这一家人的脸上都带着笑容，他们每个人都没有烦恼。

生：他们住的茅屋虽然破旧矮小，但我觉得他们还是生活得很幸福。

生：他们看样子好像并没有多少钱，但他们并不羡慕有钱人家的生活，一样生活得很快乐！

师：是呀，这一家人或许在物质上并不富足，但是他们个个在精神上很满足，这样的生活怎么能不令人心生向往！

师：让我们再来一起读读这首词，一边读一边体会这一家人之间的和谐与幸福！

（学生齐读）

师：然而，眼前的一切景象仅仅是作者看到的吗？带着这个问题，让我们一起来看辛弃疾的另一首词《丑奴儿·书博山道中壁》。

［课件出示：

少年不识愁滋味，爱上层楼。爱上层楼，欲赋新词强说愁。

而今识尽愁滋味，欲说还休。欲说还休，却道天凉好个秋。]

师：同学们，咱们今天学习的《清平乐·村居》是辛弃疾官场失意归隐在江西上饶时写的，而这首《丑奴儿·书博山道中壁》中的博山就在上饶附近，辛弃疾时常去那里游玩，在一个秋天里，将这首词写在了博山山道的岩壁上，让我们一起来读一读。

（学生齐读）

师：虽然仅仅读了一遍，我想大家还是能从字里行间感受到些什么？

生：我觉得辛弃疾非常地哀愁。

师：哦，说说，你是从哪儿感觉出词人的哀愁的？

生：因为这首词中有好几个"愁"字。

师：没错，这首词中一共有3个"愁"字。

师：昨天我布置大家去查找资料了解辛弃疾的生平，你能结合他的生平，理解他的愁吗？他的愁因何而来？他又在愁些什么呢？

生：辛弃疾是一位伟大的词人，他还是一位能征善战、熟悉军事的英雄。他以前做过官，他做官的时候曾经向朝廷提出过很多攻打金兵的建议，可是都没有被采纳，所以他心里非常地难过。

生：辛弃疾虽然有才干，可是当时的皇帝并不喜欢他，他被免了职，所以只能隐居起来。这样，他的心愿就更没有机会去实现。

生：我知道辛弃疾从小就是在金兵的统治下长大的，所以他一直想收复中原，但是他不受重用，没有办法在沙场上施展抱负，只能像现在这样游山玩水，所以他觉得很忧愁。

师：大家说得都不错！这就是辛弃疾，他曾经亲眼看到金兵所到之处烧杀抢掠、无恶不作，他还曾经亲眼看到了老百姓家破人亡、尸横遍野，然而胸怀远大抱负却无处施展的他，能不愁吗？此时此刻的辛弃疾，怎一个"愁"字了得！

师：让我们带着对这个"愁"字的理解，带着对词人辛弃疾的理解，再来读读这首词。

（学生齐读）

师：亲爱的同学们，在这两首词的对比中，你又产生了什么新的想法吗？

生：我觉得辛弃疾一定很羡慕这一家人的生活。

师：这样的生活谁又不羡慕呢！

生：我觉得辛弃疾一定很希望所有的老百姓都能过上像这家人一样的

生活。

师：没错！这是辛弃疾的心愿，更是所有爱国人的心愿！

师：亲爱的同学们，辛弃疾统一河山、收复失地的心愿终于在160年后的明朝实现了，可是他却没能看见。据说，在他临终之际，还在喊着："杀贼！杀贼！"今天，我们学习了辛弃疾的词，同时也学习了他这个人！此时此刻，你有什么想对他说的吗？

生：我想对他说，辛弃疾你很伟大，你不仅仅是一个了不起的词人，更是一个伟大的爱国志士。

生：我想对辛弃疾说，真为你惋惜，你这么有才华，却一生都没有施展抱负的机遇！

生：我想对他说，辛弃疾，我很敬佩你！你不仅写出了那么多流传千古的诗词，还是一个有执著信念的人。我还想对他说，虽然你没办法看到祖国统一，但你的心愿终于实现了。几百年后的祖国，不仅繁荣而且很强大，你可以安息了。

师：是呀，亲爱的同学们，我想，辛弃疾如果真的在天有灵，他也一定会得到安慰的。最后，让我们再来读读这首《清平乐·村居》，用声音告慰他的在天之灵："您的理想——终于实现了！"

在教学过程中，教师应用"大语文"的视野，在文本学习的基础上巧妙地开发生成性的资源，使阅读对话在整体和谐、层层延伸的过程中，引领学生逐步走向一个更为广阔的语文学习天地。

专题二 让阅读教学在学生的自主探究中进行

《语文课程标准》中提到："学生是学习和发展的主体。语文课程必须根据学生身心发展和语文学习特点，关注学生的个体差异和不同的学习需求，爱护学生的好奇心、求知欲，充分激发学生的主动意识和进取精神，倡导自主、合作、探究的学习方式。"

苏霍姆林斯基说过："人的心灵深处都有一种根深蒂固的需要，这就是希望自己是一个发现者、研究者、探索者。""自主探究"的学习方式是以发展学生语文阅读的自主性、能动性、创造性为目的的实践活动，是自主学习与探究性学习在阅读教学中的综合体现，它对教师而言是一种全新的教学方式，对学生而言是一种全新的学习方法。它不仅强调了学生是学习的主体，是学习的主人，教师应把学习的主动权交给学生；同时又针对语文课程，对教师在教学中的作用提出了明确的要求。

案例分析

【案例 2-5】

让阅读教学成为学生自主探究之旅
——《月球之谜》教学实录

执教：深圳市荔轩小学　刘学金

评析：特级教师　陈金才

一、朗读课题，感悟探究重点

师：（出示课件）同学们，在浩瀚的宇宙中，有这样一个星球：它是离我们地球最近的邻居，它充满了神秘的色彩。古往今来，人们对它产生了无数美好的遐想，赋予了它许许多多美丽的神话传说。它是从哪儿来的？上面有些什么东西？它跟地球一样吗？今天，我们就一起走近它，去感受它的神秘。

（板书：月球之谜）

师：一起读课题。

生：月球之谜。

师：怎样读才能让人明白我们是在研究谁的谜？（生读）

师：怎样读才能让人知道我们要研究月球的什么？（生读）

【评：读课题是有讲究的。设计不同的问题，让学生用朗读的重音，表达对问题的理解。这是考查学生对语言的感悟，又在提示这堂课探究的重点。】

二、联系语境，体悟词语意蕴

师：月球究竟是一个什么样的星球？课文写了月球哪些还没有解开的谜呢？我们还要在课文中寻找答案。下面请大家自由读课文，一边读一边用笔把不理解的词语划出来。

（学生自由读课文，教师边巡视边让学生把所划的词语写在黑板上）

师：我发现同学们有一个很好的习惯，在别的同学上讲台写词语时，有的同学把这个词也在自己的书上划了下来，还有的同学直接把它写在了练习本上，这是一种很好的学习方法。我再教大家一招：划出不理解的词语后，大家可以先和身边的同学研究一下，看能不能解决。

（学生板书了以下词语：皎洁　遐想　奥秘　奇异　费解）

师：这几个词语大多数同学都划了，看来不太好理解。来，先读一读。

（学生读）

师：在这些词语中，有一个字很容易写错，特别容易和咱们广东省的简称"粤"弄混，哪个字？

生：奥。

师：对，来，先看老师写。

（教师在田字格中范写，提醒学生第三笔是横折，而不是横折钩，下面的"大"字的横写得要稍长一些；学生先随教师书写，再在练习本上写一遍）

师："奥秘"的"秘"字，右半边的笔顺要特别注意，看老师写。

（学生在练习本上写）

师：这些词语我们不见得一定要说出它的意思，只要心里明白就可以了。比如"皎洁"这个词，我们先来看一幅图。

（出示图片）

师：你所看到的月光是什么样的？

生：很明亮。

生：很纯洁。

师：因为月光的明亮而感到它很纯洁。

生：很洁白。

师：你注意到了月光的颜色。是的，像这样明亮而洁白的月光，就叫做——皎洁。所以，我们的祖先在造这个"皎"字的时候，特意用"白"做了偏旁。

师：看到如此美丽而皎洁的月光你会想到些什么呢？

生：月亮上有嫦娥和玉兔吗？

师：浪漫的想象。

生：月亮上会有什么东西呢？

师：具有探索性的想象。

生：我还想到了月饼。（众笑）

师：哦，形象的想象。

……

师：其实，看到这皎洁的月光，不仅我们会产生这样的想象，古人看到月亮时，也产生了无穷无尽的想象，有诗为证。（依次出示四句与月亮有关的诗句）

师：除了这四句，你还知道哪些与月亮有关的诗句？

（学生背诵其他的诗句）

师：古人对月亮的想象不光通过诗句来表现，他们还给月球起了很多好听的名字，谁知道？

生：蟾宫。

生：广寒宫。

生：玉轮。

生：玉盘、玉钩。

师：呵，知道的真不少！了不起！同学们，无论是古人还是我们，看到月亮时都产生了这么多悠远的思索和美好的想象，这就叫——遐想。

师："皎洁"和"遐想"这两个词理解了吗？好，那我们再把这两个词放回到课文中，看看能不能通过你的朗读把大家带入那美好的遐想之中。

（学生读第一句）

师：声情并茂，还带了点儿动作，不错！我再给你提点儿建议：你把"遐想"读得再慢一点儿，长一点儿，才能把人带入那种境界中，再试试。

生：（低头看着书，小声地）遐想。

师：眼睛盯着书读就没那种感觉了。看着大屏幕上的月亮，再把眼睛眯起来，轻一点儿，声音拉长一点儿，再读。

生：遐想。

师：读得很有感情，掌声。就这样，全班一起读这个词。

师：带着这种感觉，谁再来读读这句话？

……

师：太美了！真是"如听仙乐耳在鸣"啊！这么美的朗读要是再配上音乐肯定会更美。

（学生配乐读）

师：我从同学们的眼神里看出了一个词"跃跃欲试"，来，一起读！

（读得有声有色，全场掌声）

师：这美妙的朗读声把我们带入那美好的遐想，自然会促使我们去探索它的——奥秘。"奥秘"这个词你是怎么理解的？

生：很神秘。

师：有神秘的味道。

生：很深奥。

师：有深奥的意思。

生："奥秘"是深奥的秘密，不是一般的秘密。

师：你的概括能力和理解能力都是超一流的！（众笑）

（出示：古往今来，为了探索月球的奥秘，人类付出了巨大的努力）

师：从这句话中的哪几个词你知道"奥秘"不是一般的秘密？

生：我从"巨大"这个词看出来的，说明月球的奥秘是很深奥的，人们付出的努力是很大的。

生：我还从"古往今来"知道，探索月球的奥秘，人们从古到今一直都没停止过。

师：你的理解能力也是超一流的！（众笑）

师：同学们，人类探索月球的过程是漫长而又艰辛的。带着你自己的感觉，让我们再读读这句话吧！（学生齐读）

师：要想探索月球的奥秘，人类首先要登上月球。1969 年 7 月 20 日，两名美国宇航员首次登上月球，第一眼看到的却是这样一种景色……

（出示课件：依次出现"天空黑沉沉的""表面却洒满灿烂的阳光"）

师：月球表面与我们熟悉的地球有什么不同？

生：在地球上看天空是蓝色的，而在月球上看天空却是黑沉沉的。

生：地球上有高楼大厦，而月球上却什么都没有。

……

师：月球表面的景色跟我们熟悉的地球相差如此之大，这就是月球奇异的地方。那么，能不能通过你的读让大家感受到月球表面景色的奇异呢？

（学生读得很流利，但不够"奇异"）

师：想读好这段话，必须要学会制造神秘气氛（众笑），听老师读。（教师范读）就这样，再试试。

（学生再读，感觉好多了）

师：神秘气氛还不够，再读。

（学生再读，读得非常好，全场掌声）

师：来，就像他这样，我们一起读。

【评：词语教学仍然是三年级语文学习的重要内容。这节课的词语教学很有特点：1. 只学习学生不理解的词语；2. 在语言环境中引导学生理解词语的意思，体悟词语的意蕴；3. 理解词语的过程，是学生自主学习的过程；4. 重点词语的理解，在课堂结构中起到了"牵一发而动全身"的作用，理解了这些重点词语，也就探究了"月球之谜"。】

三、探究阅读，激发创新与发现

师：月球就是这样一个"奇异"的世界，而这仅仅是我们看到的，当我们真正去研究它时才发现，它居然还有许许多多非常奇妙的地方。课文的三至六自然段就告诉了我们它的奇妙之处。谁来为大家读一读？（指名读）

师：他在读的时候，其他同学也都有任务，我们都来做小科学家，科学家最大的特点就是善于发现问题、提出问题。请各位小科学家认真听，听他读完以后，看看你能提出什么问题？

……

生：为什么细菌在地球上可以存活，而撒在月球的尘土上就都死了呢？难道这些尘土含有什么特殊物质可以杀菌吗？

（教师板书：杀菌？）

生：为什么玉米种在月球的尘土里与在地球土壤里生长没有明显不同，可是水藻一旦放进月球的尘土里，就长得特别鲜嫩青绿呢？同样是生长在地球上的植物，差别咋就这么大呢？（众笑）

师：是啊，差别咋就这么大呢？（板书：植物生长？）

生：为什么在月球上采集到的岩石的年龄大约已有46亿年，而在地球上只能找到40亿年前的石块？难道月球比地球的年龄还大吗？

（教师板书：年龄？）

师：尊敬的小科学家们，我从你们的表情中看出了困惑，从你们的眼神中看出了茫然。这些问题你们知道是怎么回事儿吗？（不知道）你们能回答吗？（不能）是啊，这些问题让人如此难以理解，这就叫"费解"。

师：月球还没有解开的、令人费解的谜仅仅是书上所写的这些吗？你是从课文中哪里知道的？

生：我是从课文最后一段话"对神秘的月球，人类还将继续探索下去"看出来的，说明月球还有很多未解之谜，人类还要继续探索。

生：我还从那个省略号看出来的，说明月球的谜还有很多很多。

师：（板书：……）小标点有大学问！

【评：探究学习，需要精心选择探究的"点"。"请各位小科学家认真听，听他读完以后，看看你能提出什么问题？"这是一个非常精妙的探究学习的切入点，它激发学生主动阅读、探究、发现、提出问题。】

四、课外延伸，拓展探究空间

师：孩子们，你们太聪明了！为了奖励你们，老师给每位同学发一份"小礼物"。（分发月球资料卡片）这个礼物很贵重的，这可是我从上万字的月球资料中筛选出来的。礼物不能白拿啊，下面请你们从这些月球的未解之谜中选择一个，用上这样的句式，以小记者的身份来采访月球。

（出示：神秘的月球，请你告诉我，为什么_____？难道_____？）

（学生根据手中的资料，填写采访词）

生：神秘的月球，请你告诉我，为什么你的身上有金字塔，难道是外星人去你那儿建造的？

生：神秘的月球，请你告诉我，为什么你身体上有巨大的水汽团？难道是你把嫦娥姐姐惹哭了？（掌声）

师：哟，这嫦娥姐姐的眼泪够多的！（众笑）

生：神秘的月球，请你告诉我，为什么我们远远看你的身体光滑如镜，难道你每天都要美容吗？（掌声）

师：这个问题的灵感肯定来自于你的妈妈。（众笑）

生：神秘的月球，请你告诉我，为什么你的身上有巨大的水汽团？难道汶川大地震让嫦娥姐姐心疼得流泪了吗？（全场掌声）

师：我被你超凡的想象力所折服！

……

师：同学们，关于月球的未解之谜还有很多很多。多少年来，为了揭开月球神秘的面纱，人类探索的脚步从来就没有停止过，请看大屏幕。

（出示课件：展示人类近代史上的探月之旅，略）

师：（在未来的探月之旅中，老师希望看到你们的身影！）这是刘老师，也是所有老师对你们的期望！下课！

【评：最后一个环节是教者精心设计的一个语文活动，它连接"现实"与"想象"。这是教师精心整合课程资源后的创造，富有情趣，富于思维的张力。】

【总评：《月球之谜》是一篇适合探究阅读的经典课文。课文介绍了许许多多关于月球的已解之谜，又罗列了许许多多关于月球的未解之谜。学生一读课文，马上就会被这些谜所吸引，从而激发起探究的热情和欲望。

刘老师《月球之谜》的教学则是一个自主探究式阅读教学的典型案例。教者以"解谜"为中心，引导学生朗读课文、理解词语、感悟语言，经历了一个自主探究的学习过程。

探究阅读的核心是学生在学习过程中的自主性。在这堂课中，探究目标是学生自主确定的，探究的问题是学生自己提出的，探究的过程也是学生自身经历的。在自主阅读的过程中，学生得到自我独特的体悟、感受和体会。尽管过程具有挑战性，但学生的身心是愉悦的。

疑问，是探究阅读的起点。在经历释疑、解疑的探究活动后，疑问，又成为这堂课的结点，但这不是学习的终点，相反，它又成为新一轮探究学习的起点。这也是这堂课的匠心独运之处。】

在阅读教学过程中，教师无法代替学生进行阅读，更无法代替学生进行分析思考，教师既不能把知识生硬地灌输到学生的头脑里，也不能把思想观点移植到学生的头脑中。无论是知识、能力的获得，还是智力的开发；无论是情感、意志的培养，还是思想道德意识的提高，都必须尊重学生在学习过程中的积极性、自主性和独立性，引导学生积极参与学习过程，才能促使学生在知识、能力和思想方面取得进步，完成教学任务。在以往的阅读教学中，教师往往处于"话语霸权"地位，一问一答的教学模式忽视了学生自主探究能力的培养，压抑了学生的主动性、积极性和创新性；也有的教师将课堂的剩余时间留给学生自学，并认为这就是自主学习。在与《月球之谜》比较中，我们或许会达成这样的共识：自主探究的目标不仅是让学生去自主寻求问题的答案，更重要的是让学生了解、掌握和获得探究的方法与能力。

观点建议

一、创设情境，激发兴趣

心理学认为，兴趣是认识某种事物或某种活动的心理倾向，这种倾向可以使人们积极地观察和认识事物。可见，学生的学习兴趣直接关系到学习效果。在教学过程中，我们可以通过创设情境，激发学生进行探究性阅读的欲望，真正变"接受性学习"为"探究性学习"。

（一）问题情境

"学贵有疑"，在教学中，我们在引导学生自主提问之后，可以与学生共同进行筛选，确立研究的重要问题，并为学生提供充分的思维空间，让学生在自读中探究问题，在探究中感悟语言，这往往会激发起学生主动思考、积极探究的欲望。

（二）生活情境

"生活是一切知识的源泉，实践是最根本的学习方式。"《语文课程标准》倡导我们要把语文教学与学生的生活紧密联系。为此，我们一方面要注重加强语文教学与学生生活的密切联系，另一方面要注重加强语文与其他学科的联系，以体现探究性阅读的实践性和综合性。

（三）角色情境

在引导学生进行自主探究的学习过程中，我们必须想方设法把自主探究和角色体验结合起来，这既可以丰富学生的感性认识，为学生的自主探究和潜力发挥提供可能，也可以培养学生的创新精神。

（四）媒体情境

多媒体教学手段，可以拓宽语文学习的领域，可以使学生体验来自于课堂内外的各种知识信息的共享和互动，它不仅可以使语文课堂富有立体感，也可以激发学生浓厚的阅读兴趣和探究热情。

总之，创设情境的方法很多，但必须要面向全体学生，注意其层次性，为学生的思维寻找最佳突破口，为学生提供学习的目标和思维的时空，使学生的自主探究成为可能。

二、教给方法，培养能力

现代教育心理学研究指出，学生的学习过程不应该是一个被动接受知识的过程，而应该是一个根据自己的体验，用自己的思维方式自由、开放地去探究、发现、再创造有关知识的过程。在此过程中，培养学生自主探究的能力对促进学生整体综合素质的提高有着非常重要的作用。

（一）自主读书

读书是学习语文的一种很好的方法，教会了学生读书也就教会了学生对语文的自主学习。我们可以通过以下几个步骤来对学生进行指导：第一，围绕导读提示、课后习题等，读通全文，了解文章的主要内容；第二，利用工具书、网络等工具，查阅与课文内容相关的资料；第三，结合重点问题及文中重点词句仔细研读课文，对精彩片段或重点内容作简要的评点及批注；第四，联系上下文、自身的生活经历及已有知识经验，自主探究问题答案，并做好标记，留待提交小组或班级交流研讨；第五，针对优美词句、段落，练习有感情地朗读。

（二）大胆质疑

要培养学生的创新意识，其中很重要的一点就是要提高学生的质疑能力。首先，抓住课题，提出问题。题目就是文章的"眼睛"，课题本身往往就具有很强的探究性学习价值。在教学时，学生也常常能针对课文题目从不同的角度提出一些具有探究性价值的问题。其次，通读全文，提出问题。抓住文中关键词语、句段，往往会产生许多具有启发性、生成性的问题，让学生带着问题研读课文，学生的质疑能力与自主探究能力都会自然而然地得以提高。再次，深入阅读，提出问题。在深入阅读阶段，也可以让学生进行质疑。可以从内容的理解上教学生提问，也可以从表达方式上教学生提问，还可以从标点符号上教学生提问。最后，结合课后习题，一篇文章课后习题完成后，也应勿忘询问问学生是否还有其他疑点，如果有，可以让学生提出问题，再进行解决。

（三）合作探究

在学生掌握了一定的解决问题的方法后，我们要放手让他们独立思考问题，采用不同的形式独立解决问题。主要形式有：第一，连锁式，在组长的组织下，小组成员依次发表意见及观点；第二，补充式，在组长组织下，由一名同学担任中心发言人，其他同学将其发言与自己的自学成果做比较，相互补充；第三，辩论式，小组成员按不同意见及理由分为正反两方进行辩论，最后由小组长综合归纳。在这一环节中，我们应努力做到：首先，要注意对学生提出的问题进行筛选及优化重组，提炼出覆盖面广、有思考价值的研究话题，组织学生进行有针对性的研讨；其次，要精心预设好交流的内容及学习的方式，不至于使小组合作学习流于形式；最后，要调控好课堂秩序，重视巡视指点，加强对学习有困难学生的个别辅导，努力让每一个学生都参与合作学习，都有所收益。这种学习氛围，使学生的钻研精神得到了培养，思维能力得到了提高，合作意识得到了加强，解决问题的能力得到了增强。

三、多元评价，有效激励

《语文课程标准》指出："语文阅读评价要综合考虑学生阅读过程中的感受、体验、理解和价值取向，考虑其阅读的兴趣、方法与习惯以及阅读材料的选择和阅读量。特别要重视对学生多角度、有创意阅读的评价。"阅读教学中的教学与评价是唇齿相依的关系，为了能科学、全面地评价阅读教学效果及学生在阅读教学过程中的能力发展过程及学习效果，发现每个学生的学习潜能，促进学生的学习，并为教师提供反馈，有必要建立多样化和可选择性的、能注重学生个别差异、更能体现以人为本原则的评价模式。

（一）自我评价

学生是学习的主体，也应是评价的主体。学生通过自评，由被动受评者变为主动参与者，不断反思，形成有效的和符合个性特点的学习策略，利于学生对自己形成客观、正确的认识，最终成为学习的主人。

（二）同学互评

通过学生之间的互评，不仅有利于学生之间取长补短，还有利于团队精神和合作意识的培养。自由、民主与平等的评价氛围更有助于提高其自信心，获得可持续发展的动力，不断地发展和完善自己。

（三）师生互评

古语有云"教学相长"，语文教学的本质是师生的平等对话。在师生互评的过程中，教师从"考官"角色逐渐转变为"合作者"。在评价过程中，教师不仅应允许学生根据自己的特长或优势选择适合自己的评价方式，还应根据学生的年龄特征和学习风格采取适当的评价方式，这些评价手段可以从不同角度展示学生对所学内容的理解以及他们的情感态度。

专题三　如何实现工具性与人文性的统一

　　语文学科的"工具性"和"人文性"，一直在学术界争论不休。前者从语言文字的工具性出发，认为语文是人们进行思维、交流思想、学习各种文化知识、储存传递信息的工具，由此，将语文定位于工具学科。后者认为语文学科着眼于塑造人、发展人，旨在培养学生的语文能力，提高语文素养，由此，人文性应是语文学科的本质属性。这两种观点的偏颇之处在于：工具论仅把语文作为工具手段，忽略了语文的本来价值，忽略了语文的多重功能；人文论则是以语文学科去附会"人文性"，使语文失去了自身存在的理由和依据。

　　《语文课程标准》在充分肯定原有语文教学大纲对于语文性质认识的基础上提出："语文是最重要的交际工具，是人类文化的重要组成部分""工具性与人文性的统一，是语文课程的基本特点"。这一表述，遵循"统一"的思路，提出了二者的统一是语文课程的基本特点，既论述了语文的学科性质和地位，同时强调不能单纯强调二者中的某一方面，应在二者统一协调发展的基础上，致力于学生语文素养的形成与发展。

案例分析

【案例 2-6】

《可贵的沉默》教学实录

执教：深圳市福强小学　李　楠

　　一、游戏导入，揭示课题

　　师：今天和平时有些不同，现在同学们坐的座位就是平时老师们开会时坐的座位，李老师站的位置呢，就是平时校长站的位置，咱们今天就要在这儿上课，大家开心吗？

　　生：开心！

　　师：还有更令人开心的事呢。瞧瞧，后面就坐着来看你们精彩表现的爸爸妈妈们。如果你的家长来了，你可以站起来向他们挥挥手，告诉他们你坐的位置；如果你的家长没来，你可以向其他的家长挥挥手，让他们认识你！

（学生开心地起立挥手）

师：好，上课！

生：起立！

师：同学们好！

生：老师好！

师：上课前，咱们先来做个游戏，放松一下，好不好？

生：好！

师：这个游戏的名字叫做"猜成语"，谁愿意到前面来猜？

（学生纷纷举手）

师：这样吧，每组派出一位代表吧。

（四位学生代表站到讲台前）

师：在座位上的同学们，大家可以通过动作表演，也可以通过语言来描述，他们几位谁最先猜出来，就判他们所代表的小组获胜。

课件出示：左顾右盼

……

课件出示：神气十足

……

师：都是一下就猜出来了，最后一个。

课件出示：寂然无声

……

师：同学们真是太厉害了，刚才咱们猜的这些成语都来自于同一篇课文——

生：可贵的沉默。

【设计意图：通过游戏，让学生进入积极、饱满的学习状态，自然导入新课，为接下来的学习做好铺垫。】

二、认读词语，整体感知

师：在这篇课文中，像这样的四字成语还有很多，现在请同学们打开语文书，自己读一遍课文，一边读一边把文中的四字成语都划出来。

（学生自由读文）

师：我看到，刚才好多同学是一边读一边划一边记，记牢了没？

生：记牢了！

师：这么自信！那我可要检查一下，请看大屏幕。

[课件出示：

（　）同声、（　）十足、（　）顾（　）盼

（　）然无声

（　）面（　）方、（　）嘴（　）舌

（　）而同]

（指六名学生依次回答后齐读）

师：看来记成语难不倒你们，再增加一下难度怎么样？

生：好！

师：嗯，还是信心满满！有没有人能用上这些成语，试着连起来说一说，这篇课文主要讲了一件什么事？

生：这篇课文主要讲了这么一件事，老师问同学们，爸爸、妈妈知道你们的生日吗？孩子们异口同声地回答："知道，知道！"老师让同学们举起手来点数的时候，有些同学索性站了起来，还神气十足地左顾右盼。

师：说得非常好，一口气用上了三个成语。咱们把机会留给更多的同学，有谁愿意接着说？

生：老师又问："有谁知道爸爸、妈妈的生日？"教室里寂然无声，孩子们都沉默了。

师：谢谢你！谁愿意接着说下去？

生：老师又问"怎么才能知道爸爸妈妈的生日呢？"孩子们的目光又从四面八方回来了，先是一两声，继而就是七嘴八舌了。

师：很好！最后一次机会。

生：开家长会的时候，家长们不约而同地说："我的孩子懂事了。"

师：把这四位同学所说的连起来，就是这篇课文讲述的主要内容。

【设计意图：将字、词的学习与全文的整体感知融合起来，努力将教学资源的使用价值挖掘到最大。】

三、合作质疑，梳理学法

师：平时咱们学习常常都是老师提问，请同学们来回答，今天咱们换个学法。读了这篇课文，你能提出哪些问题？发挥学习小组智慧，大家一起读书，共同讨论，在认为有可能的地方做上标记。

（小组内讨论交流）

师：谁先来说说你的问题？

生：我的问题是，为什么说这沉默是可贵的呢？

师：问得好！（指黑板上的课题）大家瞧，为什么说这沉默是可贵的？这位同学的问题来自于课题，这种学习方法非常好！我们可以把它叫做"问题目"。（板书：问题目）

师：这个问题，谁来回答？

生：因为孩子们在沉默中变得懂事了，所以说这沉默是可贵的。

生：孩子们在沉默中想到了父母对自己的爱，也懂得了回报父母。

师：于是说，这沉默是——

生：可贵的。

师：问题问得好，解答得也好！

师：还有谁来接着问？

生：蕴藏在孩子们心灵深处的，孩子们自己还没有意识到的，极为珍贵的东西，是什么呢？

师：这个问题很复杂，告诉大家，你是怎么想到的？

生：书上有。（笑）

师：我知道了，你是受到了课本中学习伙伴的提示，对吗？

生：（笑）对！

师：不要不好意思，你的学习方法也非常值得大家学习，我把你的这种方法叫做"问提示"，同意吗？

生：同意！

（板书：问提示）

师：这个问题，谁会回答？

生：这极为珍贵的东西，是孩子们对父母的爱。

师：同不同意？

生：同意！

师：那这位老师，她找到了这极为珍贵的东西了吗？

生：我觉得她找到了，因为课文中说，不久，学校开家长会，家长们不约而同地说自己的孩子懂事了，懂得回报自己了。

师：也就是说，从家长们的话中，咱们可以看出来，孩子们已经会体贴、回报父母了！还从什么地方能看出来？

生：没有人举手，没有人说话。

师：说说你选这句的理由？

生：孩子们不举手、不说话，是因为他们心里觉得自己做得很不好，很不够。

师：嗯，也就是说，从孩子的动作和心理活动中，咱们可以看出来，孩子们既感到了父母对自己的爱，也感觉到了自己的不足，是吗？

生：对！

师：找得真好！

生：还有！

师：好，你说！

生："沉默了足足一分钟，我悄悄地瞥了一下这些可爱的孩子们，他们的可爱恰恰在那满脸犯了错误似的神色之中。"孩子们其实并没有犯什么错误，但他们满脸都是犯了错误似的神色，就表示他们在反省自己，觉得自己对父母的爱回报得不够。

师：你真是个心理专家，你能从孩子的神色之中，洞察到他们的内心活动，让我们为他鼓掌！

（掌声）

师：还有人想说，你来！

生：从课文的最后一句话中也可以看出来。"啊！我真快活，这一片沉默给了我多大的享受啊！"

师：老师享受的是什么？

生：是孩子们懂事了！

生：他们懂得回报家长了！

师：所以说，这位老师找到了蕴藏在孩子们心灵深处的——

生：极为珍贵的东西！

师：没错！

师：了不起啊！大家通过"问题目""问提示"，已经问出了两个非常有价值的问题，还有问题吗？

生：我的问题是，课文中说，教室里又热闹了起来，只是与沉默前的热闹不一样。沉默后的热闹为什么和沉默前的热闹不一样了呢？

师：告诉我，你是怎么想到这个问题的？

生：我在读课文时想到的。

师：请你再来告诉大家，你在是读到第几遍时想到的？

生：第四遍。

师：亲爱的同学们，处处留心皆学问呀！这是个了不起的问题，是需要经过仔细阅读，认真思考才能发现的问题！请接受我们真挚的敬意！

（热烈的掌声）

师：这个问题，来自于课文内容，我们可以把这种学习方法叫做——

生：问内容！

师：没错。（板书：问内容）

师：是啊，这次可贵的沉默前后，经历了两次热闹，这两次热闹究竟有什么不同呢？

生：第一次热闹是孩子们在谈自己是怎样过生日的。

师：没错，也就是说，此时此刻孩子们在感受着——

生：父母对自己的爱。

师：请接着说下去。

生：第二次热闹是孩子们谈怎样能知道父母的生日，怎样给父母过生日。

师：也就是说，此时，孩子们懂得——

生：回报父母的爱了。

师："冰雪聪明"这个成语送给你，谢谢你！

（板书如下：

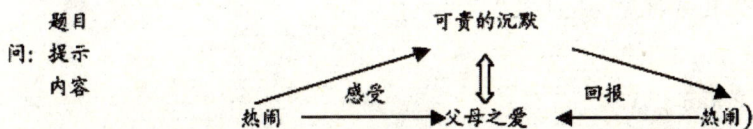

师：正是在这两次热闹之中，孩子们既感受到了父母对自己的爱，又懂得了要——

生：回报父母之爱！

师：所以说，这两次热闹的原因——

生：不同！

师：这两次热闹间的沉默，它更是——

生：可贵的！

【设计意图：问题的提出往往比解答更为重要。教师在学生质疑、释疑中把握主导作用，与学生共同梳理学法，在引导学生感悟文本的同时尊重学生独特的阅读体验。】

四、理解词语，体验表演

师：会学习的孩子，学习效率一定是很高的！同学们，经过你们的积极思考、主动学习，这篇课文已经被你们轻松地学完了！接下来的时间由你们自由支配，只要是和语文学习有关的活动都可以做，你们想干什么？

生：表演！

师：可以啊！

生：耶！

师：表演之前，我想提醒大家，在等一会儿的表演中，注意表现好以下这些词语。

（课件出示："知道！""知道！"孩子们异口同声地回答）

师：假如你们就是这群异口同声回答问题的孩子们，让我听听你们的回答声——

生：知道！知道！

师：嗯！真整齐。大家刚才的表现就叫做——

生：异口同声！

（课件出示：他们骄傲地举起了手，有的还神气十足地左顾右盼）

师：请大家通过动作将这几个词语表现出来。

（学生兴奋地起立表演）

师：你表演的是神气十足？

生：（笑）对！

师：真形象！

师：你表演的是什么？

生：左顾右盼！

师：哦，不是东张西望？

生：（笑）不是！

师：你呢？

生：我表演的是骄傲地。

师：为什么把要手举得那么高呀？

生：举得越高越能显示出骄傲。

师：嗯，有道理！

（课件出示：孩子们七嘴八舌地说："问爸爸！""不，问外婆！""自己查爸爸妈妈的身份证！"）

（学生练习）

师：评价一下，咱们刚才表演得怎么样？

生：我觉得还应该再乱一些，刚开始我们还是说得太整齐了。

师：有道理！再来一次。

（学生表演，场面更为热闹）

（课件出示：霎时，教室里安静下来）

师：你为什么一下子就坐直了？

生：因为我表演的是"霎时"。

师："霎时"是什么意思。

生：就是时间很短。

师：对，谁能给霎时换一个词？

生：瞬间。

师：可以，都表示时间很短，难怪你们刚才个个动作都那么快！

（众生笑）

（课件出示：索性站了起来）

师：恩！干脆利索，一点都不迟疑呀，你们表演的是——

生：（齐声）索性！

师：好了，练习得差不多了。课文中还有老师和五位家长，谁来表演老师？

生：（一致推荐班长）月月！

师：可以！还有五位家长，哪位家长愿意参与到我们的表演中？

（邀请五位家长）

师：其余的同学来表演课文中的孩子们！看来，就剩下我一个人了。这样吧，我来演一名记者，对大家进行随机采访，可以吗？

生：可以！

师：好，表演开始——

演至第9自然段（几乎所有的孩子都在快乐地交谈，谈话的内容当然是生日聚会、生日礼物、父母祝福……）

师：哈，你们交谈得实在是太开心了，谁来接受我的采访，说说你的生日会是什么样的？

生：有一次我过生日，爸爸妈妈给我买了一个大蛋糕，是三层的。

师：对，我好像也有印象呢，是不是还带到学校来了？

生：对，那次全班同学都吃到了我的生日蛋糕，老师和同学们跟我一起过的生日。还有一次，就是今年的生日，爸爸妈妈给我开了一个生日会，是在肯德基开的，还请了好多同学。

师：都有谁参加了他的生日会呢？来说说当时的情形。

生：我们好多人都去了，大家都送了他生日礼物，还给他唱生日歌，我们玩得特别开心。

师：爸爸妈妈总是想办法用特别的方式来给你庆祝生日，希望你快乐成长。

师：还有谁愿意来跟大家分享一下你得到过的生日祝福或是生日礼物？

生：有一年我过生日，一早起来，爸爸就祝我生日快乐，我问爸爸：妈妈呢？原来，妈妈在厨房给我煮长寿面呢。

师：当时你的心情是什么样的呢？

生：我特别特别开心，也觉得自己特别特别幸福。

……

师：谁来说说，你以前是怎样给爸爸妈妈过生日的？

生：那次妈妈过生日，我给妈妈做了一张卡片，上面写着"祝妈妈生日快乐"。

师：我看到×××的妈妈也来了，咱们请她来说两句。

××妈妈：每次我们过生日或是节日时，××都会自己亲手制作卡片送给我们——对不起，我有些激动——（因哽咽未说完）

师：让我们为××这份稚拙却别具意义的祝福鼓掌！

（全班热烈的掌声）

生：有一次爸爸过生日时，我看到爸爸的剃须刀不好用了，而且他的胡子长得又特别快，于是我就和妈妈一人出一半的钱，给爸爸买了一个新的剃须刀。

师：你出了多少钱？

生：99元。

师：数目不小啊，这钱是哪儿来的呢？

生：是我平时的压岁钱和零用钱！

师：这钱来得不容易，花得有意义。

师：××的爸爸在吗？不在，那我们请妈妈代爸爸来说两句。

××妈妈：是有这样一件事，他爸爸平时用的是普通的剃须刀，我们合钱给他买了一个电动的。

师：相信爸爸每当用到这个剃须刀时，就能感受到女儿对他的爱。

[演至第15自然段（……再稚拙的礼物，他们也会觉得珍贵无比的）]

师：我想，咱们班的同学一定想到了更多更好的办法，想在爸爸妈妈生日时送上祝福，谁想来说说？

生：我想以后在爸爸妈妈过生日时，给他们做一个书签，写上一些祝福的话，夹在他们平时最喜欢读的书里。

师：相信你的爸爸妈妈一定是爱读书的人，他们一定会喜欢你送的礼物。

师：还有人想说吗？

（一学生举手起立后却无语）

师：你是想等到爸爸妈妈过生日时给他们一份惊喜，先保密，是吗？

生：（开心地）对！

师：好，那咱们就先不说了，到时看你们的行动吧。

[演至16自然段（……"他写信叫我不要烦恼！""他会体贴人了！"）]

师：孩子们懂事了，长大了，会体贴家长了。还有哪位家长愿意跟我们一起分享孩子带给您的喜悦？

××妈妈：有一次我过生日，我女儿用三元钱给我买了一副耳环，而且第二天我上班时，她一定要我带上，我觉得很不好意思，不过想想，还是带着去上班了。结果被一位同事看到，她对我说："你的耳环好漂亮，多少钱买的？"我回答说："无价之宝！"

师：让我们为这份无价之宝、无价之爱鼓掌！

（其余家长发言略）

【设计意图：在自主表演的过程中，自然地联系生活实际，进一步加深对文本的理解及人物心理的体会。教师以"记者"的身份不着痕迹地实现对这一教学环节的组织、引导。】

五、走进生活，升华情感

师：亲爱的同学们、家长们，我这儿有一封来信，是咱们班一位因为工作今天无法到来的家长写的，大家想听听吗？

生：想！

师：让我代这位妈妈读给大家听——

我最最亲爱的女儿：

由于工作原因，明天的家长开放课我和爸爸都不能前去，一想到课堂上其他同学都可以欢天喜地迎来自己的家长，而你却将在一次又一次的回首中换回一份未知的伤心和落寞时，我的心就不由得紧紧收缩起来。我想，或许，我可以通过这样一种方式来弥补你、陪伴你……

亲爱的女儿呀，今天，妈妈想告诉你，妈妈从孕育你的生命起就对你充满了爱与企盼，你的诞生便是我生命的延续，你的点滴成绩都是我的骄傲与自豪。虽然妈妈对你要求很严，但对你的爱是无私的。希望你能一如既往地相信我，在人生的旅途上，无论你成与败、悲与喜，我都是你停靠的港湾，我会用我生命之所能伴你走过人生的每一个驿站。

风雨人生路，有爱的天空是纯蓝的，愿你在爱的天地中，走向每一个成功。

永远爱你的：妈妈

于 2007 年 4 月 9 日夜

（至此，全班泪光闪闪）

师：我想，信中的这位女儿一定早就听出了妈妈的来信，更听懂了妈妈的心声，让我们有请她！

生（一女生满脸泪水，起立）

师：此时此刻一定有话想说吧！

生：（哽咽）从上课前……我就一直在找……可是……一直都没有看到我的爸爸妈妈……我真的很难过……不过，我想，爸爸妈妈们对我们每个人的爱都是不一样的，我的爸爸妈妈虽然不能来陪我上课，但我知道，他们一样是爱我的！

（热烈的掌声）

师：是啊，亲爱的同学们，常言道：父爱如山，母爱似水。我们每天都被父母的爱包围着。课前，我请大家去收集最能体现父母对你的爱的照片或是故事，有谁愿意到前面来与大家一起分享？

生：（走上讲台，展示照片）这是我刚刚学走路时的照片。我那时特别喜欢玩沙，整天在这片沙地上走来走去的，爸爸就这样扶着我，怕我摔倒。

师：像爸爸这样弯着腰走路，你试过吗？

生：我知道，这样弯着腰走路特别累，一会儿腰就酸酸的了。

师：那，现在你想对爸爸说些什么呢？

生：我想说，谢谢您，爸爸！您辛苦了。

（热烈的掌声）

生：这是我和妈妈去武夷山时，我们几个小朋友都在水里玩，当时妈妈同事的小孩子不小心摔倒在水里了，妈妈怕我也摔倒，就脱掉鞋子扶着我，她还怕我被太阳晒伤，就把这唯一一件雨衣披在了我的身上。

师：你真是个细心的孩子，能完全感受到妈妈对你的爱，想对妈妈说什么？

生：妈妈，谢谢您！我永远爱您！

（热烈的掌声）

师：亲爱的同学们，父母的爱，是天底下最无私、最纯洁也是最最动人的爱。现在，请你拿起手中的笔，将此刻心中最想对父母说的话，写下来。

（学生在音乐声中书写）

师：谁愿意把你的文字和大家分享？

生：爸爸妈妈，感谢你们从小把我养大。我知道你们平时要我做的事情都是为了我好。我要对你们说：我爱你们！

（热烈的掌声）

生：《儿子欠爸妈的账单》：儿子欠你们许多许多的不眠之夜，许多许多的叮咛，许多许多的爱！儿子会用一生回报你们，儿子会永远陪在你们的身边。

（热烈的掌声）

……

师：同学们，父母的爱诉不尽，写不完！在我们这节课就要结束的时候，李老师想送给大家一首歌，一句话——

（板书：父母之爱——人间第一情）

师：让我们一起用最深切、最真挚、最饱含爱意的声音来读一读它！

（学生齐读）

（同时《人间第一情》音乐响起！）

师：亲爱的家长朋友们，孩子们会感受爱了，懂得回报父母的爱了，这对于我们每个人来说都是一份喜悦和享受啊！让我们一同来读读这最后一句吧！

家长、老师：啊，我真快活！这一片沉默给了我多大的享受啊！

（家长们的朗诵极其深情、动人）

师：亲爱的同学们，亲爱的家长朋友们，让我们就此下课吧！

【设计意图：引导学生将生活中微不足道的点滴、真情表达，凝结成文，并将这份饱含真情与深情的礼物回赠给父母，升华人文情怀。】

《语文课程标准》对语文课程进行重新定位，由此，生成了语文课程及其教学的新理念：语文是"交际工具"，具有很强的实践性，应该让学生在大量的语文实践中掌握运用语文的规律；语文属于"人类文化"，具有丰富的人文性，对学生精神领域的影响是深远的，应尊重学生在学习过程中独特的体验和感受。

从上面的这个案例我们可以看出，"工具性与人文性的统一"可以说是贯穿本节课的主线，执教者既没有将教学目标停留在学习方法的指导上，也没有脱离语言文字来生硬地灌输人文思想，而是抓住其间的结合点，引导学生通过自主提问、思考感悟、演读体验、角色对话等环节，从而实现心灵与文本、心灵与心灵之间的真诚对话。由于语言文字的特殊性，使得语文课程容易亲近精神、情感、志趣、态度、价值观等人文特性，更容易影响学生人格、品质的提升，影响学生心灵、情操的启迪，影响学生心智、视野的拓展。然而，在这一过程中，只有以工具性为基础，它才能成为有源之水、有本之木，才能发挥语文课程应有的功能。

观点建议

语文教材中多是文质兼美的文章，其鲜活灵动的人物形象，丰富多彩的生活场景，波澜起伏的故事情节，情景交融的审美意境无时无刻不在感染、打动着学生。教学中，既要将知识与能力这一显性目标内化为学生自身的需求，又要将过程与方法、情感、态度与价值观的隐性目标渗透在提高学习效率的实践活动中，成为学生自身的活动及体验，使语文教学的工具性与人文性融于一体，达到两者统一的最佳状态和效果。

一、 语言与思想结合

面对一篇课文，我们首先要让学生感知文章的主要内容。这就需要我们引导学生逐字、逐句、逐段读懂课文，弄清字、词、句的含义，在这个过程中，学生自然而然地积累了语言，培养了语感，增强了对语言文字运用的能力。把语言文字弄清楚之后，就进入了对文章思想内容的理解。学生在这一过程中，透彻把握全篇思想内容，从中获得感情上的熏陶、精神上的共鸣。最后，我们还要引导学生再从思想内容中走出来，回过头来理解语言文字是怎样组织运用的。在这一过程中，语言与思想相互交融、相辅相成，工具性与人文性也自然而然地达到了统一。

【案例 2-7】

"盘古开天地"教学片段一

执教：深圳市荔园小学　谢桂芮

主题：解读课题，检查预习

师：请同学们齐读课题。

生：盘古开天地。

师：读课题有讲究，看谁能按老师的要求读好？怎样读，就回答了"谁"开天地？

生：盘古开天地。（学生朗读时强调"盘古"）

师：怎样读，能回答盘古"干什么"？

生：盘古开天地。（学生朗读时强调"开天地"）

师：昨天，老师让大家预习了课文，现在，请大家再次自读课文，遇到生字词多读几遍。

（学生自由朗读课文）

师：刚才巡视听大家朗读，发现两个词语很难读，举卡片"血液"。

生：血液。

（反复正音两次，直到读准。）

师：举卡片"滋润"。

生：滋润。（整齐而响亮）

师：字音读得准，但感觉不准。（指着卡片"滋润"二字的"点"）这是什么？

生：小水点。

师：是啊，小水点多了，才使这个干燥的秋季变得滋润起来，人滋润了，就舒服了！那该怎么读啊？

生：滋润。（声音软软的）

师：再舒服点！

生：滋——润。（更软更舒服了，眼睛眯着，陶醉在"滋润"里了）

【案例 2-8】

"盘古开天地"教学片段二

主题：示范复述，总结线索

师：请读这句话！（指课题）

生：盘古开天地。

师：老师想试着把这句话读成一幅连环画，送给大家。

（老师配乐对画面讲《盘古开天地》的故事，故事讲完，适当让音乐延续，让课堂保持静寂）

师：老师讲故事，什么地方值得你学习？

生：老师绘声绘色。

师：这才令人感动。

生：老师按顺序讲，先讲盘古"抡斧猛劈"，接着讲"顶天蹬地"，最后"化做万物"。

（"抡斧猛劈""顶天蹬地""化做万物"为板书内容）

师：当天地一片混沌，是盘古——

生：抡斧猛劈！

师：当天地渐渐分开，是盘古——

生：顶天蹬地！

师：当天地稳固，盘古把他的身体——

生：化做万物！

师：利用好这些词语，我们就可以做到有顺序、有条理地复述了。

二、整体与局部结合

在指导学生阅读时，按"整体与局部结合"的原则进行。首先，"整体"着眼于读通、读懂全文，在掌握生字、新词的基础上初步了解文章大意；其次，抓住"局部"的细节描写，寻找理解文本的突破口，进行个性化、多角度的探究；最后，归结到文本"整体"，从整篇文章出发，对"局部"学习过程中获得的个性研究成果进行整合提升，形成新的共识。在这样循环往复、不断加深的学习过程中，工具性和人文性自然相互渗透融合，令学生有所收益。

【案例 2-9】

"生命　生命"教学片段一

师：请同学自由读读课文，边读边思考：你有什么疑问。

（学生自由读文）

师：谁来说说？

生：作者最后为什么会把飞蛾放掉呢？前面他说："一只飞蛾不停地在我头顶上飞来飞去，骚扰着我。"既然飞蛾不停地骚扰他，他为什么还要把它放掉呢？

师：问得好，谁能从字里行间找到作者这种做法的原因？

生：我从这句中找到了原因："但它挣扎着，极力鼓动双翅，我感到一股生命的力量在我手中跃动，那样强烈！那样鲜明！飞蛾那种求生的欲望令我震惊，我忍不住放了它！"从这句中可以看出，飞蛾在挣扎，极力鼓动双翅，也就是说它有着极强烈的求生欲望。作者被飞蛾震惊了，所以就不忍心伤害它了，就放了它了。

师：是啊，小小的飞蛾在危险面前所表现出的对生命的抗争与执著，竟是如此令人震惊！

生：文章中还有一句是："只要我的手指稍一用力，它就不能动弹了。"其实飞蛾的生命又是非常脆弱的，我也有过捏住飞蛾的经历，别说稍一用力，就是稍不小心，都可以夺去它的生命。但是飞蛾在如此强大的人的手指中，却依然在挣扎，所以作者不忍心再伤害它了。

师：是啊，亲爱的同学们，就是这只小小的飞蛾，它似乎令作者忽然感到，自己手中握着的，不是一只小小的飞蛾，而是一个不甘于向命运屈服的——

生：生命！

师：是的，作者似乎觉得，原来生命就是——

生：手中这只小小的飞蛾。

师：飞蛾的什么？

生：飞蛾拼命挣扎着的翅膀！

师：说得好！

生：也是飞蛾不甘心向命运屈服的信念！

师：是啊，亲爱的同学们！小小飞蛾所表现出来的这一切，足以令作者，同时也令我们——

生：震惊！

师：让我们带着这份震惊之情来读读这只小小飞蛾的抗争吧！

【案例 2-10】

"生命　生命"教学片段二

师：亲爱的同学们，上课前，对于"生命"这个话题好多同学不知该说些什么，现在你有了新的感悟吗？

（指向板书，以提示学生）

生：生命就是小小飞蛾极力挣扎的双翅。

生：生命就是在没有阳光、没有泥土的砖缝中仅仅存活了几天的小瓜苗。

生：生命就是心脏一声声沉稳而有规律地跳动。

师：是啊，亲爱的同学们，对于生命，不同的事物会带给我们不同的答案，请不要让你们的思绪停止，请跳出今天的这篇课文，也跳出我们的这间教室。生命，它还是什么？

生：生命是大海里游动的小鱼。

生：生命是柳枝上的点点嫩芽。

生：生命是小蚂蚁搬动着比自己身体大几倍的食物爬向蚂蚁洞的足迹。

……

师：同学们说得太好了。对于生命，我们每个人的理解和感悟都是不同的，请拿起笔，在课题的空隙中加上你心中的标点，那是你对生命的感悟！

生：我加了两个感叹号。

师：为什么？

生：因为这表示我对生命的珍惜和敬畏！

师：谢谢你！请把掌声送给他。

（掌声）

师：还有不同的吗？

生：我加了问号和感叹号。因为学习这篇课文前，生命是什么，我完全不知道；而学了这篇课文之后，我对生命产生了许许多多的理解和想法。

师：从未知到了解，这两个标点不仅仅是你对生命的感悟，也记录下了你今天的学习历程，是吗？

生：是的！

师：请给他掌声！

生：我和他加的刚好相反，我加的是感叹号和问号。

师：说说理由。

生：我觉得，今天我们通过学习，虽然对生命有了一些理解和感受，但是我们的年龄还太小，今后的生命也还很长，生命究竟是什么，我们以后也许会产生新的想法。

师：非常有道理。也请你接受我们的掌声！

……

师：亲爱的同学们，你们加的每一个标点都非常有道理，都代表着你们对生命独特的理解。我也相信，在今后的成长中，大家一定会对生命产生新的理解和体验！就让我们怀着对生命的珍爱、敬畏之情，向着今后的生活，勇敢前行吧！

三、语文与生活结合

语文学习的外延与生活的外延相等，语文来源于生活，同时又服务于生活。语文是与生活相辅相成、紧密相连的。语文学习不但在课堂上，也在生活中，生活可以帮助我们学会识字、学会表达技巧；同时语文教学也离不开生活，凭借自己已有的生活体验和知识主动积极地与文本展开对话，创造性地建构文本的意义。这样，既提高了语文教学质量，又提高了自己的生活品位和言语能力；既提高了学生学习语文的兴趣，又提高了学生的语文素养，也真正体现了语文工具性与人文性的统一。

【案例 2-11】

"匆匆"教学片段①

生：老师，课文中有"我留着些什么痕迹呢？我何曾留着像游丝样的痕迹呢"，作者两次说到"痕迹"，什么是痕迹呢？

师：我们先查一查字典，看一看什么是"痕迹"。

（学生查字典交流）

师：这儿的"痕迹"是什么意思呢？有一位著名的相声演员，说了一个非

---

① 陈大伟. 教育科研与教师成长［M］. 上海：华东师范大学出版社，2009.

常有名的相声段子《逗你玩》，你们知道他是谁吗？

生：不知道。

师：（模仿马三立口气"逗你玩儿"）他就是已经去世的著名相声演员马三立。

师：（板书："马三立"）你们知道马三立为什么叫"马三立"吗？

生：不知道。

师：有一次，一位记者去采访马老先生，问他的名字"马三立"是什么意思，马老先生说古人有"立德、立功、立言"三不朽，他的父母期望他能够成为对社会有贡献的人，所以给他取名"马三立"（板书：立德、立功、立言）。立德、立功、立言就是做出大贡献、留下大痕迹。"逗你玩"的相声就是马三立先生生命中的痕迹。

师：刚才我们说，"燕子去了，有再来的时候；杨柳枯了，有再青的时候；桃花谢了，有再开的时候"，是因为杨柳、桃花可以再生或者再现。想一想，人能不能够再生或再现？

生：不能！

师：我觉得能！

（学生很吃惊）

师：你看，马三立先生死了，但他的作品留了下来。当我们听《逗你玩》的时候，当我们用他的语气说"逗你玩儿"的时候，你会不会想起他？

生：会！

师：你看，我们这不就唤醒了他吗？他不是就在我们心中再生了吗？想一想，他是怎么获得再生的？

生：留下了痕迹！

师：对，只要我们在生命过程中留下了对他人有意义的痕迹，尽管我们死了，我们也可能被他人想起，在他人想起的时候，我们就获得了再生。

（学生的眼神和表情变得兴奋）

师：现在大家想一想，"我留着些什么痕迹呢？我何曾留着像游丝样的痕迹呢"是什么意思？

生：对过去没有留下痕迹后悔。

师：以后作者有什么样的思考呢？

（学生迟疑不语）

师："为什么偏要白白走这一遭啊？"

生：不能白来一遭。

师：也就是说，以后的日子要留下什么？

生：痕迹。

······

（下课铃声）

师：大家下来想一想，我们一起上了两节课，度过了 80 分钟，我们留下了什么痕迹呢？我们会对这两节课想起什么呢？

作为语文课程的两大属性，工具性是基础，人文性是核心。语文工具性与人文性的和谐统一，既赋予了语言文字特有的人文内涵，也赋予了语文课堂独特的生命魅力；既可以帮助我们打好学生"文化"与"精神"的底子，全面促进学生语文素养的提高，也可以让语文教学走出高耗低效的误区。然而，真正实现二者的水乳交融，却不是一朝一夕的事，需要我们对工具与人文的正确解读与把握，来自于我们对目前语文课堂的反思与创新。

专题四　如何培养学生收集和使用资料的能力

《语文课程标准》倡导"努力建设开放而有活力的语文课堂""应当密切关注当代社会信息化进程，推动语文课程的变革和发展"。第二学段阅读部分要求"养成读书看报的习惯，收藏并与同学交流图书资料"。第三学段阅读部分要求"利用图书馆、网络等信息渠道尝试进行探究性阅读"。

从课程观的角度来看，收集资料的目的并不仅仅指向课堂教学，它还将学生的学习由课内延伸至课外。资料不仅仅指书面文字资料，还可以包括实物、模型、图画、表格、音乐、影像等。资料的本身并不具有多大的意义，可一旦经由学生查阅，就在其中蕴含了学生的学习过程，对于它的收集和使用也自然折射出学生对劳动成果的态度。在课堂教学中，将资料与课文结合，可以引发学生进一步思考，带来更深层次的理解。从某种程度上讲，资料收集的本身，指向的是学习方法的获得和学习习惯、态度的养成。而资料的使用则比资料本身和资料的查阅更具教育意义。使用得当，就可以充分挖掘资料的教育功效，进而对学习积极性起到很好的激发作用；反之，则会使资料的收集流于形式，久而久之，也会影响孩子的学习态度和习惯。

案例分析

【案例 2-12】

"雨点"教学片段

师：上节课老师请同学们在爸爸、妈妈的帮助下查找有关"雨"的资料，下面我们来交流一下吧。

生：雨是从云中落下来的水滴。地面的水蒸气上升到天空后遇到冷空气，就变成小水滴，这些小水滴组成了云，它们在云里合并成了大水滴，当它大到空气托不住的时候，就从云中落了下来，就形成了雨。

师：了不起，你说出了雨形成的原因。

生：雨可以分为小雨、中雨、大雨、暴雨。

师：是的，谁还想说？

生：我知道很多地方曾下过各种奇怪的雨。

师：哦？都是些什么雨呢？

生：有酸雨、红雨，还有金钱雨呢！

师：真的有金钱雨吗？

生：是啊，昨天爸爸帮我查资料时告诉我的。

师：你和爸爸共同合作学习，很好。还有谁想说？

生：雨有大有小，雨下得太大了，就会发洪水，对我们人类就有害了。

师：好，小朋友们，你们通过查资料了解到了很多和雨有关的知识，下面我们来学习课文。

（此时，仍有许多学生举着小手，还有的孩子急切地举起查找到的图片在空中不停地摇晃，可是教师并没给这些孩子发言的机会，接下来的教学也再没有涉及孩子们所查的资料，对于孩子们辛苦收集来的资料在课后如何处理也没有交代）

让学生收集、查找资料，利用资料对学习内容进行拓展，开阔学生的视野，提高学习兴趣，这都是无可厚非的。然而，布置任务的教师是否考虑过，对于刚刚步入小学学习的孩子们来说，要完成这一学习任务，一定是需要家长，甚至是亲戚等各种相关资源协助的，其过程有可能耗费了大量的时间与精力。在本节课中，学生收集、查找资料的任务设置与接下来的学习任务没有必然联系，这些资料也就无法起到补充、拓展、深入的作用。那么，这一环节也就成了可有可无的点缀。

【案例 2-13】

"植物妈妈有办法"教学片段

师：植物妈妈们的办法还有很多很多，昨天老师已经请大家先去收集资料了，谁来说说，你还知道哪些植物妈妈的办法？

生：柳树就是靠柳絮把种子传播到四面八方的。春天，柳絮四处飞扬。柳絮里面有些小颗粒，那就是柳树的种子。

师：介绍得真好！听了你的介绍，我好想来仿照课文，根据你的材料做首小诗。大家听听：柳树妈妈有办法，它让孩子藏在柳絮里面，只要有风吹过，孩子们就可以飞到海角天涯。

生：我找到的是椰子，椰子成熟以后，椰果就落到海里随海水漂到远方。

师：好，你的资料可以这样做诗：椰子妈妈有办法，它让宝宝长得圆圆胖胖的，"咕咚"一声落到海里，就随着水流漂到远方。可以吗？

生：（笑）可以！

师：同学们，咱们查找到的资料多有用呀，只要读懂它，你就能成为小诗人，快再来仔细读读，看看谁能根据自己手中的资料做一首小诗。

（阅读之后小手如林）

生：樱桃妈妈有办法，它给孩子穿上漂亮的衣裳，只要有鸟儿馋嘴，樱桃宝宝就会被带到海角天涯！

师：真了不起！

（掌声）

生：凤仙花妈妈有办法，它让自己的孩子慢慢长大，"啪"的一声果实弹裂，孩子们就蹦着跳着离开妈妈。

师：大家的诗不仅有对课文的仿照，还有自己的创新，很了不起！

（掌声）

……

师：小诗人们，从你们的诗中我了解到了植物妈妈们真是各有各的办法。今天，植物妈妈们的办法令我大开眼界，你们的表现更是令我大开眼界，我要再一次为你们喝彩、鼓掌！

师：今天有几位同学可能是因为一些特殊原因，没办法将自己的资料带到课堂上来，不过不要紧，回到家后的语文作业就是根据查找到的资料，仿照课文，做首简单的小诗。没带资料的同学，你回到家后一样有机会成为小诗人！明天一早，咱们就将大家的小诗展示在后面的板报上，我很期待哟！

在以上案例中，教师所采取的教学策略，都是为学生的学习服务的。在布置收集任务时，教师从学生的年龄特点、知识和能力的基础出发，使之能够理解并且有能力去收集和整理相关资料。教学过程中，教师采用学生收集的资料组织学生进行交流，并指导学生运用资料进行创作，是对学生的一种积极的肯定，会给他们带来一种良好的、积极的、向上的情感体验。尤为难能可贵的是，教师适时、有针对性地了解到了每个学生的学习状况，对于没有收集资料的学生同样给予期待，使每个学生都获得了达到预期学习要求的可能。

观点建议

一、提供基础——开辟广阔的资料源

传统教学中，学生的资源主要来自于教材和教师。这不仅严重影响了学生资料量的扩展，使学生知识面狭窄、学习缺乏主动性，还会导致学生形成"唯教材""唯教师"至上的惯性思维。这就需要我们以不同形式开阔资料源，丰富学生获取资料的途径。

第一，结合内容，指导学生展开调查研究。面对一篇新课文，不同的学生会有不同的探究兴趣和问题，但许多问题又无法从课文中获得答案。此时，可以指导学生课外通过网络、书籍等渠道收集资料，展开调查研究，促使学生提出问题、分析问题、创造性地解决问题，从而获得新的知识。

第二，改变知识的呈现方式。知识的呈现方式如果过于刻板，远离儿童的真实世界，缺少活动和探索的层次及空间，对学生就很难具有吸引力和亲和力。现代社会的发展日新月异，新思想、新事物、新名词不断出现，语文教学不应再是封闭的，而应是开放的。所以，知识的呈现方式也该是丰富多彩的，以满足多样化的学习需求，促进学生开展学习活动，改善学生的学习方式。把适合教师讲解的教学内容尽可能变成适合学生探索、研究问题的素材。这不仅有利于学生生动活泼地主动学习，也有利于学生学以致用。

第三，改变作业的传统形式。作业是课堂教学的补充和延续，既是教师教学活动的一个重要环节，又是学生学习过程中一个重要的组成部分。传统教学中，经常出现重复、机械、大量的习题操练，学生强化记忆多，应用实践少，造成思维定势。一些以文本为起点，向外围扩散的创新型拓展作业，既为学生提供了更为广阔的资料获取途径，也有助于学生所学知识的巩固、深化和应用以及智力和创造才能的开发。

二、创造条件——树立大语文观

所谓"大语文观"，即社会大课堂，课堂小社会。就课堂而言，我们所面对的就是整个社会的缩影，是人们用不同形式所反映出来的思想作品。生活是

最好的教师，语文教学应该大胆地走出课堂，体现大语文观的意识。让学生树立起"大语文"观念后，在很大程度上已引起了学生对语文的兴趣，学生时时、处处可以发现生活中潜在的语文因素，课堂教学中相机而动，广泛征引，便可以使学生对书本知识形成具体生动的认识，坚定语文学习的信念。

综观近些年来的中、高考语文试卷，新闻、时事、人文、科技等语文之外的知识已大踏步地跃于试卷上。与其他课程相比，内容之庞杂、涵盖面之深广都是其最为突出的特点，学生对语文材料的反应又往往是多元的。与此同时，语文课程丰富的人文内涵对学生精神领域的影响也是最深远的，而且这种趋势将随着社会的信息化、人文化而日益明显。

因此，树立大语文观，教会学生用语文思维意识随时捕捉社会、生活中的语文资料，使用资料，从而解决问题，更好地去观察、认识周围的世界，既可以培养学生的语文素养，也可以培养学生的健全人格。

三、提供支撑——加强方法的指导

收集、使用资料一方面是学生发现问题、解决问题的重要手段，使学生养成敏感的信息意识、形成收集使用信息的能力；同时也可以在与同伴进行资料交流的过程中，从他们的收集、阐述过程中得到启发，进一步迸发出自己的思维火花。

教师可从三个途径对学生的资料收集进行指导：第一，文献资料。其作为记载、传承人类文化知识载体的文献，是一切科学研究的基础。要想知道别人做了些什么或者正在做什么研究以及他们是怎样研究的，都必须查找文献。查阅文献资料最理想的场所是图书馆。第二，网络资料。随着网络信息化时代的到来，利用网络收集资料已经越来越被学生所熟悉。在指导学生利用网络收集资料的过程中，除了要教给学生简单、便捷的操作方法以外，还应教会学生进行资料的辨别、筛选。第三，原始资料。原始资料是通过实地调查获取的第一手资料，具有直观、具体、零碎等特点，是直接感受和接触的现象。为取得原始资料，可以采用访问法、观察法及实验法等。

收集资料包括：活动前收集——确定活动主题。在确定活动主题以前，从以往收集到的资料中发现问题，挖掘活动主题。活动中收集——深化活动主题。活动主题确定以后，要围绕主题进行收集，资料要为本次活动的主题服务。活动后收集——拓展活动主题。如果活动中发现了自己感兴趣的新主题，可以继续深入研究下去。资料的收集，需要根据学生的年龄、实际能力来确定主题方向；要根据不同学生的需求，做到适度、适量。

在使用资料的时候，教师要根据学生的实际情况组织开展多样化的交流活动，尽可能地为学生们创造展示、交流的时间和空间，提高学生的参与度，要让学生从中受到肯定和鼓舞。这种肯定和鼓舞会使得他们获得心理和精神上的满足感和成就感，从而信心倍增，更加努力地投入到后继的学习中。

专题五　如何架设"读""写"之间的桥梁

叶圣陶先生说："阅读是吸收，写作是倾吐。"《语文课程标准》也强调："引导学生从读中学写，正确领悟作者遣词造句、表情达意的方法。"阅读可以使学生领略文章的思想内容、表达形式和艺术感染力，写作是把了解的内容、懂得的道理、明白的规律及思考的问题通过文字的形式表达出来。阅读是知识的积累，是内在的吸收；写作是知识技能的运用，是外在的表达。阅读和写作是相互联系、相互制约的关系。

"读写结合"是我国语文教学的一个传统经验，也是语文教材编撰的一个特点。"读写结合"符合儿童的心理特点和学习规律。根据儿童"模仿性强"的特点，提供了大量的句、段、文作为"范例"；根据儿童"表现欲强"的特点，及时运用阅读中所学到的知识进行大量的片段写作练习；根据儿童"遗忘性强"的特点，采取边读边写，学用结合的做法，既满足了儿童的心理需求，又有利于知识的巩固。为全面提高学生的语文素养，语文教学中必须架设"读""写"之间的桥梁。

案例分析

【案例 2-14】

"白鹅"教学片段

师：白鹅的高傲有三点，这三点中，给你留下最深刻印象的是它的什么？

生：我觉得还是它的吃相。

师：好，吃相！我来提一个难一点的问题，如果请你用书上的两个词语来概括白鹅的吃相，你想用哪两个词？

生："三眼一板"和"一丝不苟"。

师：白鹅怎样"三眼一板""一丝不苟"地吃饭？

生：譬如吃了一口饭，倘若水盆放在远处，它一定从容不迫地大踏步上前去，饮一口水，再大踏步走去吃泥、吃草。吃过泥和草再回来吃饭。

师：对，这吃法充分地表现了白鹅吃相的——

生：高傲。

师：高傲是高傲了，有人可要钻空子了，谁呀？

生：狗。

师：咱们来读读这部分。

（学生自由读）

师：鹅和狗斗了几个来回？

生：两个。

师：何止是两个来回啊！每逢鹅老爷吃饭的时候，狗就躲在旁边——

生：窥伺。

师：什么叫窥伺？

生：暗中观察动静，等待机会。

师：对，就在一边偷偷地看，等待机会。等待怎样的机会？

生：等它吃过一口饭，踏着方步，去喝水、吃泥、吃草的当儿，狗就敏捷地跑过去，努力地吃它的饭。

师：咱们平时都说努力地学习，努力地工作，可狗在努力地吃饭……

（学生不由自主地做起了动作）

师：这里为什么说狗要努力地吃饭？

生：因为鹅老爷偶然早归，会伸颈去咬狗，并且厉声叫骂。

师：狗就会——

生：逃。

师：不过没关系的，不用一会儿鹅老爷吃了饭就会走的，于是狗又——

生：敏捷地跑上来，把它的饭吃完，扬长而去。

师：狗为什么是扬长而去？

生：因为它把饭都吃完了，不再怕鹅老爷了。

师：你说狗自在不自在？

生：自在！

师：得意不得意？

生：得意！

师：所以它是——

生：扬长而去！

师：狗的自在、得意、扬长而去，都是因为——

生：鹅老爷吃饭时的"三眼一板""一丝不苟"。

师：没错！让我们回过头来再看这段鹅的吃相，你觉得丰子恺爷爷描写得怎样？

生：非常仔细！

生：非常精彩！

生：把白鹅的吃相写得特别的高傲！

师：说得好！读到这里我们确实见识了——

生："好一个高傲的动物！"

......

师：同样是写小动物，但是不同的人写出来的文章是不同的。丰子恺老爷爷能把白鹅写得这么生动，想想是什么原因？

生：他观察得非常仔细。

师：仔细观察，这是一个重要的原因。

生：因为丰子恺爷爷非常喜欢白鹅。

师：哦？不喜欢，讨厌它就写不出来吗？

生：是的。

师：同学们知道鲁迅爷爷吗？

生：知道！

师：他最痛恨敌人，所以他写的很多文章都是痛斥敌人的。他在文学界的地位比丰子恺爷爷可是要高的，他是世界十大文豪之一。所以呀，好文章不一定全凭喜欢的情绪哟！

师：再想想，还有什么原因？

生：因为丰子恺老爷爷经常写文章。

师：是，经常写，写作技术自然熟练。

生：他知道鹅的习性。

师：没错，那还是观察的结果呀！咱们来举个例子，你回到家以后对妈妈说："妈妈，今天我想吃米饭。"妈妈说："好的，孩子。"可是，打开米缸一看，里面没有米了。你们说，这顿米饭还能不能做成了？

生：不能！

师：肯定是不能，这叫"巧妇难为无米之炊"。那丰子恺爷爷的这篇文章就好比那一锅米饭，这里面的米是什么呢？

生：文字。

师：接近了，应该是由一个个文字所组成的——

生：词语。

师：对！这是最重要的。孩子们，这篇文章里有许多非常优美的词语，丰子恺爷爷这些优美的词语是从哪里来的？

生：积累来的。

师：没错，积累很重要。像咱们去春游或是秋游后，老师常常让大家写篇作文，有些同学就不知道写什么了，还有的同学就写好玩好玩，或是开心开心，结果老师看了他的作文后，给了他们这样一个评价。

生：无聊。

（众笑）

师：文雅一点的说法叫做"空洞"。

（众笑）

师：像既好玩又刺激的游戏，咱们可以用上"异常激烈""惊心动魄"。大家的表现呢，可以是"争先恐后""齐心协力"，等等。这样一写，文章的分量立刻就不同了。所以说呀，孩子们，要想写好文章，首先要积累，就从积累词语开始。

师：想不想就从现在开始积累？

生：想！

生：这一课就有很多优美的词语。

师：咱们现在就拿起笔，把你认为优美的词语划下来，记牢它。回到家后，你就试着用上其中的几个词语，也来写个小片段。明天的课上，咱们来比一比，看看谁积累得多、使用得好，怎么样？

生：好！

案例中，教师抓住了阅读和写作的联结点，基于作者对白鹅特点描写的具体词语，抓住了课文的语言精化和表达特点，通过将文章写具体、写生动的实例切入词语积累的写作训练。引导学生从文章中吸取养分，最大程度地实现了课文是"范本"的功能，使学生在语言学习中积累、运用语言，可谓"知""行"并举，成功地使"读""写"有机"接轨"。

【案例2-15】

"假如"教学片段

师：亲爱的同学们，假如有一天，马良的神笔真的到了你的手中，你想画些什么吗？

生：假如我有一支马良的神笔，我会画许多减肥药给妈妈，这样妈妈就不用再每天那么辛苦地减肥了。

师：哇，好精彩！多么懂事的孩子！我想把你刚才的发言加工一下，好吗？

生：（笑）可以。

师：假如我有一支马良的神笔，我要画许多减肥的药粒，让爱美的妈妈，不用辛苦也能变得美丽。怎么样？

生：（笑）好！

师：谁还想说？

生：假如我有一支马良的神笔，我要给残奥会运动员们画出完整健康的身体，让他们也能在奥运赛场上，取得令人骄傲的成绩！

师：真是善良、美好的心愿！

生：假如我有一支马良的神笔，我要为外婆画一副整齐的牙齿，让她能吃到有营养的东西，不再为没牙而烦恼！

师：外婆听了你的发言，会笑得合不拢嘴的。

生：假如我有一支马良的神笔，我要给地球画一片新鲜的空气，让小动物们和我们可以健康地生活，我还要给树上的花朵画出五颜六色的花瓣，让世界变得更美丽。

师：我相信，热爱生活、热爱环境的美好愿望不仅会出现在你的画纸上，更会落实在你的行动中。是吗？

生：是的！

师：亲爱的同学们，你们刚刚所说的"假如"不仅仅是你们对于生活的美好愿望，如果回到家中，把它记下来，就是一首优美动人的小诗。今天放学回家后，我希望大家大胆地放飞你的想象，就以"假如"为题目，来写一首属于你自己的小诗或是小文章。好吗？

……

这是一则对文本从"改编"到"创编"的案例。教师以阅读教学为手段，以培养理解能力、想象能力、表达能力为目的，取材于文本，运用于写作。在阅读的基础上，先是在课堂教学中让学生根据已有的生活体验进行"改编"，继而又在作业布置中创意出新，让学生进一步超越文本，大胆"创编"。既在阅读的基础上发展了写作能力，又在写作的实践中促进、提高了阅读能力。

【案例 2-16】

"女娲补天"教学片段

课文中对于女娲寻找五彩石的情节是这样描写的："……她原以为这种石头很多，用不着费多大力气。到山上一看，全是一些零零星星的碎块。她忙了几天几夜，找到了红、黄、蓝、白四种颜色的石头，还缺少一种纯青石。"

师：亲爱的同学们，这几天几夜里，女娲会去哪些地方寻找五彩石？她又是怎样寻找的呢？请展开你的想象，把你想到的写在练习本上。

（学生各自写作）

师：好，孩子们，请停下你手中的笔，让我们一起看看女娲是怎样寻找五彩石的。

生：在陡峭的悬崖上，女娲奋力地向上爬，细小的石子在她身边纷纷滑落，女娲几次险些跌下悬崖。经过了无数次危险，她终于在悬崖的最顶端找到了红色石。

生：女娲来到茫茫的沙漠里，沙漠一眼望不到尽头，她走了一天又一天，嘴唇干得裂了好几道口，鲜血也渗了出来。她走遍沙漠的每一个角落，终于找到了黄色石。

生：女娲来到海底，无数鲨鱼向她张开血盆大口，女娲左躲右闪，手臂还是被鲨鱼锋利的牙齿划出了一道长长的伤口。她找遍海底的每个角落，终于找到了蓝色石。

生：女娲来到雪山，立刻冷得浑身发抖，她不顾严寒，顶着风雪，终于在雪山深处找到了白色石。

生：纯青石是最难找的，女娲找遍了世界的各个角落都没找到。她又累又渴又饿，找着找着，发现前面不远处有条小溪，她快步走到小溪边，想喝口溪水，谁知一低头，竟然发现纯青石就躺在清澈的小溪里。女娲小心翼翼地捧起纯青石，脸上终于露出了笑容。

师：真是功夫不负有心人呀！女娲历经了千难万险，终于找齐了五彩石！

案例中，教师抓住了文本的空白之处，一句"这几天几夜里，女娲会去哪些地方寻找五彩石？她又是怎样寻找的呢"为学生提供了想象、思考的空间，架起了读写之间的桥梁，激起学生走入文本、走入女娲补天的艰难经历的兴趣。这既使女娲这一形象在学生心目中丰满、高大起来，又实现了对文本的多元解读，不仅有助于发展学生的形象思维和语言表达能力，也最大程度地发挥了读写的张力。

观点建议

传统的教学实践中，"读""写"结合往往都是教师预先设计好"写作点"，进而引导学生去进行写作练习，从而提高学生的写作技能。"读写结合"也成了为学生学习写作服务、训练学生写作技能的代名词。在新课程"体现学习方式的多样化、个性化""自主学习"等理念的倡导下，"读"和"写"已经成为了一种基本的、重要的教学方式。

一、教材意识是前提

教材中选编的课文，既富有时代气息，又注重弘扬中华优秀文化。可以充分利用课文资源，其可供借鉴、学习的素材有很多。

（一）向课文借"题目"

教材中很多课文的题目都很典型，比如，有以中心思想为题的《生命　生命》《尊严》；有以写作对象为题的《卖火柴的小女孩》《少年闰土》；有以主要内容为题的《大瀑布的葬礼》《圆明园的毁灭》，等等。无论哪种题目，都可以揭示一种独特的文体形式。新课程倡导学生自主命题、自由表达，然而在实际写作过程中，很多学生不知道怎样给自己的习作命题，或是不知道怎样才能给习作起一个好题目。教会学生自主命题，最便捷、最有效的策略是指导学生对课文题目进行归类，引导学生在借鉴中学会命题。

（二）向课文借"内容"

学生在习作中常常会遇到不知写什么的情况，究其主要原因就是学生在阅读的过程中，无法围绕某个认识点、情感点联系自己的生活体验和经历并产生共鸣，以实现读写的有机融合。教材中很多课文的选材很有特点，比如，《可贵的沉默》仿佛就像发生在学生自己身边的事情，读后让人不禁会反问："自己是否曾对父母作出了相应的回报？"《爬山虎的脚》通过对我们生活中司空见惯的"爬山虎"的描写，不禁使我们也产生了探究的愿望，激起我们留心观察周围事物的强烈兴趣。教学过程中，只要教师巧妙点拨、引导得法，就会帮助学生实现对文字符号的感悟与对生活实践感悟的对接。

（三）向课文借"形式"

许多课文在句式、段落、结构、修辞等表达方式上都非常有特点。比如，《观潮》结构清楚，层次分明，作者在文中不但运用了比喻、形容、衬托等方法直接描绘潮水汹涌澎湃、雷霆万钧的情状和声威，还从观潮的人数之多、热情之高间接地表现了大潮的奇特。像《颐和园》就是按照游览的顺序，移步换景，描绘了北京颐和园的美丽景观。在教学中，我们可以引导学生运用学到的表现形式和表达方法进行迁移，来描写自己生活中的事物。

（四）向课文借"语言"

完整的语言学习过程应该由语言的理解、记忆、运用和表达四个环节构成。阅读教学中，对于课文中规范、经典、生动、丰富的语言，我们要引导学生对其进行品读理解、归类摘记，转化为自己的语言素材，同时还要尽可能地为学生提供创造性练习的情境，让他们在语言运用的实践中逐步提高语言驾驭能力。比如，学完《祖父的园子》，可以引导学生写写自己心目中或是童年生活中的"园子"，文中说蜜蜂是"胖乎乎、圆滚滚"的，说狗尾草"毛嘟嘟"的，说天空是"蓝悠悠"的，这些词语色彩明亮、健康、活力四射、极富感情色彩。文中还写到："花开了，就像睡醒了似的。鸟飞了，就像在天上逛似的。虫子叫了，就像虫子在说话似的。"这些富有童趣童真的语言，同样富有诗情画意和灵性，都可以指导学生将其直接或是间接地运用在自己的习作当中去。

二、设计创新是关键

现行的小学语文教材蕴藏着极其丰富的读写结合的资源，读写结合的指导方法也很多，实现读写结合，关键在于找准读写训练的结合点，捕捉学生的兴奋点，设计出学生乐于动笔的训练点。

（一）文体改编

比如，把《秋思》《清平乐·村居》《伯牙绝弦》等诗、词、古文译成短小精悍的现代故事；为《鸟的天堂》写一段导游词；收集有关资料，结合《月球之谜》试写一篇说明月球的短文等。这种方式由于建立在学生读通文本、领会大意、感悟文章主旨的基础上，学生就可以借助课文题材，转变叙述方式，轻松地完成练笔。

（二）创造想象

有些课文给学生留有许多想象的空间。比如，《巨人的花园》可以抓住巨人的表现与花园里的情景展开练笔。可以对比巨人回来前后花园里的情景：巨人回来前，花园是什么情景？回来后，又是什么情景？也可以对比巨人醒悟前后的变化：巨人醒悟前是什么样的？醒悟后又是什么样的？学生在对人物态度的变化、感觉的变化和花园情景的变化的想象中，进一步感悟到了童话所揭示的道理，也体会到了课文表达上的特点。

（三）填补空白

是指对与课文内容有关，但课文又没有直接表达出来的部分进行合理的补充、解释和说明，从而加深对课文内容的理解。抓住情节空白处或简略处，化虚为实，化简为详。《再见了，亲人》，通篇都是志愿军说的话，在志愿军战士追述往事与朝鲜人民依依惜别之时，朝鲜人民一定也会回忆起许多志愿军战士可歌可泣的感人故事。此时，可以请同学们大胆想象，然后仿照课文的表达方式，以大娘、小金花或大嫂的口气描写送别的场面，这既可以拓展内容空间，又可以强化学生的表达能力。

（四）语言转换

是指教师有意识地根据阅读材料的特点，引导学生从不同角度，用不同的语句、段落、篇章来表达同一个内容或主题，丰富表达的形式。比如，《去年的树》可以指导学生从"树"的角度来改写文章。既可以帮助学生进一步感受童话的特点，也能满足学生对于文本所要表达主旨的多角度解读。

（五）缀文组合

就是指导学生对所学课文中的材料进行取舍，将零散的语句重新排列、组合成文。比如，在教学《大瀑布的葬礼》时，可以要求学生划出文中有关介绍"瀑布"的语句，然后以巴西总统菲格雷特的口吻，来书写一篇这场特殊的"大瀑布的葬礼"的主持词。学生通过对"塞特凯达斯大瀑布"由壮观到枯竭过程的了解，认识到环境保护与生态、自然景物的关系，同时进一步了解了菲格雷特总统为大瀑布举行葬礼的目的和意义。这一过程促使学生将积累的语言材料加以迁移、运用。由于每个学生的取材不同，排列组合的方式不同，所"创作"的文章也就不同。

专题六　如何进行课外阅读的有效指导

《语文课程标准》指出："学会运用多种阅读方法。能初步理解、鉴赏文学作品，受到高尚情操与趣味的熏陶，发展个性，丰富自己的精神世界。九年课外阅读总量应在 400 万字以上。"同时提到："培养学生广泛的阅读兴趣，扩大阅读面，增加阅读量，提倡少做题，多读书，好读书，读好书，读整本的书。鼓励学生自主选择阅读材料。"小学阶段正是学生阅读能力和阅读习惯培养的重要时期，课外阅读是语文教学中不可或缺的组成部分，是学生语文学习和发展的一个重要环节，也是反映学生学习、思想和生活状况的窗口。然而，据有关统计表明，我国的儿童读物拥有量在全世界排名第 68 位，是以色列的五十分之一，是日本的四十分之一，是美国的三十分之一。

要培养学生的阅读习惯，仅靠每周几节语文课是远远不够的。茅盾曾说过："课堂上就那么薄薄的几本课本，谈不到多，要大力开展课外阅读、假期阅读。"语文教育家吕叔湘先生总结新时期语文教学的得失后说："少数语文水平较好的学生，你要问他的经验，异口同声地说是得益于课外看书。"作为语文教师必须将阅读延伸到课堂教学之外，使课外阅读作为课内阅读的补充和延续，并根据学生的实际情况对其进行适当的课外阅读指导，以提高学生自主学习能力，形成良好的阅读习惯。

案例分析

【案例 2-17】

走进安徒生的童话世界
——《课外阅读指导课》教学实录

教学准备：布置学生阅读《安徒生童话》

教学过程：

一、走近安徒生

师：开学这段时间老师请同学们阅读《安徒生童话》，谁来说说，对于安徒生你了解多少？

生：安徒生是丹麦人，他一生写过168篇童话，是位伟大的童话作家。

生：安徒生的父亲是个穷鞋匠，所以安徒生从小生活得很贫困，他没受过正规的教育，也没上过大学。

生：我知道一个和安徒生有关的故事。安徒生从小因为家境贫寒，年纪在班级里又是最小的，所以他经常受到同学的欺负。后来，他费尽千辛万苦写出了一部戏剧稿，传到了一位专家手里，专家的评语是："文化素养极差，缺乏普通的文化知识"。另一位专家的评语是："缺乏舞台知识，缺少文学素养，剧本不适合演出。"但是他却并没有放弃自己的信念和追求，最终他的童话故事被翻译成为了80多种语言，在全世界广为流传，他也被人们称为"现代童话之父"。

师：是的，亲爱的同学们，这就是伟大的童话作家——安徒生！他的灵魂飞翔了200多年，他的文字温暖了数代人的心，台湾著名作家张晓风曾经说过这样一段话：

（课件出示）

如果有人5岁了，还没有倾听过安徒生，那么他的童年少了一段温馨；

如果有人15岁了，还没有阅读过安徒生，那么他的少年少了一道银灿；

如果有人25岁了，还没有细味过安徒生，那么他的青年少了一片辉碧；

如果有人35岁了，还没有了解过安徒生，那么他的壮年少了一种丰饶；

如果有人45岁了，还没有思索过安徒生，那么他的中年少了一点沉郁；

如果有人55岁了，还没有复习过安徒生，那么他的晚年少了一份悠远。

（全班齐读）

师：孩子们，读了这段文字，你有什么想说的吗？

生：这段话告诉我们，任何年龄的人都可以读安徒生的童话。

生：安徒生的童话是可以伴随人们一生的。

生：全世界的人们，不管是小孩子，还是大人，都很喜欢安徒生。

师：是啊，所以有人说，童话是这个世界上最好的营养品，它既可以营养两三岁的孩童，又可以营养七八十岁的老翁。这节课就让我们走进安徒生的童话世界。

二、走进安徒生的童话

师：现在请大家回顾一下，安徒生的童话故事中，你最喜欢哪篇？

生：我最喜欢的是《卖火柴的小女孩》。

师：请选择一段给大家读读。

生：我想读两段可以吗？

师：当然可以。

生：第一段是："一个卖火柴的小女孩在街上走着，她的衣服又旧又破，脚上穿着一双妈妈的大拖鞋。她的口袋里装着许多盒火柴，一路上不住口地叫着：'卖火柴呀，卖火柴呀！'"还有一段是："这时，人们看到了一个小女孩冻死在墙角，她脸上放着光彩，嘴边露着微笑。在她周围撒满一地的火柴梗，小手中还捏着一根火柴。"

师：为什么选这两段？

生：因为第一段中写卖火柴的小女孩穿得很破旧，大冷天还在卖火柴，我觉得她非常可怜。第二段描写她死的时候脸上放着光彩，嘴边露着微笑。我又觉得，死对于她来说，似乎是件幸福的事了。

师：亲爱的同学们，老师这儿有段文字，我想请大家来看一看。

（课件出示）

1846年，有一个朋友寄给安徒生一封信，信里附着三幅图，要求安徒生写篇童话，用来搭配其中一幅图。安徒生选择了描绘手中拿着一束火柴的穷苦小女孩的那幅，配上了这篇童话。

这是因为安徒生的母亲，幼年是个讨饭的孩子。安徒生说："妈妈告诉我，她没有办法从任何人那里讨到一点东西，当她在一座桥底下坐下来的时候，她感到饿极了。她把手伸到水里去，沾了几滴水滴到舌头上，因为她相信这多少可以止住饥饿。最后她终于睡过去了，一直睡到下午。"正是这幅图，使安徒生想起了母亲苦难的童年。

师：读了这段文字，你想到了什么？

生：原来卖火柴的小女孩就是安徒生的母亲。

师：应该说，安徒生的母亲就是卖火柴的小女孩的原型。在卖火柴的小女孩的身上，安徒生寄予的，是对母亲的深切怀念，是对千千万万个社会底层人民的同情，是对当时社会现状的不满和憎恶。今后，我们阅读一篇文章时，如果同时读读它背后的故事，一定能使故事中的人物形象变得更丰满、更生动，也一定会对这个人物有着更为深刻的理解。

（板书：形象丰满）

师：还有谁想说？安徒生的童话故事中，你最喜欢哪篇？

生：我最喜欢《野天鹅》。

师：选择一段给大家读读。

生："所有的市民像潮水似的从城门口向外奔去，要看着这个巫婆被火烧死。一匹又老又瘦的马拖着一辆囚车，她就坐在里面。人们已经给她穿上了一件粗布的丧服。她可爱的头发在她美丽的头上蓬松地飘着；她的两颊像死一样的没有血色；嘴唇在微微地颤动，手指在忙着编织绿色的荨麻。她就是在死亡的路途上也不中断她已经开始了的工作。她的脚旁放着10件披甲，现在她正在完成第11件。众人都在笑骂她。"

师：说说你的理由。

生：我觉得艾丽莎忍着编荨麻的刺痛，并且一年都不能说话，真是太痛苦了，她能完成11件披甲太不容易了。

师：读这段的时候，你心里是怎么想的？

生：我好想告诉大家，她是无罪的。

师：你真是个善良的孩子，你恨不得自己能走上前去帮助她，是吗？

生：是！

师：同样读过《野天鹅》，同样像她有这样想法的孩子请举手。

（大半同学举了手）

师：可以到书中再找一找，还有哪些文字，让你读了恨不得走上前去帮助一下艾丽莎。

生："当恶毒的王后看到这情景时，就把艾丽莎全身都擦了核桃汁，使这女孩子变得棕黑。她又在这女孩子美丽的脸上涂上一层发臭的油膏，并且使她漂亮的头发乱糟糟地揪做一团。美丽的艾丽莎，现在谁也没有办法认出来了。"

师：爱丽莎的噩运从此就要开始了。

生："她用她柔嫩的手拿着这些可怕的荨麻。这植物是像火一样地刺人。她的手上和臂上烧出了许多泡来。不过只要能救出亲爱的哥哥，她乐意忍受这些苦痛。于是她赤着脚把每一根荨麻踏碎，开始编织从中取出的、绿色的麻。"

师：火一样的刺痛，爱丽莎能忍受得了这份痛苦吗？11件衣服啊，爱丽莎能织完吗？

生："艾丽莎摇着头。她不敢讲话——因为这会影响到她哥哥们的得救和生命。她把她的手藏到围裙下面，使国王看不见她所忍受的痛苦。"

师：爱丽莎的双手已经饱受痛苦的折磨了，竟然还不能讲话。或许，被人误解的痛苦才更加残酷吧。

生：大家都向她拥过去，要把她手中的东西撕成碎片。

师：亲爱的同学们，刚才你们读的这一个个片段就是《野天鹅》这个故事中最吸引人、最牵动人心、最生动的情节。我们喜欢《野天鹅》，喜爱安徒生，正是被他故事中的情节所吸引呀！

（板书：情节生动）

师：还有谁来为我们介绍你喜欢的故事？

生：我最喜欢《丑小鸭》。

师：好，选择自己最喜欢的一段给大家读读。

生："最后这只大蛋裂开了。'噼！噼！'新生的这个小家伙叫着向外面爬。他是又大又丑。鸭妈妈把他瞧了一眼。'这个小鸭子大得怕人，'她说，'别的没有一个像他；但是他一点也不像小吐绶鸡！好吧，我们马上就来试试看吧。他得到水里去，我踢也要把他踢下水去。'"

师：可怜的丑小鸭出生了，却一出生就受到了嘲笑和歧视。

生："后来一天比一天糟。大家都要赶走这只可怜的小鸭；连他自己的兄弟姊妹也对他生气起来。他们老是说：'你这个丑妖怪，希望猫儿把你抓去才好！'于是妈妈也说起来：'我希望你走远些！'鸭儿们啄他，小鸡打他，喂鸡鸭的那个女佣人用脚来踢他。"

师：丑小鸭的境遇越来越糟糕，没办法，它只有离开了家，离开家后，它会遇到些什么情况呢？

生："于是丑小鸭就走了。他一会儿在水上游，一会儿钻进水里去；不过，因为他的样子丑，所有的动物都瞧不起他。秋天到来了。树林里的叶子变成了黄色和棕色。风卷起它们，把它们带到空中飞舞，而空中是很冷的。云块沉重地载着冰雹和雪花，低低地悬着。乌鸦站在篱笆上，冻得只管叫：'呱！呱！'是的，你只要想想这情景，就会觉得冷了。这只可怜的小鸭的确没有一个舒服的时候。"

师：的确，这只没有一会儿舒服时候的丑小鸭，最后的命运又是怎样的呢？

生："他把头低低地垂到水上，只等待着死。但是他在这清澈的水上看到了什么呢？他看到了自己的倒影。但那不再是一只粗笨的、深灰色的、又丑又令人讨厌的鸭子，却是——一只天鹅！"

师：于是他从心底发出一个声音——

生："当我还是一只丑小鸭的时候，我做梦也没有想到会有这么的幸福！"

师：亲爱的同学们，我想请大家思考，当丑小鸭成了白天鹅之后，它除了感觉到了一种做梦也没想到的幸福之外，它的内心，还会有些什么感受呢？

生：我觉得他应该还会觉得很难过。

师：不是幸福吗？怎么会难过呢？

生：我觉得他回想起自己以前的那些经历，没人有关心他、喜欢他，他应该会很难过。

师：有没有道理？

生：有！

师：幸福也好，难过也罢，从丑小鸭的身上，你们想到了什么？

生：只要对生活充满信心，人人都可以像丑小鸭一样，变成白天鹅。

生：其实人人都是自己的丑小鸭，也都是自己的白天鹅。

师：孩子，你真了不起！知道吗？你说出了一句特别有哲理的话。安徒生他老人家如果在天有灵，听到他的小读者这样说，一定会很欣慰的。

（板书：哲理深刻）

师：谁来继续介绍你喜欢的故事？

生：我喜欢《白雪公主》，不过我更爱看《白雪公主》的动画片。

师：动画片带来了吗？

生：带来了。

师：来，咱们放给大家看看。

（众人欢呼）

师：看之前老师想问问你，你推荐大家看哪段？

生：看白雪公主和七个小矮人在森林里生活的那段吧。

师：好。

（播放动画片）

师：好，看了这段动画片之后，大家想说些什么？

生：我觉得那里面的小动物个个都活灵活现的，非常可爱。

生：我觉得她们在森林里的生活实在是太开心了。

生：我觉得迪斯尼的动画实在是做得太漂亮了。

师：其实咱们中国也有很多漂亮的国产动画片呀，大家说说。

生：《蓝猫淘气三千问》。

生：《葫芦兄弟》。

师：就是嘛，其实动画片拍得好不好，技术很重要，但更重要的是——

生：故事！

师：对，刚才咱们看的这段动画，可谓是画面丰富，制作精湛，而这一切都是因为——

生：白雪公主这个故事写得好！

师：是的，正是安徒生为后来的人们提供了这么出色的故事，人们才能制作出这么丰富、美丽的画面。

（板书：画面丰富）

师：来，我们继续介绍。

生：我最喜欢《皇帝的新装》，我觉得这个故事太好笑了，皇帝竟然没穿衣服在大街上走来走去的。

师：是，好多人读了这个故事都会这样想。那你觉得现实生活中可不可能出现这种事情？

生：我觉得不可能。

师：那作者为什么还要这样写？

生：这样写才能显示出皇帝的愚蠢。

师：这位皇帝的确很愚蠢，他不仅愚蠢，还怎么样？

生：他还很爱慕虚荣。

师：是呀，对于这样一位愚蠢又爱慕虚荣的皇帝，作者没办法让他在现实生活中出丑，就让他在想象的世界里出丑，过瘾吧？

生：（笑）过瘾！

师：还喜欢哪篇故事？

生：我喜欢《拇指姑娘》。

师：说说理由。

生：我觉得拇指姑娘很可爱，要是我自己也能种出这样一个小姑娘来就好了。

师：还有谁也读过《拇指姑娘》？

生：我读过。

师：说说印象最深刻的地方。

生：拇指姑娘遇到了很多惊险的事情，我觉得很好玩。

师：是呀，这些惊险的事情都是我们不曾经历也不曾想象过的。

师：亲爱的同学们，像《皇帝的新装》《拇指姑娘》以及安徒生所有的童话故事中，最突出的一个特点，也是必不可少的，就是他那丰富、大胆、瑰丽的——

生：想象！

师：没错！

（板书：想象瑰丽）

三、回到现实生活

师：亲爱的同学们，今天，我们跟随伟大的作家安徒生一起，在他那美妙的童话世界里走了一遭，我们不仅重温了安徒生笔下一个又一个的精彩故事，还在不知不觉中总结出了童话故事的几大特点。让我们一起来温习一下——

生：形象丰满、情节生动、哲理深刻、画面丰富、想象瑰丽。

师：相信通过这节课，童话不仅仅滋养了我们的心灵，更带给了我们许多写作上的营养。感兴趣的同学，也可以在今天回到家后试着创作一篇属于自己的童话故事，或许，你就是下一个安徒生哟！

这个案例中，教师努力营造良好的读书氛围，以安徒生和安徒生的童话为载体，在师生、生生对话中迁移到学生阅读感受及实际生活体验当中去，运用不同的方式、方法自然而然地揭示出童话这一文体的特点。这样的设计不仅使学生乐在其中，也令他们对童话文体有了一个更清晰的认识，从而积累了阅读、写作同类文体的方法。

现今，影响小学生课外阅读的主要因素有：

第一，重视程度不够。从学校教育的角度而言，还有许多教师被应试教育束缚着思想，一切围绕考试转，试卷考什么就教什么，更有甚者还认为课外阅读会影响学生的课堂学习，因而将学生的课外阅读视为可有可无的点缀。从家庭教育的角度而言，虽然已有绝大多数家长走出了课外读物是"闲书"的误区，然而由于种种原因，其自身也很难为孩子营造出"身教重于言教"的阅读环境。

第二，可供学生独立支配的时间减少。虽然教育部几次出台"减轻中小学生课业负担"的措施，但以考试为主选拔人才、以分数为主评价学生的教育评价机制没有变，加上社会竞争压力的增大，家长对孩子的期望值过高等原因，致使现今小学生功课压力大，课外学习项目多，能够独立支配的时间可谓是少之又少。

第三，外界娱乐方式的冲击。随着信息时代的到来，以电视、电脑、网络为主的现代信息媒体以其传播信息的形象性、生动性、快捷性和丰富性，对少年儿童产生极大的吸引力和诱惑力，使得他们的阅读兴趣降低，用于阅读的时间大大减少。

第四，课外读物良莠不齐。受应试教育和功利主义思想的影响，教学辅导书、作文选、练习册等以及一些包装华丽、精美的儿童读物更能令出版商获得短期而丰厚的回报，这也是高质量儿童读物难以走进儿童视野的原因。

第五，体系尚不完整。从目前的现状来看，我国各界对于少年儿童课外读物的出版、发行以及少年儿童课外阅读的指导、评价等方面都缺乏深入、系统的研究，还没有形成一套完整的、具有可操作性的体系。

观点建议

一、激发兴趣

据调查显示，学生普遍喜欢阅读的是一些情节性强、趣味性强的读物，对于教师、家长推荐的书，他们不喜欢阅读的主要原因是没有兴趣。由此可见，兴趣是鼓舞和推动学生进行课外阅读的巨大动力。那么，作为教师，我们应该怎样来激发学生的阅读兴趣呢？

（一）以读促读

在课堂上针对一篇课文进行阅读教学之后，可以相机推荐、引导学生去阅读与之相关的文章。例如，学习了朱自清的经典散文《匆匆》之后，我们可以适时推荐学生去阅读朱自清的其他篇章，像《背影》《春》《荷塘月色》等，还可以引导学生去阅读其他作家描写春的文章，也可以引导学生读一组关于四季的文章。只要引导得当，日积月累中，学生必然学会举一反三，就能真正做到"得法于课内，得益于课外"。

（二）以展促读

随时随地为学生创设展示阅读成果的时间与空间，鼓励学生对自己的阅读篇目及阅读感受以多种形式与同学们分享。有可能的话，对学生的阅读成果加以记录、整理，既可以使其获得成就感，也起到了榜样示范作用。

（三）以看促读

目前，许多名著、名篇被拍摄成了动画、影视作品，如《宝莲灯》《西游记》《安徒生童话》都已成为孩子们竞相追捧的热播节目，教师可以引导学生一边观看，一边来阅读原著进行比对。假以时日，学生们在爱上这些动画、影视作品的同时，也一定会爱上阅读。

（四）以境促读

生活中所遇到的种种情境，都可以在书中找到相应的共鸣。当学生遇到挫折、困难而迷惘、彷徨时，我们可以推荐其阅读海伦·凯勒的《假如给我三天光明》；当学生因为取得了一些成绩而骄傲自满时，我们可以推荐其阅读周恩来总理在幼年是如何"为中华之崛起而读书"的。学生在阅读中获得了指引和启示，阅读的劲头儿自然会更足。

二、创设环境

阅读的环境可分为"硬件环境"和"软环境"两种。"硬件环境"包括：第一，开设"课外阅读课"。教师可根据需要安排内容，利用"课外阅读课"对学生进行推荐、指导，也可以与学生一同欣赏、分析或是让学生进行读书成果汇报、展示。第二，建立班级图书角。向图书馆借阅或是鼓励学生捐献一批公共图书，建立班级借阅制度。在这样的环境中，既可以使人人都有读书的机会，也可以将图书的阅读功效发挥得更为充分。第三，创设阅读环境。"环境育人"的重要性不言而喻，教师要充分重视教室的环境布置，利用一切可用的条件，让每面墙壁、每个角落都为学生的阅读服务。"软环境"包括：首先，教师的支持。阅读不仅仅是语文课上的事，课外阅读的指导也不仅仅是语文教师的事。要培养学生广泛的阅读兴趣，如果能得到各科教师的支持与帮助，无疑会起到事半功倍的效果。其次，家长的支持。课外阅读的主阵地在家庭，所以，家长在学生课外阅读方面所起的作用不容忽视。因此，需要与家长达成共识，孩子的课外阅读离不开家长的支持和引导；需要家长为孩子的阅读创造安静的读书空间和充足的读书时间，同时赋予孩子自主选择读物的权利；家长要孩子多读书，自己先要"以身作则"，与孩子共同阅读，并与孩子分享阅读中的乐趣。

三、教给方法

许多学生有了课外阅读的兴趣，具备了课外阅读的条件，但还是在"读"中缺乏方法，致使阅读效率低下。因此，我们不但要使学生"爱读"，还要使学生"会读"，这就要教给学生课外阅读的方法。

（一）"课内"与"课外"结合

在40分钟的语文课堂上，我们要有意识地引导学生把在课内学到的方法用到课外阅读中去。比如，在课堂上学习了"写提要"的方法，可以让学生把课外读物中的内容、要点、基本情节等进行归纳，缩写在笔记本上；在课堂上学习了"圈、点、批、注"的方法，可以让学生在进行课外阅读时除了把有关的内容记录下来外，还可以采用不同的符号在原文中进行圈、点、批、注，以便今后查阅。这样，有意识地引导学生将课内学到的方法运用到课外阅读中去，久而久之，学生的阅读能力自然就提高了。

（二）"精读"与"略读"结合

在阅读教学中，我们追求学生既要有"熟读成诵"的能力，又要有"一目十行"的速度，这就离不开精读与略读这两种方法。对于小学生而言，精读是主体，略读是补充。指导学生精读时，要求学生做到全身心地投入：口到、眼到、心到、手到，边读、边思、边注。指导学生进行略读时，引导他们较快地扫读，有重点地选择一些与学习密切相关或自己最感兴趣的知识或信息。在指导学生课外阅读时，鼓励学生根据自己阅读的需要，将二者有机地结合起来。不过，不管是精读还是略读，都必须对读物有个整体的了解，不能走马观花、漫不经心。

(三)"积累"与"表达"结合

针对一些学生课外阅读中"过后不思量"故而收效甚微的情况，我们可以在指导学生课外阅读前，明确要求学生：一要把所看到的精彩优美的词、句、片段分类摘录下来；二要写好读后感，或是运用积累进行独立创作。这样，学生既能在语言积累上有所收获，也会在表达技巧上有所提高。

写话与作文教学

专题一　如何指导低年级写话

作文是字、词、句、段、篇的综合训练，是语文教学的重要组成部分，是学生综合运用语言文字能力的一种体现。小学低年级是语言发展的最佳阶段，想要引导低年级学生顺利迈入作文学习的大门，必须先走好写话这一步。写话教学，要以有效地提高学生的观察能力、想象能力和表达能力以及为今后的作文学习打下良好的基础为目的。

《语文课程标准》对小学低年级写话教学的要求："对写话有兴趣，写自己想说的话，写想象中的事物，写出自己对周围事物的认识和感想。在写话中乐于运用阅读和生活中学到的词语。根据表达的需要学习使用逗号、句号、问号、感叹号。"

不过，低年级学生由于年龄小，说、写的能力反差较大，加之识字量少，对于写话，往往是说得清、讲得明，却不知从何落笔，也很难通过写话表达出自己的认识和感受。

案例分析

【案例 3-1】

让写作从"口述"启程

新生报到时，小峰妈妈借给我两个厚厚的笔记本，说是给小峰记的日记。很长一段时间里，这两个本子填补着我所有的闲暇。感动、慨叹、钦佩着小峰妈妈深沉、细致、智慧的同时，一个活泼、天真、善良的小男孩不知不觉间占据了我所有的期待和喜爱！每天，我总会不自觉地关注小峰，既会为他的言行与日记中文字的完美对应而惊喜，也会为他带给我的新发现而开怀。

在对小峰的观察中，我发现：小峰具有许多同龄孩子难以企及的优点！而令教师们对他"刮目相看"的，应该还是他那出色的表达、敏捷的思维和与众不同的视角……

从再次与小峰妈妈的交谈中，我得知，从孩子出生起，她就开始坚持给孩子记日记，小到一个表情，大到对一件事情的处理。六年下来，记日记已经成为了这对亲密母子每天的必修课。日记，不仅架起了母子间畅谈心声、交换思想的心桥，更在不知不觉间带给妈妈一个如此出众的儿子！

也就是从那时起，我对“口述日记”产生了浓厚的探究兴趣！

其实，回首自己的成长经历，也受益于“口述”和“日记”！

从有记忆起，家里的墙壁上就挂满了各种各样的故事书，随手就可以拿到。于是我带着一肚子的故事上了学前班，学前班没有什么实际意义上的教学任务，老师为了省事，总是让我给同学们讲故事。每当这时，同学们都会很安静，老师们也自然乐得清闲。久而久之，爱讲故事、看故事的我，自然而然地爱上了写故事，近几年的时间里，我所记录下的与孩子们有关的故事和文字已有不少的数量了。

近代教育家杨杏佛说得好：“日记虽小课，然作时多在清夜，面对一日之过，虽无意自省，也尽自省之责矣。”尽了自省之责，也便促人不断进步，起到启迪智慧的作用了。

在孩子们入学的第一天，我便提倡家长和孩子一起来记“口述日记”。一个星期过去了，在家长们的配合下，在孩子们无拘无束的表达中，我欣喜地看到了以下的片段：

“我从山上摘了许多叶子回来，妈妈答应我一起做剪贴画。有些叶子能做成蝴蝶的翅膀；有些叶子能做成小熊的身子；有些叶子的纹路很深，可以做成一艘小船；有些叶子红红的，有些叶子黄黄的，它们都能做小兔子的耳朵，因为这些叶子是椭圆形的。我把它们晒在太阳底下，等它们干了以后，就可以做贴画了，好期待呀！”——摘自《雨霖口述日记》

【一点感触：这岁岁年年的落叶，对于我们成人而言恐怕早已司空见惯了吧？在孩子们的眼中却是多么的瑰丽神奇！生活的情趣不就如同这纷纷扬扬的落叶一般，俯拾即是吗?!】

“蝴蝶村里蝴蝶好多呀！朗朗一定是太开心了，不小心摔到了小池塘里，我忙着拉他起来，可是他太重了！扑通！哈哈！我也和他一起摔下去了！”——摘自《晋晋口述日记》

【一句赞叹：小小男子汉阳光般的心，是不是都将天空中的阳光都比得黯然失色了?!】

放学回家跞跞很高兴地告诉舅舅说：“舅舅，我今天当了宣传委员了。”

"这么棒啊！宣传委员是做什么的？"舅舅故意问。"就是帮助老师一起出黑板报啊，还有就是发报纸啊什么的。"说着就到了楼下，舅舅顺便要去复印店拿一盒名片。"舅舅你也有名片了，帮我也印一盒名片吧！"舅舅问："你印名片干什么用啊？印什么内容？""我要发给我的同学和老师们，上面印：跞跞，宣传委员，一（2）班，还有我的 QQ 号和电话号码，可以吗？"舅舅："哈哈，这就知道宣传自己了，真不愧是宣传委员。你们班老师真有眼光！"

【一声感谢：感谢跞跞妈妈，让我的心情和笑声一起飞扬！童言无忌，童年真美！相信跞跞的纯真可爱、家人间融融乐乐的生活画面，永远都会是您的快乐源泉，也愿您多多拿来与我们分享！】

曾有人说：经过文字浸润的心灵可以兼收并蓄、波澜不惊、宠辱皆忘。我想，这样的心灵，该是清澈、宁静、甜美而深刻的。那么，就让我们一起，从这一刻开始，从"口述"开始，帮助孩子开启进入这美妙世界的神秘之门吧！

心理学研究表明：早在幼儿阶段，儿童就有了一定的表达能力。随着年龄的增长和词汇量的增加，其口头表达能力也在逐渐增加。小学低年级阶段，要充分利用儿童原有的口头表达能力，鼓励他们叙述自己的所见所闻，大胆表达自己的真情实感。在学生的口头表达能力和书面表达能力都有了一定的基础之后，再指导他们把"说"和"写"进行交叉换位，要写的先说说，要说的先写写，以此来提高他们的书面表达能力。

【案例 3-2】

师：上个星期五，老师建议感兴趣的同学可以去动物园看看猴子，有条件的同学还可以拍些照片，有谁去了呢？

（学生纷纷举手）

（电脑展示学生拍的数码照片）

生：这是我拍的照片，我最喜欢这只小猴子。

师：说说为什么？

生：它最小、最可爱，它正躺在妈妈的怀里。

生：这是我拍的小猴子，它正在吃我扔给它的桃子，它吃得可香了。

生：这是我拍的小猴子，它正坐在假山上看我呢！

生：这是我拍的照片，这两只小猴子正在打架，它们都想抢这块饼干。

……

师：同学们的假日作业完成得非常认真！大家瞧，老师这儿也有一幅照片，结合你们观察、拍摄小猴子的经历，谁来说说，这些小猴子都在干什么？

生：这只小猴子在等着人们给它食物。

生：这两只小猴子正在一起做游戏。

生：还有这只小猴子在吃苹果。

师：说得真好！

师：谁愿意试着用上这个句子说一说？

（出示例句：猴山上的小猴子有的在——，有的在——，还有的在——）

生：猴山上的小猴子，有的在吃苹果，有的在做游戏，还有的在看着小朋友们。

……

师：谁愿意来评价一下？

生：他说得很完整，如果能说一句："小猴子们真可爱！"就更好了。

师：你把自己的感受也说了出来，大家觉得这个建议好吗？

生：好！

师：大家想想，咱们在说的时候，除了可以说说自己的感受还可以说些什么呢？

生：还要说说是什么时候去的动物园。

师：对，这是时间。

生：还要说说都有什么人在看猴子。

师：你来说说，都有些什么人呢？

生：这个人像爸爸，这个人像妈妈，也有点像老师。这些都是和我们一样的小朋友。

师：想得不错。只要合理，你认为他们是谁，他们就是谁。

师：谁还想试着说一说？

生：星期天，李老师带着同学们一起去动物园，他们来到了猴山前。猴山上的小猴子可真多呀！它们有的在吃苹果，有的在做游戏，还有一只小猴把尾巴吊在了树枝上荡秋千！小猴子们真是太可爱了，我建议大家在看它们的时候一定要文明一些，不要把它们吓到了！

（掌声）

师：谁愿意评价一下？

生：他说得很完整，也很清楚，最后还建议大家不要吓小猴子，我觉得很好！

师：还有谁想说？

生：星期天下午，我和爸爸、妈妈一起去动物园看猴子。猴山上的小猴子可真多！有两只猴子坐在一起，它们一定是妈妈和儿子，妈妈在给儿子挠痒痒；有一只小猴子在用尾巴荡秋千，比杂技演员还厉害；还有一只小猴子坐在高高的假山上吃苹果，吃得可香了！我很喜欢这些小猴子，我想让爸爸、妈妈下个星期再带我来看看它们！

师：孩子，你刚才的讲述结合进了自己昨天看猴子的一些经历，是吗？

生：对！

师：你说得很真实，也很生动。老师给你个建议，等一下咱们在练习写话的时候，你可以将"我"改成自己的小名，或是把自己当成图画中的一位小朋友，因为这幅图画不是咱们自己的照片，里面没有咱们的身影。好吗？

生：嗯！好的！

师：好了，因为举手的同学太多了，老师想给每位同学一次发言的机会。下面请大家在学习小组里说一说，一个人说完了，其他三个人给他点评。

（小组内互相讲述、点评）

师：好，同学们，接下来老师想请大家把刚才所说的用几句话写下来，在写之前，先看老师写一遍。

（教师在书中的空格处范写，边写边讲解写话的基本要求）

师：首先，我们要注意，开头要空两个格。星期六，是时间；老师和同学们是人物；动物园是地点；小猴子有的在干什么，有的在干什么，还有的在干什么可以算做事情的起因、经过、结果。最后，还要写上，小猴子们真是太可爱了，这是自己的感受。

师：请同学们照着老师的格式，自己试着写一写。

[教师范文：

星期六，老师和同学们一起去动物园看猴子。小猴子有的在吃苹果，有的在休息，还有的在玩游戏。小猴子们真可爱。

例文1

星期天，李老师带同学们去动物园看猴子。小猴子真可爱，有的在吃苹果，有的在玩游戏，还有的在打架。

例文2

星期六一早，小明就和爸爸、妈妈去动物园看猴子。猴山上的小猴子真多。有两只猴子坐在一起，它们一个是妈妈，一个是儿子；有一只小猴子坐在山顶上吃苹果；还有一只小猴子用尾巴在荡秋千。小明用照相机给小猴子拍了很多照片，小明很高兴。]

从案例中我们可以看出，执教教师具有"把头开好"的全局意识，这种从"看—说—写"的教学过程，符合小学生心理发展的规律，一方面注重了对于学生积极性的调动与激发，另一方面注重了在发展学生的语言能力、思维能力及表达能力的同时，将写话的规范落到实处。

除此之外，还有许多教师在指导孩子们写话的过程中积极尝试着改革与创新，不拘泥于教材限定的形式，采取了许多既富有创意又贴近学生实际的做法，不仅很好地激发了学生的写话兴趣，也收获了较为理想的训练效果。

【案例 3-3】

下面的这位教师可谓是别出心裁，让我们来看看她是如何带领孩子们谈"情"说"爱"、纵论"艺术"的——

"谈情说爱"篇

情——

妍清：情就是爸爸、妈妈从来都不吵架。

语桐：两个人挺好的，就叫情。

品玟：情就是小鸟喜欢天空，天天在天空中飞。

明明：鱼儿在大海里游得很开心，鱼对大海就有情。

遥遥：男孩和女孩是有情的。

璐璐：情就是清水慢慢地浇在花瓣上。

永杰：星星总是围着月亮，星星和月亮有情。

恬恬：情就是我天天把红领巾戴在胸前。

浩然：很关心其他小朋友就叫情。

小茜：李白和汪伦之间也是有情的。

爱——

恬恬：爱就是爸爸、妈妈送我来最好的学校。

健奇：爱就是"I love you, you love me"。

浩然：爱就是两个人挺亲密的。

凌峰：爱就是妈妈把我当成心肝宝贝。

书雨：爸爸、妈妈打我其实也是爱。

兆伟：爱就是妈妈把她碗里的菜夹到我的碗里。

征宇：爱就是雨天，奶奶拿一把伞来学校接我。

宜阳：爱就是我把大橘子给奶奶，小橘子留给自己。

东繁：爱就是一种心情，爱就是我们一起让流动红旗永远在我们班飘扬。

廷廷：爱就是我不想长大，因为我长大了，妈妈就老了，就有白头发了。

"纵论艺术"篇

舞蹈——

茂锦：树叶在风中摇摆就叫舞蹈。

开西：手指在钢琴上动来动去就是舞蹈，站在原地屁股扭来扭去也叫舞蹈。

妍清：夜晚，星星在天上一闪一闪的，它们一定是在跳舞。

宇祥：虫子在蘑菇上跑来跑去的，其实它们也是在跳舞。

美术——

小旭：美术就是想怎么画，就怎么画。

健静：美术就是风吹动湖面，激起的水面上的波纹。

亦晨：沙子和泥土上的脚印就叫美术。

嘉润：美术就是春天在大地上画出小草。

音乐——

梓枫：音乐就是从钢琴里传出来的美丽音符。

雅惠：音乐就是老师弹琴，我们唱歌。

无忌：爷爷修理家具的声音就是音乐。

开西：爸爸打呼噜的声音也是音乐。

儿童的本性决定了他们天生就是哲学家，并且有着属于自己的哲学体系。他们单纯的思维所迸发出惊人的火花具有一种力量，一种不断探索世界的力量。当他们以一种好奇、探索的姿态出现在我们面前的时候，我们所能提供的最好帮助，似乎就是充分地信任、小心地呵护。

观点建议

写话是初步运用书面语言的一种训练形式，也是作文训练的基础，可以培养学生留心观察周围事物的习惯。

一、激发兴趣

美国心理学家布鲁纳曾经说过："对学生的最好刺激乃是对所学材料的兴趣。"兴趣就是学生写话的源头活水，但兴趣不是自发产生的，需要教师依据儿童的认知规律，抓住学生的年龄特征和心理特点展开教学设计。常见的形式有：

说一说：口头讲述的过程，既是对新鲜事物的认识，也是对所经历事物的再认识。可以帮助学生对写话的思路进行加工、整理，是写话前必要的准备。

看一看：鼓励学生走进自然、走进生活，在观察中获得真实的情感体验。有条件的话，最好能让学生在教师的引导下进行观察。

画一画：选择学生感兴趣的景物或事物，通过画写结合的方法，激发兴趣，消除枯燥感。

演一演：低年级学生活泼好动，有很强的表现欲。抓住学生的这一心理特点，创设表演情境，使学生在表演过程中获得真实的体验与感受。

做一做：实践活动符合低年级学生的心理特点，实践活动中，学生既丰富了经验，也增长了见识，写话素材自然得到积累。

二、丰富素材

《语文课程标准》十分强调学习内容要与儿童生活经验的结合，让儿童从自己的经验中建构认知。叶圣陶先生说："生活就是泉源，文章犹如溪水，泉源丰盈而不枯竭，溪水自然活泼地流个不竭。"为使学生有话可写，我们要从学生的经验出发，引导学生回归生活。常用的方法有：

（一）在游戏、活动中丰富素材

苏联教育家马卡连柯说："游戏在儿童生活中具有极其重要的意义，就像活动、工作和服务对成人具有重要的意义一样。"游戏与活动的过程中会产生许多教育契机。教师与学生在轻松愉悦的氛围中，在游戏与活动的过程中会不自觉地对写话的素材进行积累。

（二）在生活中丰富写话素材

生活是取之不尽、用之不竭的素材宝库，是"创作的源泉"。通过对生活的观察和思考，可以使学生的情感世界变得丰富、美好。教师给予学生正确的引导与指导，培养学生从小养成观察生活、从生活中获取素材的习惯，让学生从自己个性化的情感体验出发，寻找他们生活中的所想所感，学生的写话能力将不断得到训练和发展。

（三）在言语交际中丰富写话素材

小学阶段是语言发展的关键时期，言语交际的情境可以说是无处不在，我们要积极为每名学生创设各种语言交流的机会，不仅要在语文课上进行训练，还要充分利用课外环境，引导学生利用一切机会和别人进行口语交际。这样，既可以培养他们的思维能力和语言组织能力，又为写话提供了丰富的素材。

（四）在阅读中丰富写话素材

低年级学生在写话中，虽然还不懂如主题、构思等概念，但他们在阅读欣赏一些优秀篇目时，这些概念已然在发挥其文学的功能，使学生在潜移默化中受到熏陶与启迪。正所谓"熟读唐诗三百首，不会做诗也会吟"就是这个道理。阅读可以帮助学生增强语感，扩大知识面，使表达更加规范。

课堂上，我们应该积极引导学生在思考、交流中分享、积累自己喜欢的词语、句子、段落。课后，鼓励学生坚持课外阅读，主动积累，班级定期展开交流、评比等活动，激发学生阅读兴趣，养成积累的习惯。这就为写话乃至今后的写作奠定了坚实的基础。

三、指导低年级学生写话的基本形式

一、二年级学生，由于知识储备少，表达能力和分析能力有限，要想做到连贯而有条理地写几句话还是有一定困难的。为此，教师的启发和引导就显得尤为重要。指导低年级学生写话，主要有以下几种形式：

（一）连词成句

通过将熟悉的词语按照几个词语之间的关系，重新安排顺序，使之条理化，连接成句，就可以帮助学生建立起"句子"的概念，也可以建立起书写格式的基本印象。

（二）补充句子

学生参照例句或根据给出的词语将句子补充完整，这是低年级学生常见的练习形式，也是写话训练的有效途径。

（三）看图写话

学生通过对图画的观察，把画面的内容写成几句或是一段话。在训练中，可以逐步从看几幅图，每幅各写一两句话，过渡到看单幅图，写一段通顺、完整、连贯的话。

（四）实践写话

从学生的生活、学习实践出发，指导学生通过小制作、小实验，参与社会实践活动或是小游戏，将其中的经过、感受、收获等写下来；还可以在课堂上引导学生对指定事物进行观察，或是布置学生在课余时间去观察，将观察所得写成观察日记。

（五）想象写话

低年级是学生想象力、创造力发展的黄金时期，鼓励学生大胆将想象中的事物写下来也是非常好的练习形式。

（六）拓展写话

语文教材及课外阅读材料中存在很多可以拓展的写话素材，我们要充分挖掘、合理运用，鼓励学生积极参与到拓展写话的练习中来，这也是对教学内容进行有效的拓展与回顾。

专题二　写出作文的真情实感

《语文课程标准》提出："写作教学应贴近学生实际，让学生易于动笔、乐于表达，应引导学生关注现实、热爱生活、表达真情实感。要求学生说真话、实话、心里话，不说假话、空话、套话。"但是，由于我国应试教育的影响，作文教学中，教师往往忽略学生的生活经历与情感体验而只是权威地进行作文指导，学生无中生有、虚情假意、照搬照抄的现象依然存在。教师教作文难，学生写作文更难，成为当今语文教学改革的难题。

案例分析

【案例 3-4】

"没有祖国的强大，河马怎么会到中国来呢？"①
——从一篇小学生作文谈起

前些日子，一位姓张的家长和笔者谈到这样一件事。他说，他 9 岁的女儿在三明市一所小学念四年级，不知为什么现在变得不爱写作文了。张先生说，孩子原来很爱写作文，而且写得还挺不错，但现在提起教师布置的作文就烦。张先生自己也是知识分子，他仔细翻阅了教师给孩子批改过的一些作文，发现孩子害怕写作文可能与教师的评语有关，但他却说不出问题究竟出在哪里。张先生拿出了孩子所有的作文让笔者看，笔者注意到一篇题为《难忘的一天》的作文。这篇作文语句通顺，写得真实质朴，对一个 9 岁的孩子来说，应该是一篇好作文。

---

① http：//bbs. pep. com. cn/viewthread. php？ tid ＝ 15804&extra ＝ page％ 3D472，采用时间：2002-9-5.

难忘的一天

　　国庆节那天，天气十分晴朗，我和爸爸兴高采烈地去动物园玩。动物园里的动物很多，可我最喜欢看的还是河马。开始我以为河马就和马差不多，很会跑，人可以骑在上门（面），在水里游。

　　怀着激动的心情，我终于看到河马了，没想到河马又肥又大，一个长方形的大脑袋上长着一个又宽又大的嘴巴，笨笨的样子可有意思啦。它的尾巴很短，皮黑黑的，发亮，没有毛，听说是非洲来的客人呢。

　　河马的样子真可爱啊，我永远也忘不了这个愉快的国庆节。

　　教师给这篇作文打了 72 分，在班上算中等偏下。为什么这么打分呢？原来教师认为这篇作文的"立意"不高。教师的评语是：作文文字通顺，条理清楚，但立意不高，写国庆应和祖国的富强联系起来。你应想到，没有祖国的强大，河马怎么会到中国来呢？

　　笔者随后见到了这篇作文的小作者张娴娴（化名），这孩子眼睛很大，抿着嘴，一看就知道是个聪明的孩子。

　　笔者问孩子："你为什么要写国庆节看河马的事呢？"张娴娴说："国庆放假前一天的语文课上，老师要我们在国庆放假的七天时间里写两篇作文，一篇是《难忘的一天》，还有一篇是《我的××》。我写这篇作文是在放假结束的前一天，当时我一拿起作文本就决定写看河马的事情。因为国庆那天，爸爸带我去福州舅舅家里玩。福州我去了好几次，就是没有去过动物园。这回爸爸终于要带我去动物园了，我高兴极了。到了动物园我发现，大多数的动物都和我想象中的差不多，只有河马的样子最可爱。我原来以为它是一种会游泳的马，没想到有这么大，样子憨憨的。我在放养河马的水池边站了很久，看得很仔细。我一直叫着'河马、河马'，还站在水池边照了一张照片。"

　　"国庆那天我特别开心，剩下的几天很没意思，爸爸一直带我到他的朋友家里做客，后来回到三明市就天天叫我做作业。"

　　"你写完《难忘的一天》交给老师的时候，你觉得你的作文写得好吗？"

　　"我也不知道，因为有些时候我自己觉得不好的作文，老师说写得很好，有时候我觉得写得很好的作文，老师说写得不好。我现在很讨厌老师布置作文。不过《难忘的一天》我觉得写得很好玩，应该还可以。"

　　笔者禁不住问："你当时想到了河马来到中国和祖国的强大有关吗？"

"一点都没想到，我只是觉得那天看见河马很难忘。"

"你看了老师的评语以后，你认为老师说的有道理吗？"

"老师说的肯定是有道理的。"

（家长的话：我不知道该怎样回答孩子）

为了找到孩子怕写作文的原因，张先生看了女儿所有的作文。他发现孩子每次写作文都是非常率真的把自己所经历的事情如实地写出来。但教师对孩子的作文似乎都不是很满意，在教师批改过的十几篇作文当中，有七八篇的评语都是说孩子的作文"立意不高""思想性不强"。

这样的评语常常让孩子摸不着头脑，孩子不止一次地问："爸爸，什么是立意？怎样写才算有立意？"每次孩子这样问，张先生就觉得不知该怎么回答，因为一方面他觉得教师说的没有错，自己过去的教师也是这样教的；另一方面，他不知道该怎样解决孩子作文的最大障碍——"立意"问题。张先生说，渐渐地，孩子学着根据教师的评语调整自己的写作，孩子开始编造故事了，比如，邻居家老太太病了，她帮助买药、送饭；在街上捡到 100 元钱，一直在风雨中等待失主……现在教师对孩子的作文评价好像高了一些，但孩子却开始讨厌写作文了。

张先生还说，虽然女儿不爱写作文，但她依然坚持写日记。她说，写日记最好，谁也不会要求她该写什么、该怎么写，自己想写什么就写什么，想怎么写就怎么写。不过她承认，有时在写日记时也会冒出"立意"的念头，这时她就会告诉自己这是在写日记。她说自己觉得写日记和写作文是两码事，日记给自己看，作文是给教师看的，不一样。

教师们说：强调"立意"，是为了好成绩。

关于这篇作文的评价问题，许多语文教师都认为，教师刻意地拔高作文的思想立意，在做法上有些蹩脚，但这样的思路是正确的。武平县第二中学的石老师说："要求张娴娴同学在这篇文章里联系'祖国强大'之类的命题，对一个 9 岁的小学生来说确实有些困难，但教师强调这一点，不能说有什么错。因为，语文教学承担着重要的德育任务，教师在作文教学中对学生强调'立意'，强调'思想性'，是实现德育目标的一个有效途径。再说，一篇没有'思想性''立意不高'的作文，是很难在选拔考试中取得好成绩的。教师这样下评语，其实是告诉孩子如何让自己的作文在考试中获得好评。你能说这是错误的吗？"

王金石（语文特级教师）：说真话是教育的底线。

教育的底线应该是让人说真话、做真人。这就必须尊重孩子的视角，孩子在把心里话说出来的时候得到肯定，孩子才敢于说真话。只要孩子说的是真话，对不对并不重要，重要的是孩子究竟有没有说真话。在德育教育中违反孩子认知规律过分地强调"立意"，就是在让孩子学会说谎。孩子长大成人以后，在各种报表、报告、账簿中撒谎也就变得心安理得了。

去年的高考，作文的题目是《诚信》，但很多学生抄袭范文，以不诚信的方式写"诚信"。因为考生认为这样才可以得高分。真实性丧失了，考生在尽情地撒谎，却没有内疚感、不道德感。

专家评说：我们什么时候学会了撒谎？

南帆（福建省社科院副院长、博士生导师、全国人大代表）：谎言曾经让人羞愧不安。数十年前，我从小学课本中读到了一则列宁的故事：8岁的列宁在姑妈家玩耍时不慎打破了花瓶，为推卸责任，他撒了谎。回家之后，列宁久久无法释怀。他终于写信向姑妈说明了真相。对8岁的列宁来说，谎言破得良心发现。可是，现今的良心仿佛是累赘之物。一些人上午还在会议室主持座谈会，"一身正气、两袖清风""鞠躬尽瘁、死而后已"这套辞令滔滔不绝；晚宴上，对上司胁肩谄笑同样轻车熟路。

我不想过多地谴责这些人的荒诞生活，我的问题在这里：从什么时候开始，我们坦然地放弃了良心对于谎言的监督？从什么时候起，谎言拥有了合法的形式？这个问题让我想到了自己孩子的作文。"我是一个男孩……一只眼睛大，一只眼睛小。我的性格不好，高兴时还不错，如果哪个同学把我弄得火冒三丈，那他就倒霉了。"这是我儿子一篇作文的开头。任何一个有经验的家长和语文教师看了这样的开头都要发怵——这样的文章如何转入"一次难忘的经历""思想觉悟的提高"然后"卒章点题"？儿子领悟不到一系列作文的"秘诀"，不知道乖巧地制造种种"有意义"的故事。例如，拾到钱包交给警察叔叔，阅读某一本经典之后豁然开朗，如此等等。总之，儿子那些漫无边际的作文缺乏的是某种"正规"的形式和主题。他的经验适应不了与"正规"形式配合的主题。这种"正规"的形式构成了严密的框架，持续地训练着孩子们的心志。一位语文教师说，即使敞开作文的题目，学生还会顽强地回到这样的框架之中。他曾经有意出了一个非常规的作文题目——《停电了》，可是多数学生的构思还是一个退休老工人或者一位回家探亲的战士自愿来到公共走廊，摸黑修复保险丝。孩子们心安理得地在作文的名义下生产出种种不实之辞。既然作文开始了伪饰撒谎，那么虚报的产量、夸张的颂扬、伪造的履历也不过是逻辑的延伸而已。

要尊重儿童的视角。

张文质（《素质教育博览·教师版》主编）：这篇作文的评语，实际上是以相当有害的成人文化作为评判儿童的标准。教师做好了规范的模子让孩子去钻，直接的结果是使孩子丧失了以自己的方式对世界进行感知的能力，压制了孩子的个性，让孩子只会模仿、复制，丧失了应有的童真、童趣。

要让孩子写出见性见灵的文字、真正有生命力的文字，就要尊重儿童的视角，把儿童当做有独立价值的人来肯定，而不是依附于成年人的定义、概念而存在。尊重儿童的视角，其价值在于对个体的尊重，还给孩子看的权利、表达的权利，让孩子对自己的判断产生自信心。这样孩子的作文才会有个性，有创造性。

虚假的"立意"是人格低下的起点。

孙绍振（福建师范大学中文系教授、博士生导师）：这位教师不懂得教育规律，他不知道自己在辛辛苦苦地干着扼杀儿童天性的事情。

教育工作者应让孩子的天性、个性、想象力得到自由的发展，使其心灵世界得以真实地流露。可是，长期以来，成人化的概念化思维模式，在教育界形成了种种条条框框，束缚了孩子们的个性发展。

这位小作者为自己参观动物园增长了见识而高兴，这是孩子情感的真实流露，本应该鼓励。可她的教师却嫌她"立意不高"，这实际上是在鼓励学生说假话。虚假的"立意"高了，反而是品格走下坡路的开始。

童真被教师"负责任"地"葬送"了。

潘新和（福建师范大学文学院教授、省写作学会会长）：其实，这位小学生的作文写得挺好。这种发乎性情的自然流露实不易得，本应给予肯定和鼓励才是，但教师却对其精彩之处视而不见，而以"立意不高"做了否定。且不说这篇文章本来就不是写国庆而是写"难忘的一天"，即便是写国庆，也未必都要生硬、直露地和祖国的富强联系起来，勉强发一通感慨和议论。

可以想象，这位学生看了教师写的评语之后会是多么沮丧。她的头上一旦被"念"起"立意要高"的"紧箍咒"，以后的写作将会变得多么艰难、痛苦和压抑。也许她会因此再也找不到言语表现的感觉，从此不愿意写作，厌恶写作。

这位语文教师的评语，体现出部分教师在教育观念及对写作规律的理解上的偏差、陈旧与僵化，这是一个具有相当普遍性的问题。多少孩子的写作天赋和才情、对写作的热爱和喜好、从心灵深处流淌出的童真和童趣，就这样被不谙写作教学规律的教老师十分"负责任"地"葬送"掉了。在语文教育中，没有什么比揠苗助长、扼杀和扭曲学生的写作天性与个性更为糟糕的事了。

我曾在闽、浙、苏三省10所高师、30所中学进行过调查，共发问卷12870份，回收10880份。调查表明：不喜欢和害怕写作的人数加上弃权的人数超过了很喜欢和喜欢写作的人数（很喜欢的占6.2％，喜欢的占39.6％，不喜欢的占34.4％，害怕的占10.2％，弃权的占9.6％）。年级越高，喜欢写作的人数越少。对历届高师中文专业本科学生写作状况的调查表明，刚入学的新生中，喜欢写作、写作基础较好的仅占10％左右，大部分学生不喜欢写作、怕写作甚至讨厌写作，写作程度也较差。

正如每一个正常的孩子都不畏惧说话一样，他们本应不畏惧写作。刚入小学的孩子，教师发给他们纸和笔，告诉他们想写什么就写什么，每一个孩子都会毫不犹豫地写起来，有的写上自己的名字，有的写上一些不完整的句子，有的则信笔涂鸦，没有一个孩子说我不会写。到了三年级教师开始教作文，学生对写作还很有兴致，因为他们都坚信自己会写作文，而且相信自己写得很不错。遗憾的是，我们的写作教学并没有顺应孩子的心理特点，没有注意维护孩子的兴趣和爱好，没有让他们做自己感兴趣的事、写他们喜欢写的文章，而是不断地规范他们的写作行为，用一种标准去统一孩子无比丰富的感受与想象，用分数去惩罚孩子的幼稚与纯真，其结果往往是不自觉地泯灭了他们的写作才情和个性。到了小学五六年级，不少孩子就对写作感到兴味索然，认为自己不会写作，对写作失去信心，开始害怕、讨厌写作了。

经过学校的教育，学生从喜欢写作，到认为自己不会写、害怕写以至讨厌写，这种语文教育的"奇异"现象是令人深思的。

造成这种现象的原因很多，但毫无疑问跟教师的素质有关，与教师的教育观念和教法不当有关。这种不当主要表现为不以学生为本位，而是以教师为本位，不尊重学生这一写作的主体，缺乏对写作规律的把握。从学生一开始学习写作，教师就从文体到立意、选材、谋篇、行文给学生太多的限制和要求，使学生写作的天性不能得到自由的舒展。他们很想表达的见解，教师批评说太幼稚；他们觉得很真实、新鲜的想法，教师认为立意不高；他们乐于传达的感受，教师说没多大意思；他们的得意之作，教师认为一无是处；他们以为能得高分的，反而得了低分……

学生从写作中得到的不是一吐为快的欢乐和舒畅，而是动辄得咎的痛苦与伤害。他们为写作发愁了。他们不得不为了合乎教师的要求而冥思苦想，学着去揣度教师的心思，学着改变自己的想法去趋迎教师的标准，不情愿地割舍掉自己钟爱的素材，用教师的眼光来评判材料是否典型，学着做中规中矩、四平八稳的"八股"文章，写散发着霉味的文字。写作教学成了制造双重（多重）话语人格的温床。学生从写作中感受不到个性张扬与言语创造的乐趣，写作自然就变得枯燥乏味、令人生厌。

所以从学生一开始学习写作，教师就要小心翼翼地尊重与爱护他们的才情与个性，给他们最充分的自由与最广阔的表现空间，让他们尽情抒写自己的喜怒哀乐，从写作中享受思想与言语创造的乐趣。

全国著名小学语文特级教师周一贯老师认为："本色、真实"是作文的最高境界。现在的作文"做"的气味太浓，教育别人的架势太足，结果就掩蔽了作文的"本真"而成了装腔作势的故弄玄虚之作。造成小学生作文中"儿童精神"缺失的主要原因是"应题"的束缚、"应体"的拘谨、"应命"的违心、"应法"的尴尬、"应套"的就范、"应试"的无奈。

现今，造成小学生作文虚假现象的原因主要包括以下几个方面：

第一，社会原因。现在社会上，做假现象无时无刻不在充斥着小学生的视听：市场营销中的假货，虚假广告，成人间的违心奉迎……无疑都在某种程度上潜移默化地影响和"训练"着模仿力和接受力极强的小学生。

第二，考试原因。在长期应试教育的影响下，学生渐渐熟悉了作文考试经常会考什么，用什么话写出的作文能得高分，至于自己的真情实感则变得无足轻重了。其实，考场作文也从未以假、大、空来要求学生，言之有物、真情实感从来都是一篇佳作的最起码的要求。但无论教师还是学生，对考试作文的标准都有不同程度的曲解。结果，作文训练的过程不是使学生获得以不变应万变的写作能力的过程，而是如何应对考试的过程。"作文教学"与"作文考试"这两个本来互相联系、互为促进的步骤被分割和对立起来了，或者说以一种不正常的方式被联系起来了。

第三，教师原因。教师对作文的指导直接影响着学生的写作习惯和思维定势。我们的作文教学中依然存在如下不尽如人意之处：首先，有些教师，在作文教学中过分强调训练的目标性、文章的意义性，而忽视了文章的真实性、自然性。教师对于写作内容甚至写作方法、写作范围限定过多过死，致使学生要么无话可说，要么有话不能随心所欲地说，只好说些假话、套话。其次，对"写实"重视不够。儿童身心成长的特点决定了小学生的活泼开朗、自然真实，他们喜欢以"真实"的目光去观察身边的客观世界，喜欢以"真实"的语言表达自己的主观感受。因此，写实训练应该成为小学阶段作文训练的主要内容，作为小学阶段写作的基本功。再次，教师的功利意识过重，民主观念不强，喜欢把作文教学的目的建筑在高分、获奖、发表的目的之上，过分强调"服从"，这也是学生作文中易说假话的原因。

第四，学生原因。首先，学生由于年龄小，社会阅历、生活经历有限，致使其判断能力和认识能力都很有限，不可避免地导致作文中虚假现象的产生；其次，有意讨教师喜欢的心理也是学生作文中不说真话的原因。随着学生年龄的增长，学习经验的增多，渐渐学会揣摩教师的心理，知道教师喜欢在作文中看到什么样的话语，就会按照教师的喜好去说话，这也就是为什么小学高年级学生中的虚假现象多于低年级的缘由；最后，学生课余生活或是紧张或是单调，严重缺乏对生活的感受，也使他们在作文中不得不说谎做假。

第五，家长原因。有些家长由于工作的忙碌与压力，根本无暇对孩子进行耐心细致的作文辅导，或是置之不理，更有甚者干脆充当"枪手"；还有些家长对于孩子的要求与期望过高，在课余时间为孩子安排了大量的补习班、辅导班，致使孩子在课内与课余的学习任务之间产生本末倒置的现象。

第六，写作技巧原因。技巧在表达真情实感方面有着十分重要的作用，但不能过分追求技巧，卖弄形式的完美，华而不实。好的内容只有通过恰当的形式才能表现出来，掌握技巧是为了更好地表达真情实感。

观点建议

根据《现代汉语规范词典》的解释，"真情"是真挚的心情或感情。所谓作文的真情实感，就是要用真情去写实实在在的感受。要想让作文充满"实感"，那么其中的"真情"是不可或缺的。"写出作文的真情实感"是一项具体而实在的过程，它需要我们社会大环境的改善，需要语文教学的进一步改革和发展，需要语文教师素质的不断提高和作文教学观念的更新。

一、思考生活，孕育真情

著名作家丁玲曾经说过："作家一定要看见旁人能看见的东西，还要看见旁人看不见的东西，就得执著地去热爱生活，深切地感受生活。"我们不能使每个学生都成为作家，但我们可以引导学生去积极感受生活、思考生活。

【案例 3-5】

舜舜的四宗"罪"

姚莘舜

想象大家看了题目一定会觉得我是个经常犯错的孩子吧？但事实并不是如此，不信？就听我为你慢慢道来吧！

第一宗"罪"——太爱画画"罪"！看起来画画并不是啥罪呀，对不对？可我实在是太爱画画了，上课画，下课画。这可引起了许多老师和同学的不满，而且画画也的确导致了我在一段时间里学习成绩下降。但也恰恰是因为这条"罪"，我好几次在国际绘画大赛中取得了优异成绩，还在"六·一"儿童节之际为学校的美术展作出了巨大贡献。瞧，学校橱窗里现在挂的还有我的画呢！

第二宗"罪"——做事太投入"罪"！记得一年级时，我们班要上一节全校的英语公开课。我就因为上课太投入了，为了回答问题我不顾一切地往讲台上跑，不小心把自己的桌子给踢翻了。害得自己给全校的领导和老师们留下了深刻的印象。但也就是因为我的投入，我的英语成绩一直在班上名列前茅。

第三宗"罪"——口头能力太强"罪"！说实在的，口头能力太强本来应该不算"罪"，可是在一次班级辩论会上，由于我的口头能力太强而令一些口头能力比较弱的同学自尊心大伤。可这也没啥大不了的，就因为我每次"舌战群儒"都立于不败之地，以此换来了同学、老师对我的尊重和喜爱。

第四宗"罪"——知识渊博"罪"！因为我太爱看书，并且从书中获得了许多有益的知识，所以又多了这条罪。三年级的一节品德与生活的公开课上，就因为我在平时看书的过程中积累了许多的课外知识，我不仅给同学们大讲特讲抗战英雄故事，还为我们学习小组赢取"抢答赛"的冠军奖杯立下了汗马功劳，全班同学也都因此特别崇拜我呢！

怎么样？我的四宗"罪"很特别吧？

学生在经历生活中的一些事物时，往往是毫无目的的，因此对生活中事物的观察很难做到深入、细致。这样写出的作文也就容易脱离生活实际，缺乏生活气息。想办法让学生学会用心感受生活，发现生活中值得写作的素材，积极与他人交流内心的感受，逐渐孕育出真实的生活情感。

二、融入生活，体验真情

现今的小学生，课余生活单调，很少有机会走进自然，参加社会活动。由于缺乏应有的、真正的生活感受，写作中写作材料的缺乏是可想而知的。真实的经历、体验与情感是教不会的，在这种情况下，只能靠教师去激发培养。

【案例 3-6】

在一次以《记一件××的事》的作文课上，一名叫东东的孩子，直到下课时还不知从何落笔。课后，语文教师与东东进行了这样一番交谈：

师：东东，咱们先不想刚才的作文了。坐下来，咱们聊聊天，好吗？

东东：好的！

师：今天的天气实在太热了。

东东：是啊！

师：我觉得夏天里最舒服或最愉快的事情呀，就是去游泳，你觉得呢？你会游泳吗？

东东：嗯，会的，我也喜欢游泳，不过我更想能吃个香瓜，那就更爽了！

师：呵呵，你很喜欢吃香瓜吗？

东东：对，我最喜欢的水果就是香瓜，一到夏天我就想吃香瓜。

师：哦？给我说说你吃香瓜的事，好不好？

东东：哈，我想起来了，很搞笑的。

师：是嘛，好啊，你说说，我听听。

东东：……

在东东兴奋的讲述与教师专注的倾听、不时的询问之后，我们欣喜地看到了这样一篇习作：

记一件"自以为是"的事

今天下课后我和李老师在办公室里聊天，我们聊到了夏天，聊到了游泳，还聊到了我最爱吃的水果——香瓜，李老师说如果我能把讲给她的故事写下来就会是一篇很好的文章，真的可以这样简单吗？让我来讲给你听听——

那还是我五岁的时候，那年的夏天非常炎热，蝉在树上不停地叫着："知了，知了！"好像是在向天空中火辣辣的太阳发出抗议。我躲在房间里，刚吃完一根冰条，却还是觉得不过瘾。就跑出去对妈妈说："妈妈，我想吃小西瓜。"妈妈说："好啊，西瓜可以解暑呢！"

妈妈一边说一边向楼下走去，不一会儿就拿回了好几个小西瓜。小西瓜个个绿绿的，瓜皮上面有一些墨绿色的斑纹。妈妈把小西瓜一人分一个，我连忙拿起属于自己的一个跑回了房间，准备尽情享用。

回到房间后，我呆呆地看着西瓜，心里想，这西瓜该怎么吃呢？我仔细地回想着妈妈平时吃西瓜的情景：先把西瓜切成两半，再把里面的瓜瓤全部掏出来。对！我仿照妈妈的办法，把西瓜用水果刀一分两半，仔仔细细地把里面的瓜肉全部掏了出来。费了好半天的劲，我已是满头大汗了，西瓜里红红的瓜肉终于被我全部掏空了！"大功告成！这样就可以吃了！"我把白白的、绿绿的"西瓜"往嘴里一塞，大口大口地嚼了起来，可是嘴里却好像吃了"药"一样，又硬又苦。

我连忙跑出去房间，迷惑不解地问妈妈："你买的西瓜怎么不甜？"妈妈更加迷惑不解地回答："不可能呀，我挑的可是最好、最甜的西瓜，怎么会不甜呢？"我拉着妈妈来到我的房间，指着桌子上的西瓜说："不信，你来尝尝。"说着，我把一大块又白又绿的西瓜皮递到了妈妈的嘴边。

妈妈看了看桌子上红红的瓜肉，又看了看我手中的瓜皮，突然大笑了起来。一边笑一边用手捂着肚子，说笑得肚子疼。我一时间"丈二和尚摸不着头"，就问妈妈："怎么了？你上次吃西瓜不也是这样子吃的吗？"

妈妈笑着伸出手，摸了摸我的头说："傻孩子，上次咱们吃的是'香瓜'，不是'西瓜'。它们是两种完全不同的水果，吃法是完全不同的。"妈妈又问我："你知道自己今天犯了一个什么错误吗？"我摇摇头说："不知道。"

直到现在，我终于明白了，我犯的错误应该就叫做"自以为是"吧？

习作过程中，作为主导者的教师就要善于帮助学生发现和捕捉生活与个体经历的联结点，帮助、带动学生走进生活，将自己融合在某种情境之中，激发学生心灵深处沉淀的真实经历、真实情感，以进入创作的最佳状态。

三、创新形式，交流真情

《语文课程标准》在"关于写作"中强调："写作是运用文字进行表达和交流的重要形式，是认识世界、认识自我，进行创造性的表述过程，写作能力是语文素养的综合体现，写作应贴近学生的实际，让学生易于动笔、乐于表达，应引导学生关注现实、热爱生活、表达真情。"由此不难看出，在大语文观的理念下，作文是信息交流的一种工具，是情感交流的一个载体，我们在指导时应该重视作文的本质——交流。

【案例3-7】

在一节期末作文复习课上，李老师给孩子们布置了如下题目：写评语。建议请三位同学来给自己写评语：同桌、学习小组里的一个伙伴、自己的好朋友。

写评语的时候要注意以下几点：

1. 选择一个亲切的称呼；

2. 用他（她）最喜欢的方式，写出他（她）的优点或是值得你学习的地方；

3. 用他（她）最能接受的方式，指出他（她）的不足和需要努力的地方；

4. 写上你最想对他（她）说的心里话或是祝愿；

5. 别忘了选择一个你们之间熟悉的昵称，署上自己的名字。

一番热烈的讨论过后，孩子们兴致勃勃地动起了笔。下课前，每千孩子都收到了同学写给自己的评语，李老师又建议大家回家后将自己收到的评语拿给家长看，也请家长给自己写一篇评语。

学期末，每个孩子的《素质发展评价手册》，至少可以看到四篇以上的评语，一篇来自于同学，一篇来自于家长，一篇来自于老师，最后一篇来自于自己。

这是江月同学收到的评语：

亲爱的月月：

　　你的头脑那么机智，你的微笑那么美丽，不过呀，就是对我有点凶哟！呵，改正了就好！这学期你被同学们推选为咱们班的班长，那都是因为同学们信任你呀！要保住这个职务可是很难的哦！但是，不知为什么，月月，你身上好像总有着一股神奇的力量在吸引着同学们。祝愿你今后，身体棒棒！学习更棒！（你的好朋友：泽阳）

月月：

　　每天看到你工整漂亮的作业本上都写着一个 A＋，就非常地羡慕你！每当听到你考试的分数比我高，我就知道，自己又一次成了你的手下败将！现在，你是班长，掌握着全班同学的一举一动。这个位子可不好"坐"哟！希望你能加油，更希望我们永远是好朋友！我为你骄傲，为你加油！（你的好朋友：舒玮）

月月：

　　你的学习真是好！我知道，那是因为你总是在利用课间和课外休息时间安静地读书。看来"读书百遍"和"博览群书"还真是很有好处的！你差不多是咱们班年龄最小的同学了，你比我小，我的成绩却不如你，我一定要以你为榜样，向你学习，争取超过你！（你的好朋友：小邹）

月儿：

　　看到这么多同学对你的评价，我真是开心！开心你有这么多的好朋友！开心你有这么多的优点！更开心你有这么好的老师，你真是幸运！孩子，希望你每天都有新的收获，每天都开心！（爱你的爸爸、妈妈）

亲爱的月月：

　　看到同学们和妈妈写给你的评语李老师更加为你感到开心，感到骄傲！相信大家也一定会记得：每次值日，你总是要将教室打扫得一尘不染，才最后一个离开；每次课堂学习，你经常以精彩的发言、生动的表演赢得同学们阵阵掌声；每次单元测试，你更是常在同学们羡慕的目光中拿回属于自己的满分试卷……月月，你是同学们信任的班长，更是我的得力助手！

　　孩子，如果我没猜错的话，此时此刻你的脸上一定洋溢着发自内心的微笑。是呀，这是你一直以来不断努力、不断进取的回报，更是一个学期下来收获到的最好礼物，它是真正属于你的！

最后，忍不住想悄悄提醒你，在享受这份特殊礼物的同时，请不要忘记将你的喜悦分享给所有爱你的人们：你的同学、你的好友、你的师长（当然也包括我哟），尤其是你的爸爸和妈妈，请代我向他们表达我最诚挚的感谢——感谢他们培养出了如此出色的你！我更坚定地相信，我们的月月，今后依然会带给所有爱她的人们更多的惊喜与感动！你说是吗？（爱你的李老师）

亲爱的李老师、同学们，亲爱的爸爸、妈妈：

你们的评语是我长这么大以来收到的最好的礼物，也是我最喜欢的礼物，我会永远地好好珍藏！其实我并没有你们说得那么好，我知道，我还有很多的缺点和不足。我虽然是班长，还有许多事情我都没有做好，在这点上，我要向舒玮多学习；在课堂上，我的发言之所以会很精彩，那是因为李老师你每次都会用鼓励的眼神看着我，令我信心大增；在考试中，我的成绩虽然不错，那都是妈妈帮我复习的结果，在这里我要再一次向妈妈说声感谢。能在三（2）班这个大家庭里学习、成长是我每天最快乐的事情。最后，我也真诚地祝福所有爱我的和我爱的人们在新的学期里更快乐、更进步、更幸福！（你们的月月）

以往的教学中，教师大多更关注习作前的指导，忽视习作后的交流，作文完成了，也就了事了。这样写出来的作文学生很少再看，甚至根本不愿意看。在对作文教学形式的变革中，我们不妨打破以往教师对学生评价的传统模式，建立教师与学生、学生与学生、学生与家长的立体交流模式，使作文真正搭建起心与心交流、情与情互通的平台。

四、读写结合，积累真情

读和写的关系是非常密切的。我们无论做什么工作都要从书本中获得知识。写作更需要从书本中获得丰富的知识和营养。唐代大诗人杜甫说得好："读书破万卷，下笔如有神。"强调了读与写密不可分，读可以促写，读是写的前提。读可以为写提供参考模式，读可以给写以更多的启发。所以，教师要重视对学生进行课外阅读指导，鼓励学生多读书、读好书，指导学生做好读书笔记，养成质疑、评注的阅读习惯。

专题三　如何丰富写作素材

我们常看到这样一种现象：教师布置了一道作文题，孩子回到家苦思冥想，好半天也无从下笔，做父母的或是跟着手足无措或是干脆充当起"枪手"，作文对于学生和家长来说简直是一种"煎熬"。究其原因也许是多方面的，但其中关键的一点是缺乏习作素材。从信息论的观点看，小学生写作的过程是一个信息摄取、储存、提取和加工的过程。学生摄取、储存的信息量越多，输出信息时也就会越顺畅。小学生的信息主要来源于身边的生活，因此，教师在指导学生习作的过程中，要引导学生学会在生活中积累习作素材。

案例分析

【案例 3-8】

《吃巧克力》教学实录①

米卫民

师：今天老师带来了一个百宝箱，同学们猜一猜里面装的是什么？

（板书：猜）（教师捧起箱子摇了两下，里面发出了响声）

生：我猜是石头。

生：羽毛球。

生：铅笔。

生：巧克力。

生：我猜是书。

师：不对。你看箱子上只有那么大一个洞口，怎么能装进去呢？猜要有根据，下面我请一位同学到前面来摸一摸，再猜。谁来摸？

① 米卫民. 吃巧克力课堂实录. http://cjc. szftedu. cn/blog/u/miwm/archives/2006/85. html，采用时间：2006-10-29.

（同学们积极举手；教师板书：摸）

（一学生大约摸了半分钟）

师：说一说你摸到的东西是什么样的？（板书：说）

生：有点儿尖尖的，还有纸包着。

师：再换一个摸一摸。

生：这是一个滑滑的、正方形的但又有点儿像长方形的物体。

师：再抓一把感觉一下。

生：好像形状是各种各样的。

师：同学们有什么问题想问她？（板书：问）

生：请问它的表面是光滑的，还是粗糙的？

生：粗糙的。

生：它是凹凸不平的吗？

生：不是。

生：请问它是尖的吗？

生：有的是尖的。

师：好了，请你把手拿出来吧！

（学生把手从箱子中抽出，但是手里捏着一块东西，教师赶紧把她手里的东西放回去，说：哦，你怎么把它拿出来了？）（众笑）

师：同学们，这时候你心中一定有新的答案了吧？（学生点头，举手）请把你猜的答案告诉同桌。（同桌互相说，议论纷纷）想急于知道答案的请举手。（全班同学都举手）都着急了？好，看老师写答案。什么？

生：（齐）巧克力。（板书：巧克力）

师：今天，老师带来了巧克力，干什么呢？请同学们吃巧克力。（板书：吃）我听到同学们发出了感叹。你们为什么"啊"的一声？

生：为什么带给我们巧克力呀？

师：她的脑子里产生了一个问号。

生：这是上课，又不是吃巧克力的时间？

师：这位同学说话前，吞了两下口水。

生：老师给我们上课，为什么带巧克力来？

师：他脑子里也产生了一个大大的问号。

生：上课不是让我们吃巧克力吧？

师：今天上课就是要吃巧克力。（学生惊奇）想吃巧克力的举手？（学生全

部举手）全都想呀？好，请小组长上来给大家发。注意，拿到巧克力不能吃，先看一看。（板书：看）

（学生拿到巧克力异常兴奋）

师：请同学们把巧克力拿在手里仔细看一分钟，看看你能发现什么？

（学生认真观察）

师：发现什么啦？你说说。

生：我的巧克力是用金纸包的。

师：发现包装独特。

生：我的巧克力是豆子形状的。

师：（拿起巧克力）再看看是什么形状的？

生：是花生形状的。

师：他发现了巧克力的形状与众不同。

生：我发现有的巧克力是用金纸包的，有的是用塑料包的。

师：你不但看了自己的，还看了别人的巧克力。再看看自己的巧克力有什么特点？

生：我的巧克力和那个同学说的不一样。我的巧克力不是长方形的，也不是正方形的，是啤酒桶形状的。

师：这上面写着什么字啊？

生：啤酒桶。

师：噢，你这块就叫"啤酒桶"巧克力吗？还有什么字，看到了吗？仔细看看好不好？谁再说说？请你说。

生：我的巧克力像一个鼓一样，上面还有黑色与白色的花纹。

师：你的也是啤酒桶形状的巧克力。还有不一样的吗？

生：我发现这块巧克力是××牌子的。

师：了不得！他发现自己的巧克力是有品牌的。还发现了什么？

生：我发现这块巧克力的保质期是 12 个月。

师：保质期这么小的字，她都发现了。有生产厂家吗？

生：也是××的。

师：真棒！你这块巧克力与别人的不一样，上面还有一个大大的——

生："福"字。

师：不能把它丢了，它会给你带来——

生：幸福。

师：同学们，看了自己的巧克力，你们发现了它的形状各不一样；（板书：形状）还发现了包装也不一样（板书：包装）。老师再请你们看着这块巧克力，你现在想什么？

生：想吃。（众笑）

师：着急了，口水快流出来了。他老是吞口水。

生：我想，这块巧克力是不是过期了？

师：（笑）尽管放心食用。老师不会买过期的巧克力给你吃的。还有不同的想法吗？

生：我想这块巧克力好不好吃？

师：那咱们就赶快尝一尝。注意，要讲卫生，撕开或者剥开包装纸以后，捏着包装纸把它送到嘴里。建议你先轻轻地咬一小口。好吗？

生：（齐）好！

师：开始吧。

（学生细细地品尝）

师：有的同学吃的时候先闻一闻它的香味。真会品呀！（发现一学生没有吃）你怎么没吃呀？

生：不舍得。

师：（笑）吃了吧，等下课后我再给你一块。（又发现一位学生没有吃）你怎么也没有吃呀？

生：我也舍不得。

师：咱们商量一下，吃一半，留一半，好不好？不吃怎么尝味道呢？谁说说你的巧克力是什么味道的？

生：我这块巧克力好甜哟！

生：我这块巧克力甜中带一点苦。

生：有一股奶油味，吃起来也是奶油味的。

生：我吃起来好舒服哟！觉得全身轻轻松松的，气味是香喷喷的。

师：你说得真棒！（发现一位同学还没有吃）你怎么还没有吃呀？不舍得啊？（笑）不行，你现在把它打开吃一小口。（该生吃一小口）什么味道？

生：嘴里很凉爽。

师：爽在口中，甜在心里。

生：我的巧克力是玉米形状的，闻起来也有一股玉米的香味。然后我尝了尝也有玉米的甜味。

师：哦，她的巧克力是玉米形状的，与众不同。（又发现一位不舍得吃的同学）这位同学，我劝你还是吃了吧（笑）。哪怕吃一小口，也要尝尝它的味道。（师一本正经）我不会让你们白吃的，明白吗？知道要干什么吗？

生：（齐）写作文。

师：真聪明！愿意写吗？

生：（齐）愿意！

师：看黑板，现在我们回顾一下刚才的活动。第一步，想一想我们刚才是怎么猜的？第二步，你的巧克力是什么形状的？用什么包装的？包装上有什么字？你想到了什么？第三步，回想一下你的巧克力是什么味道的？然后把它写出来。（板书：味道）好吗？

生：（齐）好！

师：这节课你不用全写出来，只选取一部分写就行了。老师给每一部分写了一个开头，请你接着往下写。

（老师分发作业纸）

师：请用钢笔书写。如果遇到不会写的字，怎么办？

生：（齐）用拼音代替。

师：好的，那就写吧。

（学生认真习作，教师巡视辅导；用时大约 12 分钟）

师：大部分同学已经写好了一个片段。现在咱们来看看你们的作文写得怎么样？咱们来评一评。谁来读一读第一部分？

生："百宝箱"里到底装的是什么呢？同学们踊跃竞猜，答案千奇百怪。有的猜是石头，有的猜是羽毛球，有的猜是铅笔，还有的居然猜是巧克力。我想："他太天真了。老师怎么会给我们巧克力呢？"我也不知道里面到底会装着什么？太神秘了！全班同学们（师：全班同学，不能加"们"）都在猜测着，里面到底装的是什么？老师公布答案了，真的是巧克力，我惊呼："怎么可能？"

师：怎么样？谁来评价一下？

生：很好！

师：不能只用一个词简单概括。

生：我觉得用上一些好词、好句会更好。

师：我觉得这位同学有一个地方写得特别棒。你们听："有的居然猜是巧克力。我想：'他太天真了。老师怎么会给我们巧克力呢？'"他把自己的想法写出来了。还有后面的："老师公布答案了，真的是巧克力，我惊呼：'怎么可能?'"前后呼应多好呀！这些都值得同学们学习。如果在"真的是巧克力"前面加上"竟然"一词，表示惊讶，就更好了。你们注意他忽略了什么吗？

生：×××上去"摸"没有写。

师：对呀，刚才×××同学上来摸巧克力，说了什么？同学们问了些什么？如果把这些也写出来，就更具体了。好的，这位小伙子很棒的！还有哪位同学读读第一部分？

生："百宝箱"里到底装的是什么呢？同学们踊跃竞猜，答案千奇百怪。有的猜是石头，有的猜是作文本，还有的猜是文具。结果老师说："都错了。要不叫人来摸一下?"我们听了都立刻举起了手。老师看了一下，选了×××。×××上去摸了一下，就抓起那个东西往外拿，被米老师阻止了。（师：观察得多仔细，连老师阻止苏茵桦的这个细节都写到了）米老师还让同学们问她，同学们问了很多问题，她都一个一个地答出来了。

师：写得真具体。建议把猜测的结果和答案也写上去。请坐下！谁来读一读第二部分？

（学生踊跃举手）

生：看，我的巧克力的包装上写着三个大字：啤酒桶。我看到这儿感到很奇怪，就拿着巧克力仔细看了看，才发现这块巧克力跟啤酒桶的形状一个样。啤酒桶的颜色黑白相间，像大海上的波涛一样，真漂亮！我看到这儿直流口水，像一个闻到腥味的小馋猫一样。我咂巴着嘴巴，我多么想吃巧克力呀！

（掌声）

师：你觉得哪些地方写得好？

生：她写得很生动，而且用上了一些好词、好句。

师：说一说令你难忘的好词、好句。

生：最难忘的是（该生说不出来）——

师：一下想不起来了，太多了是不是？

生：是！

师：请坐下。你们听："我看到这儿直流口水，像一个闻到腥味的小馋猫一样。"这些句子多生动呀！哪位同学读一读第三部分？

生：啊！终于可以吃巧克力啦！我早就等得不耐烦了，于是，我迫不及待却又小心翼翼地把金灿灿的糖纸剥开，那是因为我怕巧克力掉在地上被小蚂蚁抢走了。（师：你真会想象）我立刻轻轻地咬下一小口，太好吃了！我干脆把

整个巧克力塞入口中（师：这个"塞"字用得好），美美地咀嚼起来。啊，真棒，真让我回味无穷！（掌声）

师：谁说一说她写得怎么样？

生：她用了很多好词、好句。

师：好词、好句对我们写作文很有帮助，希望同学们多读书、多积累。你想说什么？

生：我想读读自己的。

师：好，读吧！

生：啊！终于可以吃巧克力啦！香喷喷的、甜甜的味在我嘴里慢慢融化，感觉像在天堂里一样舒服，真美啊！当我第二次咬一小口的时候，我忍不住又轻声说："嗯，真美味呀！我还想再咬一口，好，再咬一口。"（师：心里美得自言自语）我已经像小馋猫一样啦！当我第三次又咬一口的时候，哇！真是一次比一次吸引我，一次比一次回味无穷。啊，我真想一口吃光。慢慢地，巧克力被我吃光了，我还陶醉在巧克力的香味中。（笑声，掌声）

生：我也想读一下自己的。

师：好，你读吧！

生：啊！终于可以吃巧克力啦！我兴奋极了，望着巧克力别致的形状，我真有点舍不得。我想来想去，还是吃了吧。我先轻轻地把巧克力剥开，然后，轻轻地咬了一小口。啊，别提有多甜啦，甜中还带点儿玉米的香味。噢，因为我的巧克力是玉米形状的嘛。吃完后，我抿抿嘴巴，真是回味无穷，这是我第一次在课堂上吃巧克力。（掌声）

师：同学们，没想到你们这么恰当地运用上了积累的一些好词、句，看样子这次的巧克力没有白吃，我现在请三位同学把三部分连起来读一读。

（略）

师：这三部分都写下来还不算一篇完整的文章，还缺少开头和结尾，希望同学们下节课把它们完成。课上到这里，我想问一问你们有什么收获？

生：我的作文水平有点提高了。

师：噢，（笑）立竿见影。

生：我学到了写作文的知识。

师：能不能说具体一点？

生：我学会了怎么用好词、好句。

师：看看黑板，还有没有别的收获？

生：自己亲身体会到的东西才会写得更生动。

师：这一点非常重要，要自己去亲身体会，把自己的感受写出来就是作文。生活当中我们还要学会——

生：仔细观察。

师：对，观察是写作的基础，只有观察得仔细，我们才能把文章写好。通过这节课，你想一想是不是只有用眼睛看，才叫观察？

生：（齐）不是。

师：我们不但要用眼睛去看，还要动手去触摸，用鼻子去闻一闻，用嘴巴去尝一尝，这才是全方位的观察。同学们，我希望你们都能做生活中的有心人，学会观察，把作文写得越来越棒。好不好？

生：（齐）好！

师：下课。

众所周知，写作的素材来源于生活，习作内容越贴近学生生活，就越易于学生感悟和表达。三年级学生刚踏入习作之门，生硬的习作题目与习作要求，会大大扼杀孩子们的习作兴趣。案例中，教师巧妙地利用学生生活中最熟悉的事物——"巧克力"做起了文章，既唤醒了学生的生活经历，又调动起学生的热情，并伴随于习作教学的全过程，学生的观察能力和表达能力就自然得到了提高。

观点建议

"问渠哪得清如许，为有源头活水来"，要写好作文，使文章言之有物，必须有一个寻"源"取材的过程，这是对作文材料的搜集、感知、体验、积累、梳理的过程，是一个情感的引发、酝酿的过程。发掘写作素材是写好作文至关重要的环节。

一、深挖教材

教科书中蕴含着极其丰富的可供学生进行创新习作的资源，我们应加以开发与利用，从而以读促写、以写促读，实现习作与阅读的双赢。

（一）仿写

孩子的学习是从模仿开始的，写作也不例外。在阅读教学中，教师要善于挖掘这样的训练点，引导学生模仿创新，从而提升语言能力。例如，学完诗歌《四季》，可以让孩子们仿照课文，结合自己的生活经历来写一首小诗。

（二）续写

在教完《小摄影师》后，可以让孩子们展开想象，小男孩再次回到高尔基的住处时会出现怎样的情况？续写在训练学生写作能力的同时，还考察了学生的阅读理解能力。学生要想续写出下文，就要依据原文来构思创作，构思创作出下文还不够，还要通过写作将其表达出来。

（三）扩写

选入教材的都是经过锤炼的文章，往往有一些高度概括的语句，教师可抓住概括处，进行扩写训练。例如，在《地震中的父与子》里有这样的描写："他（父亲）挖了 8 小时，12 小时，24 小时，36 小时，没人再来阻挡他。他满脸灰尘，双眼布满血丝，衣服破烂不堪，到处都是血迹。"短短的两句话所描写的内容是丰富的。教学中，可以让学生想象父亲在不停的挖掘过程中会遇到哪些困难，他又是怎样克服的呢？学生们会想象到：父亲会渴，会饿，会累；还有学生想象到：他的双手会被搬不动的巨石和玻璃碎屑弄得血肉模糊，等等。学生在想象的过程中，从时间上体会父亲的劳累，从过程中体会父亲的执著，从父亲的形象上体会他所经受的常人无法想象的肉体上的痛苦。通过入情入境的想象，孩子们会更加深切地体会父亲对儿子执著而无私的爱，同时也为扩写训练提供了广阔的空间。

（四）写画

语文课本中有着丰富、精美的插图，这也是我们可以开发利用的习作资源。写画，就是在理解课文内容的前提下，让学生对文中的插图进行观察、展开想象，进而展开写作训练。比如，在学习《清平乐·村居》时，可以要求学生看其中的插图来编个故事：一所矮小的茅屋，紧靠着茅屋有一条流水淙淙、清澈照人的小溪，溪边长满了碧绿的青草。一对满头白发的翁媪，亲热地坐在一起，一边喝酒，一边聊天。大儿子在溪东豆地里锄草，二儿子在家里编织鸡笼，三儿子不懂世事，只知任意地调皮玩耍，躺卧在溪边剥莲蓬吃……在这样的训练中，学生要以材料的内容为基础，根据自己的生活经验，去展开合情合理的想象，进而扩展成一篇内容具体、结构完整的文章。

二、学科整合

作文伴随着我们生活的每时每刻，伴随着我们的进步和成长。它形式多样，内涵丰富，让所有学科的教师都关注作文，形成作文教学的合力，既可以促进学生作文水平的提高，也可以通过整合、浓缩教学内容，提高教学效率，达到作文和学科教学的共同提高。

（一）与品德与生活学科整合

新一轮课程改革将原来的《思想品德》改为《品德与生活》，以"生活"为基点，融知识与生活于一体，做到内容源于生活，又指导生活。在学习《我是中国人》一课时，学生们了解了中华民族的祖先、少数民族的民俗民风、传统的中国节日、感人至深的历史故事……有了这样的情感积淀，一篇篇个性鲜明、独具特色、情真意切、感人至深、发人深思的习作便呈现在了我们的面前。

（二）与体育学科整合

体育活动中蕴含着丰富的写作资源，在体育活动中，孩子们需要调动眼、耳、鼻、嘴等多种感官参与，通过观察、模仿、描绘来掌握动作的要领，增强动作的协调性，在体验活动乐趣的同时提高实践能力，这些都为写作提供了很好的素材。

（三）与音乐学科整合

"激发学生展开想象和幻想，鼓励写想象中的事物。"是《语文课程标准》赋予作文教学的新理念。音乐可以为孩子们创造出一个神奇、美妙、瑰丽的童话世界，为孩子们提供可供想象的广阔空间，丰富孩子们的内心情感。同时，音乐教学也在培养着学生的观察、思维、想象、记忆和表达能力。可以说，音乐教学既为作文教学提供了写作素材，同时又为作文教学提供了能力准备。

（四）与美术学科整合

美术教材的很多内容都从孩子心理发展的需要、特点出发，注重爱护学生的好奇心，发展学生的想象力。这些内容本身就具有很强的发散与创造的空间。以此为切入点，将写作教学与美术教学整合在一起，可以实现作文教学素材的合理开发。

（五）与科学学科整合

儿童思维以形象思维为主，他们对科学原理的认识要借助大量生动的、感性的具体材料；儿童作文要写出真情实感，同样需要儿童的亲身体验。在动手操作的过程中，学生体验到科学实践带来的乐趣，获得了真实的情感体验和操作乐趣。此时，再让他们将自己的所见、所做、所思、所感写下来，就一定是水到渠成的事了。

除此之外，作文教学还可以和信息技术、综合实践、校本课程乃至数学、英语等学科相整合。但在操作过程中，我们一定要明确的是作文训练有它自身的规律，学科教学也有它自身的体系。不同的学段，作文训练的内容、方法都有差别，学科教学的方式、要求、内容也不同。不是所有的学科教学内容都适合作文训练，都适合成为学生的作文内容，所以，我们的首要任务是确定作文与学科教学的整合点，从中筛选出适合作文训练的内容，在共同目标的导引与要求下，呈现出高度的和谐与自然。

三、创设情境

要提高学生的写作水平与质量，仅仅靠课本里的习作资源是不够的，教师要善于创设教学情境，引导孩子细心观察、用心体验，激发孩子的写作热情，在轻松、自由、愉悦的情境中进行习作。

（一）活动情境

活动能让学生获得体验，发展能力。丰富多彩的活动情境，既有益于学生身心健康的发展，又有利于学生写作能力的提高。游戏、体育、文娱、手工制作……都是学生非常喜欢的活动。刘勰《文心雕龙》里说过"情动辞发"，孩子们结合自己的经历、体验，获得的成功、遇到的困难……就会有说不尽的话语，写不完的精彩。

（二）实物情境

为使学生认识或熟悉某一事物，可选取实物让学生观察，以实物来演示情境。实物情境以其形象具体和贴近儿童生活为儿童所熟悉喜爱，描写实物情境的作文也由于实物形象的具体可感而为儿童乐于接受。

（三）艺术情境

艺术情境包括图画情境、音乐情境和表演情境。艺术情境以艺术形象作为儿童的感知表象，以审美的形式强烈地感染着儿童。独特的艺术感受，成为学生写作的第一手材料，不仅丰富了学生的内心体验，还提高了学生的认识水平，把自己的想象力和创造力都尽情地释放出来。

四、实践活动

实践活动是鲜活的作文素材资源。没有实践，脱离生活，就不可能有物而言，有感而发。

从参与活动的主体来看，可分为指导型和自能型：指导型是指有目的有计划地组织学生走出课堂、走出校门去调查访问、旅游观光、劳动体验等；自能型则主要是指学生亲自参与且较随意地参与活动，它所体现的是个人动眼、动脑、动手、动口、动笔的活动过程。从活动组织的形式来看，作文活动课又分为集中型和分散型：集中型指以学校、年级或班级为单位组织的参观、竞赛、劳动等；分散型指以小组或个人形式搞的采集、摄影、办小报、做家务、自理劳动等。①

在开展各类作文实践的活动中，首先，要让学生带着轻松、愉悦的心情投入实践活动，不增加学生的心理负担和作业负担；其次，在活动过程中，尽量减少带有目的性的写作指导，如若指导，也尽量做到"不着痕迹"；最后，明

---

① 张国良．引导儿童学会积累写作素材的策略研究．http：//www.pep.com.cn/xiaoyu/jiaoshi/jxyj/zuowen/200512/t20051212_237808.htm，采用时间：2005-12-12.

确活动目的，引导学生关注自然、关注社会，形成积极的人生态度，以提高综合能力为主，为作文积累素材为辅。

五、放眼生活

长期以来，我们的作文教学处于一种相对封闭的状态，作文的外延远远小于生活的外延。习作教学要从课内走向课外，我们要从开发与丰富学生的生活空间入手，利用学校、家庭和社会上的各种资源，引导学生融入生活、观察生活、体验生活，积累丰富多彩的习作素材。培养学生留心观察生活，及时捕捉习作素材的能力。

（一）校园生活

小学生对学校生活最熟悉，课堂上的个性表达、独特体验，课间活动中的嬉戏玩耍、成败得失无一不是写作的素材。

（二）家庭生活

小学生除上学外，其余的时间一般都在家庭度过。家庭中的成员、家庭中的生活场景、家庭成员间其乐融融的亲情交流……都可以成为很好的写作素材。

（三）社会生活

社会是个大课堂，学生能在社会生活中开阔视野。教师应引导学生关注现实，热爱生活，有计划、有组织地开展学生喜闻乐见、丰富多彩的实践活动，尽可能扩展学生的生活空间，让他们接触自然、深入社会，学生自然也就能写出真情实感带有生活气息的作文来了。

专题四 给作文插上想象的翅膀

《语文课程标准》在第三学段关于写作的要求中提出："能写简单的想象作文，内容具体，情感真实。能够根据习作内容的表达需要分段表达。"在教学建议中提出"鼓励学生写想象中的事物"。

"想象作文"是《语文课程标准》对作文教学改革着力提倡的一个热点话题，同时也表现出了作文教学理念方面的几点变化：首先，丰富了习作内容。想象作文是作文的一种形式，是以对人脑中的表象进行加工改造而创造的新形象为内容的作文。相比较过去单一写"自己看到的、经历过的、想到的"，"想象作文"拓宽了学生的习作内容"采集"渠道，丰富了学生的习作内容，但和纪实作文一样要求要做到内容具体、感情真实。其次，满足了对未来的憧憬。想象来源于现实生活，是以解决问题为核心、为线索的。小学生的想象往往不太现实，但充满憧憬的神奇色彩，通过想象满足他们的内心需求，从而使他们对未来生活信心十足，想方设法超越现实。再次，培养了创新意识。作文本身就是一种创造性的脑力劳动，要求学生具有主动的创新意识。想象，是作文的翅膀。陆机曾说，创作要"笼天地于形内，挫万物于笔端"。大胆、丰富、合理的想象，能使文章生气盎然、光彩夺目。想象作文训练是培养学生创新意识的有效途径。最后，回归了儿童的本真。儿童有着不同于成人的精神世界，有着自己独特的表达方式。儿童作文所反映的是儿童自身的认知能力和感知能力，体现儿童对生活的发现和感受。要想让孩子写出具有灵性的文字，就需要我们尊重儿童的视角，把儿童当做有独立价值的人来肯定，让儿童去自由表述内心的感受。

案例分析

【案例 3-9】

"夜色" 教学片段

师：同学们，夜色静悄悄地来临了，请大家闭上眼睛……此时此刻，你仿佛听到了什么？看到了什么？感受到了什么？

（在轻柔的音乐声中尽情想象）

师：谁来告诉我们，在这静谧的夜色中，什么最令你陶醉？

生：微笑轻柔地吹来，将我的头发微微吹起，我感觉脸上痒痒的。

生：空中飞来飞去的小虫们，在蝉的叫声中跳起了美丽的舞蹈，小昆虫们越聚越多，它们要在路灯下开场午夜舞会呢！

生：太空中的外星人正驾驶着飞碟在地球上空悄悄航行，地球上美丽的夜色将他们深深吸引住了，他们情不自禁地将飞碟停了下来。

生：月亮上的小精灵们从窗口跳进了我家，它们在我的书桌上唱歌、跳舞、做游戏，最小的那个小精灵不小心撞到了我的铅笔盒，他吓了一大跳，连忙躲到了书桌下面去，怕把我吵醒了。

师：亲爱的同学们，夜色如此美好，如此神秘，如此令我们充满向往和想象，请大家快拿起笔，尽情放飞想象，将这夜色永远留下来吧！

【案例 3-10】

这是一位教师结合人教版教材二年级上册中的《从现在开始》引导学生展开想象写下的习作：

从现在开始

动物王国里的狮子大王年纪大了，想找人接替他做"万兽之王"。于是，他宣布："从现在开始，你们轮流当'万兽之王'，每人一个星期。谁做得好，谁就是森林王国里的新首领。"

第一个星期，轮到斑马上任了。他立刻宣布："从现在开始，你们都要拿黑色和白色的油漆，在身上一道道地画上黑白相间的斑纹，并且像我一样，只能吃草。"动物们听了都议论纷纷，可是又不得不服从命令。一个星期下来，动物们不仅得了皮肤病，而且都营养不良了。

第二个星期，轮到小鸟当"万兽之王"了。他兴奋地命令："从现在开始，你们都要学习飞翔和吃虫子。"动物们听了，都说："我们不会啊！"小鸟不等大家说完，拍了拍翅膀，得意地说："不会也得学！"大家听了，都很不服气。一个星期下来，动物们说话都变得叽叽喳喳的了。

第三个星期，轮到猫当"万兽之王"了。他舔舔舌头，"喵"了一声："从现在开始，每个人都要在树上生活，都要吃老鼠。"动物们都说："这太不像话了。"猫又"喵"的一声，爬到树上睡大觉去了。

接下来的一个星期，动物们开始起义了。他们纷纷向狮子大王反映："不能再这样轮流下去了，再这样下去，动物王国就要混乱了。"

正在这时，人类来到了动物王国，他们帮得了皮肤病的动物们涂上速效药膏，又将动物们都送回了本该属于他们的家园。一个星期过后，所有的动物，包括狮子大王，都围拢在人们的身边，小鸟站在人们的肩膀上，小狗在人们的脚前脚后跑来跑去……

瞧，小动物们正用他们自己的方式在欢迎动物王国里的"新首领"呢！

【案例 3-11】

2009 年的端午节恰逢双休日，一位教师鼓励孩子们以自己喜爱的形式来记录下这次小长假的经历。让我们来看看下面这位同学的假日创作——

我的端午节
——梦游 2019

咦？这里哪里？Stop！今天是哪年哪月哪日呀？快看看日历！啊？不会吧？怎么是 2019 年五月初五？难道我已经 21 岁了吗？难道我要在 2019 年过端午节了吗？不管那么多了，先出去转转再说！

哇！不用油的太阳能汽车，只有一个手指甲盖那么大的手机，满街的智能机器人警察……天啊！这些琳琅满目的高科技产品都是我从来没见过的，真是让人大饱眼福呀！

"加油！加油！"一阵阵加油的呐喊声清晰地传来，强烈的好奇心驱使我以迅雷不及掩耳之势冲向不远处的江边。噢！原来人们正在这里举行"2019端午龙舟大赛"。看来，我来得正是时候。眼看比赛就要正式开始了，我焦急地围着赛场绕了整整两圈，就是没有发现哪里有龙舟卖。不会吧？难道我真的要错过这次千载难逢的时空大赛？

突然，一位白发苍苍的老爷爷向不远处的垃圾站里扔了一个破澡盆。"哈哈！龙舟有了！"我三步并作两步地跑到垃圾站边，三下两下就将破澡盆改装成了一艘颇具创意的"四不像"龙舟，等到我气喘吁吁地跑到比赛起点时，比赛开始的枪声刚刚响起。看来，一场惊心动魄地"血战"就要开始了。

"一——二——一——二——"一条条龙舟向终点飞驰而去，好似一条条飞龙在水面飞腾。天哪，我竟然忘了准备船桨，算了，就用手臂代替吧！我拼命地挥舞着双臂，不知哪来的神力，我的龙舟竟然以不可思议的"光速"飞驰起来。5条，4条，3条，2条，1条，我的龙舟竟然超越了所有对手，我的每个神经和细胞都空前地兴奋了起来。

"胜利在向我招手了！"就在我得意忘形之际，我忽然发现大事不妙——"惨了，龙舟漏水了！"我正急得团团转，只听得"啊，咚——"的一声。原来，是一条名叫"飞龙号"的龙舟由于躲闪不及直直地撞上了我的"四不像"龙舟。我的"四不像"顷刻间彻底报废了！"哦，My God！我的冠军梦难道真的要在临近终点时破灭吗？"我不敢相信眼前的事实，更不敢睁开眼睛。

"耶！"震耳欲聋的欢呼声将我包围了，我连忙睁开眼睛想看个究竟，发现自己竟然被人们抛举到了半空中。"怎么回事？"原来，就在我的"四不像"被"飞龙号"撞到的一刹那，我也被撞飞了出来，这一飞，我刚好稳稳地落在了冠军的领奖台上！

"哈哈，真是塞翁失马，焉知非福呀！"

正在我高举双臂向为我欢呼祝贺的人群致以谢意的时候，只听到一声："莘莘，起床了！今天是端午节呢！"妈妈的喊声将我从美梦中唤醒。

"哎！"我非常不情愿地睁开了双眼，哭笑不得地开始了2009年的端午节！

生活中从不缺少充满灵性的作文，缺少的是充满创作灵性的一颗慧心、一双慧眼。有了这颗慧心、这双慧眼，遥不可及的宇宙、星河可以入文，近在身旁的尺子、橡皮可以成篇。爱因斯坦说："想象力比知识更重要，因为知识是有限的，而想象力概括世界上的一切，推动着进步，并且是知识进化的源泉。"与成人相比，孩子更善于想象和幻想，他们的想象总有着意想不到的神奇与美妙。以上的三则案例，学生的思维完全超越了时间、空间的限制，这不仅极大程度地调动了学生的知识储备，也最大程度地挖掘了学生的想象力；表面看起来这是一种对于美好、和谐生活的憧憬与向往，实则渗透着学生对生活的激情、对生命的体验、对人生的感悟。

另外，这三则案例不仅向我们展示了拓展想象作文渠道广阔而多样的途径，更为难能可贵的是它们准确地把握了《语文课程标准》所提倡的想象作文的本真价值所在，即一方面要运用奇思妙想来摆脱写实作文对想象力可能产生的束缚，同时又从本质上引导学生的想象应当直面现实生活的真情抒发和由此及彼的探究思考。

观点建议

秦牧说过："想象是一副能使思维飞翔起来的翅膀。"写好想象作文，对于开阔视野、丰富思维、培养和提高学生的创新能力是大有裨益的。想象作文是作者根据已有的生活经验和知识，借助想象的翅膀，超越生活实际构思出从未见过的或者根本不曾出现过的生活图景，并达到某种表达效果的文章。在作文教学中，教师要善于挖掘教材中的想象之源；捕捉、创设生活情景中的想象之点；引导学生展开想象的翅膀，大胆想象，养成想象的习惯，从而提高写想象作文的水平。

一、创设情境、激活想象

叶圣陶先生说过："受教育的人的确跟种子一样，全都是有生命力的，能自己发育成长的，给他们充分的合适条件，他们就能成为有用之才。"对于作文教学来说，"充分的合适条件"，就是要创设适宜学生作文的情境。情境创设的载体可以是时尚漫画、经典绘本、流行音乐、新闻图片、探险活动等。通过这些具体、生动、独特的情境，为学生提供一片广阔的想象的天空，充分调动学生的各种感官参与教学活动，使学生在愉快的体验中丰富语言、积累语言，展开丰富的想象进行习作。

习作教学中，学生主要的学习场所在课堂，不可能事事都亲身经历、感受一番，通过特定作文情境的创设，学生的思维与情绪可以得到积极的调动，学生的写作兴趣得以激发，学生的生活积累得以唤醒，学生的情感体验得以丰富，想象的闸门自然被打开。

二、借助课文，拓展想象

小学语文教材是编者根据学生年龄特点、认识规律、学习能力，经过认真筛选编成的，课本之间具有内在逻辑联系，整套教材是一个完整的体系。选入教材的文章，都是思想性、艺术性俱佳的上乘之作。这些文章都是作者通过对生活现象的观察、分析、综合、概括，运用语言文字这个载体，表达作者的观点、态度，或隐或显地寓含着各种不同的形象，它们既是学生习作的范例，也在许多地方给学生留下了广阔的想象空间。

我们在进行教学时，不仅要进行文化知识的传授，还要充分利用教材，寻找与学生实际能力和需要的契合点，启发学生展开想象的翅膀，循序渐进地对学生进行想象能力的培养。

比如，学习《黄山奇石》一文，课文的最后对"天狗望月""狮子抢球""仙女弹琴"这几块奇石只是一语带过，没有进行细致的描写。教学过程中，我们可让学生模仿课文前几个自然段的写法，通过想象将这几块岩石写具体或是来描写自己心目中的"黄山奇石"。再如，《穷人》一课以"桑娜拉开了帐子"结束全文，这可以给学生带来无限的想象空间，他们接下来的生活会怎样？桑娜夫妇收养了西蒙的两个孩子以后会发生怎样的故事？于是，我们可以让学生以《桑娜拉开帐子》为题，依据课文的情节与人物的性格特点，按照自己的构思，将课文续写下去。这样的训练形式，既强化了教育效果，又促进了学生想象能力、思维能力、表达能力的统一发展。

三、观察图形，自由想象

表象是想象的基础，而图形则是人们最直观的表象，是表象的缩影。教师经常引导学生对一些简单的图形进行多角度、全方位地仔细观察后，学生会发现，同一图形，不同角度、不同方位可以引发不同的想象。这样的训练可以培养学生的求异想象思维、逆向想象思维，拓宽学生的想象空间。比如，有一位教师在作文课一开始，让同学们认一认三条不同的线，分别是竖线、横线和曲线，并且讲了一个名叫"线条的梦"的童话故事。故事里，小猴子顺着竹竿（竖线）爬到天宫摘桃子；小马走过一条长长的路（横线），到绿色的草原上吃草；小熊在参加森林运动会，他抛出的铅球（曲线）在天空中划出一条优美的线条，最终获得了冠军。接着，这位教师又出示了一个简单的黑色线条勾勒的半圆，让学生为这个半圆想象出至少五个新形象。孩子们的回答很有趣，有人说它像一枚硬币，有人说它像一块饼干，还有人说它像一只把头缩进进了壳里的乌龟。在驰骋的想象中，学生思维的火花不断得以激发，想象思维和创新能力也逐渐提高。

四、展望未来，放飞想象

法国大作家雨果曾经说过："世界上最广阔的是海洋，比海洋更广阔的是天空，比天空更广阔的是人的心灵。"既然人的心灵如此广阔，我们就要帮助学生打开尘封已久的心灵之窗，让他们放飞想象的翅膀，大胆绘制未来的蓝图，在广阔的天地中自由地翱翔。

想象是打开儿童智慧之门的一把钥匙。在对未来的想象中，儿童的思维模式明显与成人不同，他们往往喜欢打破时空界限，使"未来"在现实中诞生。在想象中，有的孩子表现出了对未来坚定的信心，有的孩子表现出了对于我们人类赖以生存的地球家园强烈的忧患意识，还有的学生让战争与民族冲突在瞬间灰飞烟灭……这些想象都有着独特而又鲜明的个性，闪耀着智慧的火花。

五、变换角度，换位想象

写作中，学生往往对于自己熟悉的生活感到无话可说，很难写出新意。面对这种情况，我们不妨帮助学生进行换位思考。所谓换位思考，就是跳出自我，变换思维的角度来看待周围的人事。

首先，可以进行角色换位。将自己变换为生活中熟悉的角色。比如，父母、老师、交警、医生、市长等。在这种身份、地位、年龄、职业等角色的变换中，学生们往往能开掘出独特的写作视角，将常见的题材写出新意。其次，可以进行时空换位。在我们身边，有很多人人皆知的历史事件、文学名著、民间故事等题材，引导学生假想自己就是那个时期、地域中的某个人物，或者这些人物身在当世，会有怎样的际遇，会发生怎样的故事。再次，可以进行物化换位。就是把自己设想为人类之外的动物、植物或是生活物品，甚至是天地间的任何一种非生命体，站在它们的立场上，使用它们的语言，体会它们的感受，进行童话式的构思。最后，可以进行语言换位。长期以来，学生的作文语言总是跳不出"语文式"的圈子。其实，他们学了很多门课程，每门课都有自己独特的思维方式，都有其独特的语言表述形式，如果能引导学生恰如其分地变换、使用其他学科语言的描述方式，文章说不定就能远离单调乏味而令人耳目一新。

在结束这个话题之前，还想与大家共勉的是想象作文是习作训练中的重要一环。学生在一定阶段的想象作文的水平，与本阶段的语文学习密切相关，体现了心理活动与能力开发共同作用的结果。作为教师，需要不断选择、捕捉想象作文的触发点，使学生的心理活动始终处于积极状态，习作水平自然会在螺旋上升的过程中得到升华。

专题五　指导学生进行个性化写作

在过去的习作练习中，我们常常能看到这样的题目：《记一件有意义的事》，如今许多教材将这个题目改成了《记一件有意思的事》。仅仅一字之差，我们却可以从中看出两种不同的写作要求和习作教学理念。

《语文课程标准》从学生个性发展的角度出发，强调："要养成留心观察周围事物的习惯，有意识地丰富自己的见闻，珍视个人独特感受，积累素材"，"为学生的自主写作提供有利条件和广阔空间，减少对学生写作的束缚，鼓励自由表达和有创意的表达方式。"素质教育以提高学生的实践能力和创新精神为重点。在作文教学中鼓励学生进行个性化表达，是在语文教学领域里对素质教育的践行，也是当前作文教学改革的重要内容。

案例分析

【案例 3-12】

话题作文："快乐"教学实录

第一部分：游戏导入

师：上课前咱们先来做个游戏，放松一下，好不好？

生：好！

师：我今天给大家带来了一位朋友，他的名字叫"快乐天使"。

生：快乐天使？

师：是啊，快乐天使现在就藏在这个盒子里面，想不想看看他长得什么样？

生：（兴奋地）想！

师：别急，"快乐天使"在和大家见面前，请我帮他转达两个小小的请求：第一，和他见面后，要将他的样子保密，先不告诉身边的同学；第二，"快乐天使"说了，谁的笑容最灿烂，让我们一看就能感受到快乐，他就和谁见面。

让我来帮忙看看，谁的笑容最灿烂？

师：好，就请你先来和"快乐天使"见面。

（学生走至讲台前，往教师事先准备好的盒子里看了一眼，随即笑容满面）

师：看清了吗？

生：（微笑地）嗯，看清了。

师：还有谁想来看看？

（学生异常兴奋地举手）

师：大家瞧，这位同学不仅笑得很灿烂，眼睛里还透露出真诚的期待，就请你来！

（学生兴奋地走上前，也往教师事先准备好的盒子里看了一眼，随即也笑容满面）

师：看到"快乐天使"的样子了吗？

生：（笑得更开心了）嗯，看到了！

师：嘘，记得保密哟！

生：（笑）好！

师：请回座位。

（学生热烈而期待地举手）

师：大家把手举得这么高，是不是都想知道"快乐天使"长得什么样？

生：是！

师：那好，咱们现在请刚才这两位同学来说说，"快乐天使"究竟长得什么样？

生："快乐天使"长着大大的眼睛，梳着两个小辫子，脸上带着微笑。

生："快乐天使"留着小平头，一笑起来有两个小小的酒窝。

师：原来"快乐天使"还会变魔术，看到不同的人就变成了不同的样子呢！

生：哦，我知道了，盒子里是镜子！

师：是吗？让咱们来看看。

（举起盒子）

生：是的！

师：没错，盒子里的确是一面镜子。孩子们，其实这个小游戏就是在告诉咱们："快乐天使"就是我们自己，快乐时刻都围绕在我们身边！

师：咱们今天就来聊聊快乐，好吗？

生：好！

（板书：快乐）

第二部分：快乐发现

师：其实，生活中的快乐是无处不在的，关键是需要我们有一双发现快乐的眼睛。

师：咱们先来比比眼力，看看谁能最先从下面的一组图片中发现快乐。

（板书：发现）

（教师播放课件：拔河的场面）

生：这些同学在拔河，他们个个都很用力。

师：没错，大家发现他们的快乐了吗？

生：从他们的表情中我发现了快乐，他们每个人的脸上都有胜利的渴望。

生：我发现，他们的快乐在与大家的合作中，这份快乐是属于照片上的每一个人的。

师：说得真好！

（教师播放课件：生日场面）

生：这幅照片上的同学都是快乐的，他们在给中间的那位同学庆祝生日。

生：他们在一起吃蛋糕、唱生日歌、送生日礼物和祝福，当然是快乐的。

生：我一年中，最快乐的就是生日这天了。

师：是呀，这是成长中快乐的瞬间。

（教师播放课件：学习的场面）

生：这位同学回答对了一道问题，他笑了，他是快乐的。

生：他一定是经过了很认真的思考，因为其他同学都没有举手。

师：嗯，认真思考与获得知识都会令我们感到快乐。

（教师播放课件：植树节的场面）

生：这些人在种树，他们今天种下了一棵小树苗，"明天"就可以看到大树了，他们是快乐的。

师：是呀，他们种下的不仅仅是一棵棵小树苗，同时将一颗快乐的种子也种进了自己的心田。

（教师播放课件：运动员在赛场中顽强拼搏的场面）

生：这些运动员是快乐的，他们在赛场上个个都很努力。我想，他们一定能取得金牌。那时，他们一定会很快乐。

生：我觉得，就算他们取得不了金牌也应该是快乐的，因为他们努力了，他们就不会觉得后悔。

师：说得真好！进取、拼搏过程中的快乐，同样也是值得我们骄傲和回味的。

（教师播放课件：丛飞和他捐助的孩子们在一起欢聚的场面）

生：这是丛飞叔叔，他是我们深圳的骄傲，他捐助了很多需要帮助的小朋友，他虽然得了重病，但他依然很快乐。

生：照片中的这些孩子们也是快乐的，他们得到了丛飞叔叔的帮助，又可以上学了，他们也是快乐的。

师：是的，付出爱和得到爱都是快乐的。

师：亲爱的同学们，看来每一个快乐的瞬间都逃不脱你们敏锐的眼睛。现在，让我们把目光锁定在这个教室，就在你身边找一找，你觉得咱们班谁是最能给大家带来快乐的人，是咱们班的"快乐天使"？

师：请大家依据以下三个问题，先在学习小组内讨论一下。

［教师播放课件：

A：你为什么推荐他？

B：他什么时候带给过大家（你）快乐？

C：回忆一下，他的哪件事让你感到快乐了？］

生：（小组讨论后）我推选陈××，去年的新年联欢会上，陈××给我们表演了一个小品，演得特别好，当时我们班的同学和老师都笑了。

师：是什么小品？

生：就是赵本山的小品，他在里面演赵本山，演得特别像。

师：还记得他当时是怎样表演的吗？

生：他就穿着一件很旧很旧的衣服，头上还戴着一顶帽子，还有些驼背，他一出场我们全班就笑了。他说起话来，声音也非常非常像赵本山，我们全班都快笑出眼泪了。

生：还有，当时他演的是《昨天·今天·明天》，不过里面有很多台词，都是他自己改编的，我还记得最后一句，赵本山的小品里说的是："来时的火车票谁给报了？"而陈××把这句改成了："期末的三好学生谁能投我一票？"

生：对对，当时我们全班同学都举了手，他就模仿赵本山的样子说了句："谢谢啊！"

生：他平时也常常带给我们快乐。

师：哦？说说看。

生：我和他是一个学习小组的，他是组长，每次都能合理地给我们大家分配工作，还常常带着我们一起排练表演，我们小组每次的发言或表演都是很棒的！

师：能举个例子吗？

生：那次我们学习《狼牙山五壮士》这篇课文，当时老师让我们小组内讨论。我们小组找到了很多令人感动的句子，陈××就给我们分工。最后，我们小组汇报时，我们每个人都谈了最令自己感动的句子，然后大家再一齐将这些句子合作读给全班同学听，有的地方一个人来读，有的地方大家齐读。当时，是学校的公开课嘛，所有听课的老师都给我们鼓掌呢。

师：看来陈××不仅具备出色的表演天赋，还具有出色的组织能力，真不愧是同学们一致公认的"快乐天使"。让我们来认识一下这位给我们带来快乐的同学，他是谁？

（一生起立）

师：很高兴认识你。（走上前去与陈××握手）

（众生笑）

师：你看，同学们推选你是咱们班最能给大家带来快乐的人，你有什么想对大家说的吗？

生：我很开心，能给大家带来快乐，我自己也觉得很快乐。

师：是啊，这就是咱们课文中学过的那句话，赠人玫瑰——

生：手有余香！

师：说得真好！

师：（转向陈××）好孩子，谢谢你给大家带来的快乐，这是一份神秘的"快乐礼物"（师送出一个精美包装的小盒子），我代表同学们把它送给你，感谢你给大家带来的快乐，也希望你今后给大家带来更多的快乐！好吗？

生：好！

师："快乐礼物"先别忙着打开，下课后可以和同学们分享哟！

（盒子内是一封教师写给"快乐天使"的信，意在为学生在下节课的写作过程中增加素材）

第三部分：快乐回放

师：同学们瞧，带给别人快乐是快乐的！我想，与别人分享快乐，一定也是快乐的。现在，就请你将脑海中那件让你感到最快乐的事提取出来，将它回放（板书：回放）给小组里的同学们。

（学习小组内讨论）

师：看到大家说得这么开心，我也急着想听听，谁愿意到前面与我们大家共同分享你的快乐？

生：那是一天放学后，我和我的好朋友东东一起来到我们的"秘密基地"。

师："秘密基地"？

生：对，就是我们小区里一个花坛，我们经常去那里玩的。

师：明白了，请继续。

生：我们一来到"秘密基地"就发现了一个黑色的塑料袋，这个塑料袋表面看起来鼓鼓的，我和东东认为它里面一定装着东西。会是什么呢？我俩顿时感到非常非常的好奇。东东用手一提，塑料袋里掉出一个又脏又旧的垫子和一个铁罐子。

师：这会儿，你们有没有失望？

生：没有。

师：形容一下你们当时的情绪。

生：我和东东的好奇心丝毫没有受到影响，反而更加高涨。

师：不错，请继续。

生：我们立刻蹲下来，围着铁罐子仔仔细细地研究起来，铁罐子封得很紧，一点缝隙都没有。

师：这会儿你们想了什么？说了什么？

生：我说："它里面会不会是外星人留下来的秘密武器？"东东说："说不定是人类还没有发现的稀有金属。"

师：你和东东的想象力真是丰富啊！接下来呢？

生：我俩你看看我，我看看你，一个比一个好奇，一个比一个更想要知道里面究竟会是什么。"打开看看不就知道了！"我说。于是，我和东东轮番开始对这个铁罐子进行"轰炸"。

师：怎样"轰炸"的？

生：我们跳到花坛上，把铁罐子重重地往地上摔，用脚使劲地踩，用石头拼命地砸……所有能想到的办法都用了，铁罐子就是打不开。"太神奇了！里面一定有秘密东西！"东东说，我也跟着点头。当时，我们什么都顾不上了，就是想把它打开。这时，东东看到了块极大的石块，我们俩一起跑过去，把石块搬了过来。东东说："我喊一、二、三，咱们俩一起砸吧！"我说"好！"就这样，我和东东用尽了浑身的力气，一齐把石块向铁罐子砸了下去。你们能猜到接下来的情况吗？

师：哈，想和同学们互动一下？

生：呵呵，是啊！

师：好，大家猜一下。

生：铁罐子一定被打开了。

生：不一定。

生：还是我来说吧。由于铁罐子的头对着我，尾对着东东，只听到"扑哧"一声，我还没反应过来是怎么回事，一条黑色的"蛟龙"就飞到了我的脸上。

众生：啊？

生：黑色的"蛟龙"就是一股黑水啦！

（师生哈哈大笑）

生：这条黑色的"蛟龙"不仅爬满了我的全脸，还特别特别地臭！东东在一旁立刻用手捂起了鼻子。这突如其来的情况实在大大超出了我的预料，我当时站在原地都不知道该怎么办好了。这时东东跑到我身边，拉着我就往会所跑，我问他干什么？他说，说不定是什么毒汁，搞不好会毁容的。我们跑到会所，东东拿起水龙头把我从头到脚冲了一遍，黑色"蛟龙"终于洗掉了。我的脸也算保住了原来的模样，可我们都还觉得臭臭的，我和东东望着对方都大笑了起来！

师：讲完了？

生：是的。

师：先谢谢你将自己的经历和大家分享，同学们有什么问题要问他吗？

生：你为什么选这件事呢？

生：我认为这件事很好笑，也很刺激、很惊险，每次回想起来也都很快乐。

生：谢谢！

生：铁罐子里没有你们一开始猜的那些神秘物质，只是一股黑水，你们会觉得失望吗？

生：也不会很失望，神秘物质哪能那么轻易找到呢？其实我和东东每次遇到新发现都会这样猜想，不过到最后差不多都是这样的结果，没有什么神秘物质，不过在这个过程中，我们还是觉得很快乐。

师：如果请你用一句来说说，你认为什么是快乐？你打算怎样说？

生：我认为快乐就是对什么事情都充满着好奇心！

师：这是你对快乐独到的解读，谢谢你！

师：还有谁想跟我们分享你的快乐？

生：上个星期天，是我爷爷的七十二大寿。爸爸就带我们全家去了××自助餐厅。据说，这家自助餐厅是全世界最大的自助餐厅之一。我们找了一间环境幽雅的包房坐了下来，我们先举杯祝福爷爷身体健康、生日快乐！

师：大家是怎样祝福爷爷的？

生：爸爸要我们每人说一句祝福爷爷的话，从爸爸开始，爸爸祝爷爷"越来越健康，越来越年轻"姑姑祝爷爷"福如东海，寿比南山"……爷爷一边听一边笑，笑得嘴都合不上了。妈妈、姑丈、弟弟也都给爷爷送上了祝福。最后轮到我，我祝爷爷"在今年的太极拳比赛中获金奖"。

师：嗯，对于大家的祝福进行了筛选，重点突出，有详有略。

生：给爷爷送完祝福，我们就开始自由行动了。我走在美食转盘前，看到了好多好吃的东西。

师：形容一下你当时的表情或是心情。

生：我的眼睛都不知道往哪儿看好了，三文鱼、北极贝、大龙虾都是我最爱吃的。得了，全拿回来再说。等到弟弟他们拿着吃的东西回来的时候，我的肚子已经圆滚滚的了，我要开始第二轮的进攻了。

师：好，孩子，由于时间的关系，就先说到这儿吧。同学们，对于他的讲述有什么问题或是评价吗？

生：我觉得他说得非常好，他把与家人在一起为爷爷庆祝生日的场面和语言都说得很清楚。

生：他把美食的种类描述得很详细，还说自己吃得"肚子已经圆滚滚的"，听得我都要流口水了。

师：那从他的讲述中，你们听出了快乐吗？

生：听出了，一家人在一起给爷爷庆祝生日就是快乐的。

生：吃那么多的美食，当然是快乐的。

师：对于同学们的评价你要说什么？

生：谢谢大家！

师：好，如果请你用一句话来概括，你认为快乐是什么？

生：两句可不可以呀？

师：呵呵，也行。

生：快乐是和家人聚会，快乐还是品尝美食。

师：说得真好，谢谢你，请回座位。

第四部分：快乐新解

师：亲爱的同学们，你们发现了吗？快乐其实不仅仅是简单的两个字，它的内涵原来有很多很多。在同学们的讲述中，对事物充满好奇是快乐的；和家人相聚是快乐的，快乐还可以是品尝美食，与别人分享快乐，等等。现在，请你们搜集心灵深处最美妙的词汇来告诉大家，还有什么也是快乐的？快乐，它还是什么？（在课题"快乐"前后各划一条横线）想好的同学，可以走上前，把你对快乐最新的理解写在黑板上。（播放歌曲：《你快乐吗》）

（学生伴随音乐纷纷走上黑板书写，写下的词语有：宽容、助人、合作、诚实、进取、拼搏、真诚的赞美、意外的惊喜、坚持不懈的努力……）

师：让我们来看看大家对于快乐的理解。

师：宽容是——

生：快乐的。

师：助人是——

生：快乐的。

师：合作是——

生：快乐的。

师：快乐是——

生：诚实。

师：快乐是——

生：进取。

师：快乐是——

生：拼搏。

师：快乐是——

生：真诚的赞美。

师：意外的惊喜是令人——

生：快乐的。

师：坚持不懈的努力是——

生：快乐的。

……

师：亲爱的同学们，大家瞧，我们的生活，原来竟被这么多的快乐包围着。看了同学们对快乐全新的解释，我忽然产生了这样一个想法，如果说，我们每个人都是一棵不断成长着的树，那么，大家刚刚留在黑板上的这些"理解"，就是快乐的枝叶，我们如果能让自己对于"快乐"的理解日渐丰富，"快乐"这棵心灵之树，也一定会越长越茁壮。大家说，是吗？

生：是！

师：亲爱的同学们，其实你们在黑板上留下的痕迹，不仅是对快乐全新的理解，更可以成为你们写作的素材，再加上新颖的题目、通顺的语句、清晰的段落、具体的事例、真实的情感，就是一篇很好的作文。下节课，就让咱们一起以"快乐"为主题，将自己经历过的一次最快乐的体验，诉诸笔端。这节课先上到这儿，下课。

长期以来，由于作文教学缺少对学生个性化体验和感受的关注，教师只强调观察和积累生活，忽视对学生"独特感受"的培养，面对同一习作题目，学生写出的文章往往千篇一律、毫无个性。上面这个案例，或许会让我们感到欣慰：在对于"快乐"的种种解读中，学生的体验和感受是深入的，而不是表面的；是独具特色的，而不是人云亦云的。他们在自由表达着感性生活的同时，还提炼、升华着个性化的世界观、人生观。作文的字里行间流淌着个性的同时，还闪烁着灵性和悟性。孩子们的作文回归到了抒发独特个性、自由表达的本真。

北师大教授刘锡庆认为："作文教学的目的不在于'文'本身，而在于解放人，解放人的精神和心灵，把写作主体潜在的想象力，创造力和表现力——即鲜活而强悍的'生命力'都尽情释放出来。"从这个意义上来说，作文教学既是学生全方位、多角度的表达过程，还应是学生自由而富有个性化的生命成长过程。

观点建议

乌申斯基指出："在教育中，一切都应以教育者的个性为基础，因为教育的力量只能从人的个性这个活的源泉流露出来。"个性是每个人最重要的精神财富，是人们创造活动的内在依据和能动力量，是一切创造力的基础。新课程教学强调教师要民主、平等地进行教学活动，培养学生的自主精神、民主意识，尊重学生的个性特点。从语文学科学习的特点看，习作是学生最直接的个性化创造实践活动，最能体现一个人的综合素质和反映一个人的个性思想，它透射着主体对事物的认识，对社会的洞察，对生活的感悟和对人生的思考。在作文教学中，尊重作文的本质特征，采取个性化习作训练的教学策略，使学生的独特个性得到最大程度的发挥，是作文教学改革与创新的必由之路。

一、营造氛围

作文的创作过程往往集中了个体的知识水平、情感态度、价值取向、思维品质、创新意识、审美能力等综合素养的参与。每一篇作文都是个体自我创造的实现，都是生命个性的展现。著名特级教师张万化提出："当学生写话和习作时处在良好的学习心境时，他们的思路会十分开阔，思维出奇地灵敏，语言表达惊人地畅达而富有个性。"良好的氛围不仅是学生作文个性化的基础，也会使影响学生创作的综合素养得到极大程度的调动，激励学生在创作过程中尽情地释放自我，展示个性；反之，则会令学生对写作不感兴趣甚至产生厌恶的情绪，草草应付了事，久而久之，就会形成恶性循环。

二、拓展时空

闭塞、禁锢的环境不可能培育出具有个性的创造性人才。要想让学生写出具有个性化的文章，就需要拓宽作文教学的时空。在这一过程中，课表中固定的"作文课"不再是作文教学的唯一时间，课本也不再是习作创作的唯一范本。写作不再是一种技能，而是融入生活、表现生活、创造生活的一条重要途径。

首先，向课外练习拓展。平时，要求学生写日记、小作文、读书笔记等，日积月累之下，写作时自然可以"得法于课内，得益于课外"。其次，向其他学科拓展。作文教学应渗透到各科教学中，自然课上的好奇与神秘、体育课上的竞争与拼搏、音乐课上的陶醉与享受，都是作文的好题材。我们可以充分挖掘这些潜在的资源，使其充分为作文教学服务。最后，向生活拓展。让写作向生活开放，向大自然开放，向社会开放，向书本、网络开放，构建课内外联系、校内外沟通、学科间融合的教育体系。

三、减少束缚

专家研究表明，小学生有两套语言系统，一套是按照成人的意愿或学习成人的表达方式所讲的"正经语言"；一套是与伙伴们交流时的"自由语言"。教学实践证明，只有当学生能够真正运用"自由语言"进行"自由表达"时，才可能出现"有个性的表达"。因此，我们不应急于对学生的表达进行修正与规范，而是应先帮助学生减少束缚，放下包袱。

首先，减少写作内容上的束缚。让学生自己选择写作的内容，去掉写作前的硬性规定，既可写真善美，也可写假恶丑；既可写生活的真实，也可写自己的想象。

其次，减少表情达意上的束缚。"表情达意"一直是学生作文的重要评判标准之一。于是，学生们为了达到这一要求不得不装腔作势、矫揉造作、信口开河。作文要有真实的情感、明确的立意本是无可厚非的，但当这一观念被过分强调时，它就会成为学生个性化表达的束缚。

最后，减少表现形式上的束缚。许多教师为了取得作文教学的效果，会在选材、构思、结构、技巧等方面进行细致、深入的指导。于是，作文对于学生来讲只是一道依照程序完成的任务而已。久而久之，必然带来个性的压抑、童心的泯灭、思想的僵化。面对这种情况，我们从儿童的天性出发，引导他们选择最能抒发自己内心独特感受的表达形式，自由地展示个性。

专题六　如何做好习作的交流与评改

习作的交流与评改，是作文教学的重要环节。交流与评改的过程，既是锤炼语言的过程，也是学生对自己的思路进行整理、加工的过程。《语文课程标准》在"教学建议"中要求"重视引导学生在自我修改和相互修改的过程中提高写作能力"；在"评价建议"中强调，"不仅要注重考查学生个性化内容的情况，而且还要关注学生个性作文的态度、过程和方法。"要引导学生通过自改和互改，取长补短，促进相互了解和合作，共同提高写作水平。由此可见，在习作教学中，我们不但要重视习作前的准备与指导，还要重视习作后的交流、评议和修改。

案例分析

【案例 3-13】

话题作文："快乐"评改实录

第一部分："最佳题目奖"

师：很高兴看到同学们拿着自己的作文回到这儿，接下来是我们共同分享快乐的时光了。

师：上节课，我们对同学们的习作进行了互评互改。这会儿，有没有哪篇习作的哪一方面给你留下了特别深刻的印象？

生：有，留给我印象特别深刻的是这篇习作的题目。（举起手中的习作）

师：你改的文章是什么题目？

生：《"绑架"爷爷》。

师：说说这个题目带给你的印象。

生：当我看到这个题目的时候，就很吃惊，绑架不都是强盗干的事吗？爷爷怎么会被绑架呢？是谁绑架了爷爷呢？爷爷有没有被绑架呢？我觉得这个题目很吸引我，我一看它就很想读下去！

师：我看到你在"绑架"这两个字上用红笔打个了双引号，说说是什么原因？

生：因为我读完了这篇文章才知道，这里的绑架不是真的绑架，而是因为××在暑假结束的时候舍不得和爷爷分开，最后终于软磨硬泡地将爷爷哄到了深圳，所以我帮××在"绑架"这两个字上加了个双引号。

师：大家觉得这个双引号用得恰当吗？

生：恰当！

师：别看只是一个小小的双引号，却可以看出你高超的评改水平。

师：《"绑架"爷爷》，如果给这个题目颁个奖，大家想颁什么奖？

生：最佳题目奖。

生：最佳创意奖。

师：还是"最佳题目奖"吧，指向明确！（板书：最佳题目奖）让人一看就知道这个奖是因为新颖的题目得来的。同意吗？

生：同意！

师：让我们用热烈的掌声祝贺最佳题目奖的第一位得主。

（热烈的掌声）

师：请问你叫什么名字？

生：××。

师：认识你很高兴，祝贺你！（板书该生姓名）

师：大家瞧，一个新颖的题目真的很重要！就好比人有一双漂亮的眼睛，一下子就能吸引人们的目光。

师：对于"最佳题目奖"大家还有推荐的得主吗？

生：我推荐这个题目，叫《我和爸爸练轻功》。

师：说说推荐理由？

生：轻功嘛，可是一种高强的武功，我一读到它，就在想，×××和他的爸爸是怎样练习这项高强的武功的呢？这篇文章一定会很有趣。

师：单看题目，真的是令人好奇又期待。大家同意他的推荐吗？

生：同意！

师：让我们用掌声请出《我和爸爸练轻功》的作者——

（众生鼓掌）

师：请问你叫什么名字？

生：×××。

师：祝贺你，喜欢练轻功的孩子。（板书该生姓名）

师：我还想知道，你和爸爸练的是真的轻功吗？

生：呵呵，不是，只是像轻功那样子。

师：哦，明白了，那……这个题目？

生：也应该给"轻功"加个双引号！

师：悟性不错嘛，是个练武的好苗子！

（众生笑）

师：接下来，请大家在学习小组里交流讨论一下，将你们小组选出的最佳题目写到黑板上来。

（学生热烈交流讨论后去黑板上板书）

师：让我们来看看这些被推荐出来的题目——

生：（齐读）《蚊子难过英雄关》《紧张也快乐》《给猫洗耳朵》《我是快乐的"向日葵"》……

师：请这几个题目的作者起立让大家认识一下。

（热烈的掌声）

第二部分："最佳描写奖"

师：除了题目，你评改的习作中还有哪一方面给你留下了深刻的印象？

生：我觉得我改的这篇作文特别有意思，它是×××写的，她写的是《给猫洗耳朵》，她把给猫洗耳朵的经过写得特别具体、生动。

师：请拿到前面来。

师：谁是×××。

（学生起立示意）

师：谢谢！很高兴认识你，请你也到前面来。

师：让我们来看看这篇作文，你们两个谁愿意给我们大家读一读。

生：让她读吧（指作者），她的朗读水平比我好。

师：可以，不过请你也一起到前面，她读的时候，你可以给我们说说你的评改意见和理由。

生：……如果猫咪在洗脸的时候洗了耳朵，就是晴天，不洗就是雨天。

师：这是你修改后的句子了，原句是："……如果猫咪在洗脸的时候洗了耳朵就会是晴天，如果猫咪在洗脸的时候不洗耳朵，就是雨天。"说说你修改的理由。

生：她把猫咪洗脸这句话说了两遍，我觉得可以改得简洁一点，能说明白意思就行了。

师：大家同意吗？

生：同意！

师：好，请继续。

生：暑假里的一天，我一大早就从床上爬起来，盯着小猫看，看它有没有洗耳朵。小猫开始洗脸了，可是它就是没洗耳朵，我失望极了。

师：请先停一下。大家有什么问题吗？

生：我想问问，小猫是怎样洗脸的？

师：简单说一说。

生：就是用它的爪子，沾着唾液，不停地在脸上擦来擦去的。

师：这也可以写进去呀，这样不就更具体了吗？

生：是的。

生：你说失望极了，你为什么会失望呢？

生：因为外婆说，小猫不洗耳朵就会下雨，我不喜欢雨天。

师：也可以简单写上一句：我失望极了，因为我最不喜欢雨天。你觉得这样可以吗？

生：可以。

师：把大家的意见加进去，再来读读。

生：小时候，外婆说，如果猫咪在洗脸的时候洗了耳朵，就是晴天，不洗就是雨天。暑假里的一天，我一大早就从床上爬起来，盯着小猫看，看它有没有洗耳朵。小猫开始洗脸了，它用爪子沾着唾液，不停地在脸上擦来擦去的，可是它就是没洗耳朵。我失望极了，因为我最不喜欢雨天了。

师：好，请继续。

生：于是，我和表妹决定，一起帮小猫洗耳朵。表妹按住猫头，我就拿起小猫的爪子，放到它的嘴边，再把小猫的爪子放到它的耳朵上。

师：我想问一下，小猫真的这么乖，任凭你们这样摆布吗？

生：当然不是了，它的头不停地动来动去，还"喵喵"地叫个不停，好像在对我们表示抗议！

师：说得好，这句也可以写上嘛！

生：嗯。

师：在这里帮你做个标记，等一会儿回去别忘了加上。

生：好的。

师：请继续。

生：就这样，我和表妹费了好半天的工夫，终于算是帮小猫洗了耳朵。

师：为什么用了一个"算是"？这个"算是"可不可以删去？

生：因为我觉得平时都是小猫自己洗耳朵的，而这次是我和表妹帮小猫洗的耳朵，我也不知道这次能不能算数。

师：那我们尊重你的意见，"算是"这两个字还是帮你保留着吧。请继续。

生：小猫一离开我和表妹的"魔掌"就立刻跑得远远的。我对小猫说："小猫小猫，你别怕，我帮你洗了耳朵，就不会下雨了，我和表妹就可以出去玩了，你也可以出去晒太阳呀！"

师：哈哈，"魔掌"，大家觉得这两个字用得怎么样？

生：我觉得用得很恰当，因为小猫跑得远远的，可以看出，小猫一定是被她们折磨得很惨。（众笑）

师：请问，是这样吗？

生：（笑）是的！

师：请把这段再连起来读一读。

生：于是，我和表妹就决定，一起帮小猫洗耳朵。表妹按住猫头，我就拿起小猫的爪子，放到它的嘴边，再把小猫的爪子放到它的耳朵上。它的头不停地动来动去，还"喵喵"地叫个不停，好像在对我们表示抗议！就这样，我和表妹费了好半天的工夫，终于算是帮小猫洗了耳朵。小猫一离开我和表妹的"魔掌"就立刻跑得远远的。我对小猫说："小猫小猫，你别怕，我帮你洗了耳朵，就不会下雨了，我和表妹可以出去玩，你也可以出去晒太阳了呀！"

师：非常好，请继续。

生：我和表妹一人搬了一张凳子到院子里。

师：说说当时的心情？

生：我们很开心，很兴奋，还喊了一声"耶！"

师：很好呀，想想怎么写进去。

生：嗯……我和表妹开心得蹦起来，不约而同地喊了一声"耶！"然后，我们一人搬了一张凳子到院子里。

师：加得好，请继续。

生：我们还抱出了一个洋娃娃和一大堆玩具，准备玩"过家家"的游戏。

师：两个"我们"，留一个就行了。

生：我和表妹开心得蹦起来，不约而同地喊了一声"耶！"然后，我们一人搬了一张凳子到院子里，还抱出了一个洋娃娃和一大堆玩具，准备玩"过家家"的游戏。

师：不错，请继续。

生：可是，老天爷好像故意跟我们作对一样，我们刚把这些东西准备好，就开始下雨了。外婆急着从屋里跑出来对我和表妹说："都下雨了，还不快回来？"我说："可是我们给猫洗耳朵了呀？"

师：你的心情？

生：我觉得很奇怪。

师：为什么觉得奇怪？

生：因为外婆以前说过，猫洗耳朵就会晴天，不洗才下雨的。

师：哦，所以说你觉得很奇怪、很不解，是吗？

生：是的。

师：奇怪也可以，不解也可以，由你选择。

生：我不解地说："可是我们给猫洗耳朵了呀？"

师：可以，请继续。

生：外婆听了更加不解地说……

师：你的文章中原来是没写"更加不解"这几个字的，怎么突然想到加进去的？

生：呵呵，是老师刚才给了我启发。

师：哈哈，学以致用，学得很快嘛！请继续。

生：我说："不是你说猫洗了耳朵就会晴天，不洗就会下雨嘛。我和表妹刚才看到小猫没洗耳朵，就帮它洗了呀？"外婆听了，大笑了起来，一边摸着我的头，一边说："傻孩子，你洗的怎么会灵呢！"

师：大家觉得她的这篇文章写得怎么样？

生：很好！

（教师带头鼓掌）

师：如果咱们也来给她颁个奖，请大家帮忙想想叫什么名称好？

生：最佳描写奖！

师：这个名称你喜欢吗？

生：（笑）喜欢！

师：好！就让我们记住这位"最佳描写奖"得主：××。（板书："最佳描写奖"：××）

师：还有对于"最佳描写奖"得主的推荐吗？

生：我觉得我改的这篇作文可以。我改的是××的作文，他写的是《蚊子难过英雄关》，我觉得他把自己和蚊子"战斗"的经过描写得特别生动具体。

师：好，就找出你认为描写得最生动、最具体的片段给我们读读。

生：正在我迷迷糊糊之际，蚊子又开始在我耳边"示威"了。这次比刚才更猖狂，一只只像开足了马力的轰炸机一般，在我身边不停地盘旋，寻找一切可能的机会对我发动疯狂"偷袭"。

师：说说给这句打上波浪线的理由。

生：这是一个比喻句，把蚊子比喻成了轰炸机。

师：这样写有什么好处？

生：可以让人想象出蚊子的猖狂。

师：是的，请继续。

生："哼！难道你们没听过'我的地盘我做主'这句话吗？"

师："这句话"三个字可以去掉。

生："哼！难道你们没听过'我的地盘我做主'吗？"我不管三七二十一，举起蚊拍向空中大力挥舞起来。"啪！啪啪！啪啪啪！"一只只喝饱了血的蚊子被我钉在了墙上，墙上顿时鲜血四溅，分不清哪些是我的血，哪些是蚊子的血，战争在瞬间平息了。

师：大家也来说说听了这段的感受？

生：这段的确写得很生动，他把打蚊子的经历比喻成了一场战争。

生：蚊子被打死了，也正是题目中所说的，"蚊子难过英难关！"

师：的确，这个题目不仅仅幽默，也突出了文章的主题。

生：我也打过蚊子，不过没有他打得这么准。（众笑）

生：他写出了自己的心理活动，就是"我的地盘我做主"，这是一句广告词，我觉得他用得很好。

生：听了他这段文字，我能想象出他打蚊子时的样子。

师：是啊，具体、生动的描写可以带给我们身临其境般的感受！

师：让我们来认识一下这篇文章的作者！

（学生在掌声中起立）

师：请问你的名字？

生：×××。

师：让我们记住这位"灭蚊"英雄！（众笑）（教师将其姓名板书于黑

板上）

师：还有谁可以获得今天的"最佳描写奖"，请大家在学习小组内就手中的文章进行交流、评选。

（交流讨论后，将各小组推荐出来同学姓名板书在黑板上）

师：让我们来认识"最佳描写奖"的获得者——××、××、××……

（掌声）

第三部分："最佳情感表达奖"

师：刚才咱们评出了"最佳题目奖""最佳描写奖"，看看时间，好像只够再评一个奖了，来！最后一次机会，还想设个什么奖？

生：最佳结构奖。

师：还有吗？

生：最佳形容奖。

师：还有吗？

生：最佳创意奖。

师：还有吗？

生：最佳真实奖。

师：最佳真实奖？指的是哪方面？

生：就是描写得真实，感情也很真实。

师：嗯，很有见地。在描写方面，刚才咱们设了个"最佳描写奖"，咱们依据"情感表达真实"将这最后一个奖设为"最佳情感表达奖"，大家同意吗？

生：同意！

师：来吧。抓紧时间，小组里先交流讨论，再来推荐。

（小组内交流讨论）

生：我推荐×××。

师：选择你认为他"情感表达"真实的段落也行，语句也行，作为推荐词。

生："眼镜"老师把我们叫了过去，说："今天的篮球赛我也参加，大家来做裁判！"全班同学都呆住了，大家纷纷围了上去。没想到，真是大大的没想到，球场上的"眼镜"老师简单像换了一个人，篮球在他的手中玩得飞转，男孩子们根本摸不到球……

师：中间可以省略了，直接读这句。

生：如果现在你再问"还有谁不服'眼镜'老师的"，那我可以自豪地告诉你："'眼镜'老师包管让你心服口服！"

师：请作者起立，让大家认识。

（一生起立）

师：说说你想对"眼镜"老师表达怎样的感情？

生：我想对"眼镜"老师表达的感情是，我很佩服他！我现在对他是绝对的心服口服！

师：其实这句"心服口服"，还蕴含着你对老师的喜爱和尊敬，是吗？

生：是的！

师：好的，谢谢你！

师：怎么样？他的这段文字可以通过评审吗？

生：可以！

（教师带头鼓掌）

师：请问你叫什么名字？

生：××。

（板书：最佳情感表达奖：××）

师：还有推荐吗？

生：我推荐××。他写的是："就是在那次拔河中，我们虽然很辛苦，还有人受了伤，但我们从中体会到的快乐是从来都没有过的。"

师：可以通过吗？

生：可以！

师：请作者报上名来。

生：××。

（将其姓名板书于黑板）

师：继续推荐。

生：我推荐××。"这次生日会的场面我直到今天还记忆犹新，生日是快乐的，成长是快乐的。"

师：可以通过吗？

生：可以！

师：作者？

生：××。

（将其姓名板书于黑板）

师：继续推荐。

生：我推荐××。能被同学们推选为班级的"快乐天使"，我真快乐！这份快乐的感觉和这份"快乐礼物"我会永远永远记在心中。

师：我建议把这个"记"字改为"珍藏"，你读读看？

生：能被同学们推选为班级的"快乐天使"我真快乐！这份快乐的感觉和这份"快乐礼物"我会永远永远珍藏在心中。

师：你推选的是咱们上节课评出的"快乐天使"××吗？

生：对！

师：××，有没有发现"记"和"珍藏"在用法上有什么不同？

生：嗯……

师：有人举手呢，你想请谁来代你说？

生：我想请××。

生：珍藏显得记得更牢，还是很小心地那样记，不敢忘记。

师：快乐天使，他说的是你想的吗？

生：（笑）是的！

师：还有人举手。

生：××。

生：我觉得"礼物记在心中"这个说法不是很恰当，礼物珍藏在心中就可以。所以珍藏这个词更恰当。

师：问问作者本人，同意吗？

生：同意！

师：大家同意××获得"最佳情感表达奖"吗？

生：同意！

（将其姓名板书于黑板）

师：还有什么推荐？

生：我推荐××。"虽然我的好奇心为我带来了一脸直到今天还有些臭臭的回忆，不过我还是觉得很快乐！"

师：是上节课那位被神秘液体弄了一脸的同学吗？

生：（笑）对！

师：请作者自报家门吧！

生：××。

（将其姓名板书于黑板）

师：还有推荐吗？

生："××就是这样一个能给你带来快乐的人，就是因为有了他，我们的班级里总是充满着欢声笑语。"

师：可以通过吗？

生：可以！

师：请作者报上名来。

（将其姓名板书于黑板）

生：我推荐××。"快乐是和家人一起过生日会，快乐还是可以尽情品尝美食。"

师：也请自报家门。

生：××。

（将其姓名板书于黑板）

生：我推荐××，他是这样写的，"我的心也慢慢平静了下来，生活中遇到紧张是难免的。紧张时，请一定不要让自己被它吓倒，如果你能战胜紧张，你就一定会获得更大的快乐！"

师：作者是谁？

生：××。

师：请起立让我们认识认识。

（一生起立）

师：孩子，你颇有哲学家的素质！你的这段话带给了我很深的思考和感触！我愿意为你投上一票。但我说了不算，还得看看大家的意见。

（掌声）

师：听到了吗？掌声是大家对你的鼓励，也是大家对你的认可！也请自报家门。

生：××。

师：很高兴认识你，我会记住你的名字——（将其姓名板书于黑板）

师：还有推荐吗？

生：我推荐××，他写的是："看着爸爸、妈妈笑眯眯地吃着我蒸的馒头，我的心里真是乐开了花！我也希望爸爸、妈妈能永远像这'馒头'一样，白白胖胖的，没有一点摺儿！"

（师生大笑）

师：大家的笑声就是明确的意见了。是不是可以通过？

生：（笑声中）是！

师：作者是谁？

生：××。

师：记住了，（将其姓名板书于黑板上）一位会蒸馒头的孩子！

（众笑）

师：赶快抓紧，时间不多了。

生：我推荐××。他写的是："我终于明白了，温馨就是快乐，是我们全家人最甜最美的快乐！"

师：通过吗？

生：通过！

师：作者？

生：××。

师：记住了，（将其姓名板书于黑板）又一位小哲学家，小诗人！

师：时间不多了，还有推荐吗？

生："看着小树被种好了，我的心中真有说不出的快乐！明年，我一定要再来看看它。我想，那个时候，它一定会长高的，它也一定会是一棵快乐的树！"

师：这是绿色希望带给我们的快乐。作者？

生：××。

（将其姓名板书于黑板）

师：最后一次机会，谁来？

生：我推荐××，他写了这样一句话："是停电带给了我一份意外的快乐，如果天天停电那该多好啊！"

师：可以通过吗？

生：可以！

师：作者？

生：××。

师：（将其姓名板书于黑板）××课后请把你的文章借给我看看，停电带来的意外快乐，究竟是什么呢？我很好奇！

师：好了，亲爱的同学们，时间的关系我们只能推荐到这儿了。

我建议感兴趣的同学课后可以将这些获奖者的文章完整地读一读，看看还有没有其他优点。同时，没获奖的同学也可以再仔细地读一读自己的文章，对照别人的文章，看看能不能找到修改自己文章的灵感。如果你觉得自己的文章在修改后，也具备了获奖的水平，可以来找我，也可以去找学习小组里的伙伴，相信大家都会愿意为你提建议、做评议的。

让我们记住"文章不厌百回改"这句古语，让我们祝愿更多的同学，可以如愿以偿地获得自己心目当中的"理想奖项"，个个都成为"写作高手"！今天的课就上到这儿，下课！

作文教学向来是语文教学中的重点和难点，而作文评改教学又是制约作文教学发展的瓶颈。传统的作文评改模式中，有的教师把个人思维方式强加给学生，用自己所喜好的文章形式、语言特点来评判学生的作文等级。一段时间后，学生活跃的思维被禁锢成"思维八股"，学生的个性、创造力逐步萎缩；还有的教师喜欢拔高作文评改要求，一番评改下来，满篇成了教师代笔的文字，这不仅收效甚微，也严重挫伤了学生作文的积极性。长此以往，学生就形成了一种错误认识，认为作文批改就应是教师的职责、权力。

上面的这个案例，充分重视学生主体性的发挥，把评改习作的主动权还给了学生，使学生在互评互改、自评自改的过程中培养起了搜集、处理信息的能力、获取新知识的能力、分析和解决问题的能力以及合作、交流的能力。也使不同层次的学生都可以获得施展自己才能和智慧的空间，尽情释放自身的创造能量，最大程度地使学生享受着成功的喜悦，满腔热情地投入到作文评改的实践中去。

观点建议

修改能力是写作能力的重要组成部分，修改习作能力的强弱是写作能力高低的重要标志。我国著名教育学家叶圣陶曾经说过："作文，只有培养学生自己批改，才有出路。"古语亦云："授之以鱼，不如授之以渔。"因此，在教学中要确立学生在习作批改中的主体地位，把批改作文的权力还给学生，把批改作文的方法教给学生，让学生成为习作批改的主角。

一、激发兴趣

培养学生修改习作的能力，激发起学生对于习作的修改兴趣是关键。如何激发起学生对于习作的修改兴趣呢？首先，以榜样激趣。教师在讲清"文章不厌百回改"的道理后，可讲述古今中外著名文学家锤字炼句、反复修改的趣闻轶事来为学生树立榜样；其次，示范导趣。教师通过示范修改，传授学生修改的方法及要领。让学生从示范里发现问题，领悟修改的重要意义，激发起修改的兴趣。

二、传授方法

在每次的批改过程中，教师要把批改的要求循序渐进地传授给学生。批改要求要由易到难，由少到多，使学生在批改中逐渐掌握方法。

（一）示例修改法

在指导学生评改作文的初级阶段，教师选择1～2篇存在共性问题的学生习作，当着全班学生的面进行修改，让学生获得修改这些共性问题的有关知识和技能。然后，再让学生依例修改自己或他人的作文。

（二）点拨修改法

教师在指导学生修改习作之前，把需要修改的地方用符号标出来，并把本次作文中存在的问题归纳成几点，出示给学生。然后，引导学生参照教师的修改意见，逐条逐项地检查自改。

（三）讨论修改法

教师从学生习作中找出共性问题，从中选择要点评的作文。接着，学生讨论发表意见，师生合作，生生合作交流修改。引导学生讨论时，教师尽可能地尊重学生的发现及修改意见，做到相机引导，灵活解决。最后，运用讨论修改法，引导学生修改自己或同学的习作。

三、搭建平台

个人修改只局限在自己的认识上，许多的问题无法解决，需要别人的帮助。因此，在自我修改后，教师要尽可能地为学生搭建共同修改、交流评价的平台。既能让学生互相沟通见解，开阔思路，吸取别人习作的长处，又有利于共同提高习作水平。在此过程中，我们可采取同桌互改、小组互改、集体互改、随机互改等多种形式进行。同时教师要努力为学生营造良好的学习情境，使课堂充满民主、宽容、和谐、勇于质疑、敢于批评、主动探究的气氛。

四、多元评价

哈佛大学发展心理学家加德纳的"多元智能理论"认为：每个人都有相对独立存在的与特定的认知领域或知识范畴相关的多种智能倾向。人的智能是多元的，而不是单一的。既然学生的智能是多元的，作文教学的评价就不能仅仅关注表达，还应关注学生的情感、态度、价值观以及他们在人际交往、自我认识、自然观察等方面所表现出来的基本认识与技能。

在评价主体上，我们要改变以教师为主的评价方式，让学生、家长、教师共同参与到学生习作的评价中，做到评价主体的多元化；在评价内容上，除了取向于知识与能力，还应取向于过程与方法、情感态度与价值观；在评价方式上，应采用质性评价与量化评价相结合、形成性评价与终结性评价相结合的方式；在评价标准上，要因人、因文、因时而异，确立不同的评价标准，给更多的学生以成功的激励，帮助他们在成功的体验中形成写好作文的内在动机。

口语交际教学

专题一　如何实现口语交际中的互动

《语文课程标准》将以往教学大纲中的"听话、说话"改为"口语交际"，是对课程功能的重新定位。从概念提出的角度来说，"听话、说话"的出发点是心理语言学，而口语交际的出发点则是言语交际学。二者相比，前者着眼于言语的心理方式，后者着眼于言语的行为方式；前者不强调听后的反馈，后者强调听说双方的互动。

《语文课程标准》指出："口语交际是听与说双方的互动过程。"口语交际的核心是"交际"，强调的是交际双方就共同的话题进行对话，不断根据交际的内容随机作出言语的回应。可以说，双向互动是口语交际教学最根本的特征。

案例分析

【案例 4-1】

"说说我自己"教学实录

一、游戏引入，展开话题

师：同学们，今天老师请来了一位朋友。（课件出示：一张照片底片）想知道他是谁吗？

生：想！

师：请认真听下面的描述，如果你猜到了，就立刻把手举起来，但先别说出来。

（课件播放：画外音：

A：我性格温和，憨厚单纯，虽然有时候喜欢偷个小懒，但是许多人都喜欢我。

B：我虽然长得丑，但力气大，吃得多，所以长得比较胖，整天穿着帅气的黑衣服，手拿九齿钉耙。

C：我降妖除怪的本领挺不错，不仅能腾云驾雾，还会三十六变。我原来可是玉皇大帝手下的天蓬元帅呢！）

生：（异口同声）猪八戒！

师：哈哈，这么厉害！全班一下子就猜中了。说说，你们是怎么猜出来的呢？

生：猪八戒就是长得丑，他被贬下凡的时候是落到猪圈里的，所以就长得像猪一样了。

（众笑）

师：呵呵，是的，长得丑不是猪八戒说了算的，没办法，这外貌特征是改不了的。

生：猪八戒虽然长得丑，不过他还是挺可爱的。

师：你觉得他可爱吗？

生：可爱。

师：大家觉得呢？

生：（齐）可爱！

师：其实猪八戒不仅可爱，刚才向咱们介绍自己，还说自己是——

生：性格温和，憨厚单纯。

师：看来，猪八戒的性格还真讨人喜欢。难怪连猪八戒自己都说"许多人都喜欢我"呢！

生：猪八戒最好玩了，他在取经的时候经常想跑回高老庄去，有时一让他去探路什么的，他就躲到一边睡觉。

师：所以他说自己："有时喜欢偷个小懒。"

生：猪都是很懒的嘛！

（众笑）

师：呵呵，是啊，天性如此，这算是猪八戒的性格特征吧。

师：还有谁再来说，你是怎么猜出来的？

生：猪八戒因为胖嘛，所以它穿黑衣服，可能会显得他瘦一点。

（众笑）

师：人家猪八戒自己可不觉得，他说自己的衣服是——

生：帅气的黑衣服。

师：呵呵，这就是猪八戒特有的衣着，特有的帅气吧。

生：猪八戒的武器就是九齿钉耙。

师：嗯，这算是他特有的。

生：猪八戒以前当过天蓬元帅，是因为调戏嫦娥才被贬下凡的。

师：这是发生在猪八戒身上特有的事例。

师：好了，亲爱的同学们，咱们来总结一下刚才大家的发言。大家一下子就猜出了今天的这位神秘朋友是猪八戒，那是因为你们在猜的时候抓住了猪八戒的外貌、性格、衣着以及发生在他身上的具体事例。

师：其实我们每个人身上都有着不同于他人的特征，抓住了这些特征，（板书：抓特征）就可以把一个人描述得活灵活现，让大家一听就知道是谁。

二、示范引路，自由交际

师：大家先来想想，自己身上有什么主要特征？

生：我的主要特征就是戴着一副眼镜。

（众笑）

师：没错，抓得好，抓得准。来，咱们就针对他的这副眼镜，大家有没有什么问题要问他？

生：你为什么要戴眼镜呢？

生：因为我近视了呀。

生：对，我知道你近视，我是想问你为什么会近视。

生：那是因为我喜欢看书，天天晚上睡觉前都躺在床上看书，就把眼睛看近视了。

师：××的确爱看书，大家想想看，你们还在什么时候看到过他看书？他看起书来是什么样的？

生：××一下课就在教室里看书，有时还会有好多同学围着他，跟他一起看。

生：××有时上课也偷偷看课外书。

（众笑）

生：有一次我还看到他蹲在走廊里看书，我从他身边走过他都不知道。

师：对于这个"小书迷"，大家还有什么要问他的。

生：我想问××，你最喜欢看什么书？

生：我最喜欢看《三国演义》，我很喜欢画里面的人物，我在我的图画本上就画了许多。

师：我想知道，这些人物，你是照着画的还是自己想象着画的？

生：想象着画的。

师：真了不起，有机会带来给我们欣赏一下吧。

生：好！

师：对于"小书迷"大家有什么建议吗？

生：我建议他以后读书时要注意保护眼睛，不然眼睛会越来越近视的。

师：嗯，不错的建议。"小书迷"有什么回应？

生：谢谢你！

生：我建议你以后读书持续一段时间，可以停下来做一下眼保健操，或是看看窗外绿色的树木什么的。

生：谢谢你！

生：我建议你以后可以把自己喜欢的书推荐给同学们，让大家跟你一起读。

生：好的！

师：说了这么多，大家也建议了这么多，你能再完整地向大家介绍一下自己吗？

生：大家好！我叫××。由于我戴着一副眼镜，所以大家叫我"小书迷"，我特别爱看书。

师：等一下，建议你调整一下刚才的两句话。由于你戴着一副眼镜又特别爱书，所以大家叫你"小书迷"怎么样？

生：嗯，那我重说可以吗？

师：可以。

生：大家好！我叫××。由于我戴着一副眼镜又特别爱看书，所以大家叫我"小书迷"。以前我天天晚上都躺在床上看书，可是妈妈说："这样对眼睛不好。"我就改掉了这个坏习惯。同学们说我经常在走廊里和课堂上看书，其实我下课也经常看，还有许多同学会走过来跟我一起看。我最喜欢看的书是《三国演义》，我还喜欢一边看一边把里面的人物画下来，我的愿望是有一天把《三国演义》里面的人物都画出来。同学们建议我要注意保护眼睛，还说要经常向窗外看看绿色，我非常感谢大家，以后我会注意的。

师：抓住了自己爱读书这个特点说得又清楚又完整，让咱们给"小书迷"点掌声！

（掌声）

师：下面请同学们在学习小组里分别向大家介绍一下自己，像刚才咱们说过的外貌、性格、衣着以及发生在自己身上的具体事例都可以说。一个人说时，其他组员先认真听，等他说完后可以提问或是补充。

（小组内互相介绍自己，场面热烈，教师巡视指导）

三、拓展交流，延伸生活

师：好，下面咱们来玩一个游戏。游戏是这样的：请每组各派一位同学到讲台上来，面向黑板，不许回头偷看。然后，我在教室里任意选一位同学，咱们大家对他进行介绍。讲台上的四位同学谁最先猜出来，他所代表的小组就算胜出。

（学生纷纷举手）

师：（请上四位同学）回头偷看算犯规哟。

师：谁愿意让大家来介绍自己？

（学生纷纷举手）

师：（走至一生身边）就请你了！大家记住是谁了吧？好，介绍开始。

生：他个子不高。

生：但是跑得特别快。

生：对，每次运动会上都得奖的。

生：（讲台前）×××。

生：（座位上）错！

师：呵呵，不要紧，继续介绍，继续猜。

生：他是第二小组的。

师：这样的介绍严格来讲不太合格，应该按咱们刚才说好的，通过外貌、性格、衣着以及发生在自己身上的具体事例来介绍。

生：有一次咱们班级捐款，他捐了 50 块钱，后来学校评选"我与捐款背后的故事"时，他的故事获奖了。因为他的钱是寒假里自己卖玫瑰花赚来的。

生：（讲台上，异口同声）×××！

生：（座位上）对！

师：哈哈，看来第一轮比赛没分出胜负。

生：再比一次。

师：好！谁愿意到前面来猜？

（选出四生）

师：（走至一生身边）这次来介绍她吧。记住，要通过外貌、性格、衣着以及发生在自己身上的具体事例来介绍，像什么她是男孩还是女孩呀，坐在第几组呀，都不算是好的介绍方式。

生：她个子不高，短短的头发。

师：介绍得好，外貌特征。

生：她很喜欢笑。

师：嗯，是她的主要特征，不过咱们班很喜欢笑的同学也很多，继续。

生：她很温柔，还很爱帮助同学。

生：（讲台前）××。

生：（座位上）错！

生：那来说一件她帮助别人的事情吧。

生：有一次我生病了，那天刚好是我值日，但下午校医就打电话让奶奶把我接回家了。回到家以后，我就想："完蛋了，今天的值日没办法做了，说不定咱们班又要被扣分了。"第二天我来到学校，值日组长告诉我，就是——就是——就是她帮我做的值日，我很感谢她。

师：事例说得好，让人听了很感动。不过可能很多同学都是刚刚才知道这件事，讲台上有人能猜出来吗？

（讲台上学生摇头）

师：不要紧，咱们继续来介绍。

生：李老师曾经在全班表扬过她，说她每次值日都很认真，还请她给大家示范怎样摆卫生角的工具呢！

生：（讲台上，一生）×××！

生：（小组内）耶！

师：其实另外三名同学也猜到了，只是没抢到，是不是？

生：（讲台上，另外三生）是！

师：有些不服气的样子，那再来赛最后一轮？

（欢呼声）

（请出四名学生）

师：（走至一生身边）这次来介绍他。记住，还是要通过外貌、性格、衣着以及发生在自己身上的具体事例来介绍。

生：他很调皮。

生：他很喜欢小狗。

师：他的外貌也比较有特点哟。

生：他的眼睛大大的。

生：头发短短的。

生：个子不高也不矮。

生：他的学习成绩很好。

生：每次数学课上比赛他都很厉害。

生：（讲台上）×××！

生：（小组内，欢呼）

师：好了，亲爱的同学们。经过三轮的比赛，让咱们来看看各组的成绩。显而易见，今天的冠军组是——

生：（第一组学生，兴奋地）第一组！

师：其实你们的胜利不仅仅是依靠派出选手的出色表现，也要感谢在座各组同学的精彩介绍，让咱们把掌声送给第一组，也送给今天积极发言的每位同学！

生：（掌声）还有些同学今天在课堂上没有争取到发言机会，不过不要紧，今天回家的第一项作业就是向你的家人介绍自己。一定也要按照咱们刚才比赛的规则，从外貌、性格、衣着以及发生在自己身上的具体事例几方面来介绍，然后听听家人的评价，看看你介绍得像不像。第二项作业是把你的介绍内容写下来，在旁边贴上一张照片也行，画一张自画像也行，明天带到学校来贴在属于你们小组的板报栏里。

口语交际教学成功的重要因素是所选定的话题要具有交际性。上面这则案例给我们的启示是：第一，交际对象广泛。首先以学生喜欢的动画人物导入，以激发学生兴趣，再以"自我介绍"为突破口，自然、巧妙地出示了本次口语交际的要求，使学生初步掌握了交际的基本方法，从而为接下来的教学奠定了基础。第二，交际形式多样。灵活多样的交际形式可以激发学生参与的兴趣，发挥他们在交际过程中的主动性、积极性和创造性，从而提高口语交际质量。在这节课上，教师引导学生在"自我介绍"的基础上转移角色，变为他人介绍，介绍他人。同时注重了课内向课外的延展，使学生积极参与到交际实践中，在言语应对能力、人际交往能力等方面都得到了多角度的锻炼和提高。

观点建议

一、创设互动情境

口语交际活动离不开具体的交际情境。所谓交际情境，就是指交际的地点、时间、场合、交际者的身份及其之间的关系因素构成的交际环境。离开了交际情境，交际活动就无从开展。良好的交际情境可以实现与生活实际的对接，增强学生的生活体验，激活学生的思维，使其产生身临其境的感觉，进而产生参与交际的愿望。

（一）利用教材

教材中蕴藏着丰富的教学资源，既着眼于培养学生的学习兴趣，又有意识地从不同角度、不同侧面创设了富有科学性、实验性和通俗性且适于学生理解和掌握的教学情境。这为我们进行互动情境创设提供了极好的条件。我们应该在尊重教材、深入钻研教材的基础上，充分利用这一资料，让孩子们置身似曾相识的感觉中，进入"情动而辞发"的交际实践当中。比如，《识字2》，就以丰富多彩的情境图向孩子们展示了课堂内外发生的趣事。这既是帮助学生进行识字学习的载体，又可以成为我们口语交际的情境："在图中，你看到了什么？想到了什么？""图中的哪项活动是你所熟悉的？请向大家做个简单的介绍。""还有哪些你熟悉的课外活动是图中没有的，请向大家做介绍。"孩子们在具体的情境中，情绪也因此变得高涨起来，参与互动的主动性就会被激发出来。

（二）联系生活

在口语交际教学中，我们常常会遇到这样的情况，部分学生对于交际话题缺乏应有的体验和感受，便无话可说。比如，《语文园地三》口语交际的话题是"这样做不好"，教材安排了两幅插图：一幅插图画的是几个小孩在草坪上踢球，一位戴红领巾的小姑娘前来制止；另一幅插图画的是妈妈洗菜时浪费了自来水。插图的内容虽尽可能地贴近学生的生活，但不是所有学生都有过耳闻目睹或是亲身感受的经历。在交际互动过程中，我们可以跳出教材，用学生生活中所熟悉或是经历过的同类事例来替代。有条件的话，还可以将插图中的内容拍成录像或是带领学生走入生活去切身感受。这样，就可以使教材提供的话题转变为源于学生生活实际的话题，从而使学生产生倾吐的欲望。

（三）展开想象

小学生对未来总是充满着神奇美妙的幻想，因此，我们在教学中可以充分利用一切可供想象的空间，为学生创设出适宜的互动情境。比如，在《未来的桥》这一课的教学中，学生在对"未来的桥"进行了各式各样、形形色色的描述之后，互相质疑，彼此指正。这样不仅达到了口语交际的目的，更重要的是这一系列活动调动了学生的知识积累，发展了他们的想象力和创造力。

二、把握互动形式

在进行口语交际教学时，只有让学生处于动态的双向或多向互动活动中，才有利于学生无拘无束地参与交流，发展个性与创造力。因此，我们要把握、安排好交际训练的形式，让学生有机会形式多样地参与其中。

（一）师生互动

活动中师生交流是互动的先导。在教学过程中，教师首先要以合作者的身份与学生共同学习，成为学习伙伴，为接下来的教学过程建立起平等、相互信任的合作关系。比如，一位教师在执教口语交际课《爱护树木》时，巧妙地设计了三个矛盾冲突：首先，教师装扮成路人，故意在学生面前攀折花木，引出第一次交际互动，让学生争相为爱护树木而发表意见；接着，教师以不了解树木与生态环境的关系姿态出现，引出第二次交际互动，让学生有理有据地说出树木对大自然、对人类的种种益处；最后，教师以幡然醒悟的改过之举引出第三次交际互动，让学生就"如何对待不懂得爱护树木的人们"发表意见。整节课环环紧扣，层层推进，极大程度地调动了学生参与的主动性和积极性。

（二）生生互动

口语交际应面向全体学生，做到人人练说，生生互动。学生与学生之间在问、说、评、议的互动交流中特别容易使思维得以激活，互相促进、共同提高。比如，一位教师在上口语交际课《风景优美的地方》时，请学生自主选择"导游"和"游客"的角色，然后进行模拟表演。在这种生生互动的交际过程中，学生的交际热情空前高涨，生生间的交际活动也更为大方、自然。

（三）群体互动

群体互动是指群体与群体之间的相互作用，这种互动形式通过群体成员来实现，但这些群体成员不以个人身份出现，而是以群体代表的身份出现。像小组间的辩论、表演，班集体间的竞赛等。这种方式，学生的参与面更广，接触的人更多，探究的问题更深入，效果会更明显。比如，在教学《动脑筋解决问题》一课中，教师请同学们以学习小组为单位，展开了一场包括抢答、挑战答、互问互答等多种形式的竞赛，学生们既需要通过组内讨论制定战略战术，又需要在赛场中极尽所能地展示自己的聪明才智。这不仅锻炼了学生的口语交际能力，还培养了学生的竞争意识、合作精神和集体荣誉感。

三、做好互动反馈

通过反馈，可以发现交际过程中存在的问题与不足，以便对症下药，及时补救，最终达到强化正确、纠正偏差的目的。在互动反馈过程中，我们需要引导学生，做好以下几点：

（一）评价、指正

对于交际者在口语交际过程中的表现进行评价。这一过程，教师不可包办代替，应该引导学生共同参与，在肯定鼓励好的方面的同时，也要指出不足，并分析原因，提出富有针对性的矫正意见。

（二）质疑、探究

在引导评价、指正过程中，新的问题会随之而来，教师要抓住这些生成性的问题，留给学生发现问题、解决问题的时间和空间。这一过程，既是学生又一次的口语交际过程，也是学生进行深层次发现、探究的过程。

（三）实践、运用

口语交际训练的根本目的在于实践运用，而实践运用反过来又能促进口语交际能力的提高。口语交际能力培养的主阵地在课堂，而实践运用的主阵地则在于大量的社会生活。因此，我们一方面要积极引导学生利用日常生活进行交际实践，一方面应该采取多种方式，有针对性地组织有价值的活动，给学生增加交际实践的机会。比如，以参观、访问、调查为目的的考察活动；以慰问、关怀、帮助为目的的服务；以聚会、交流、娱乐为目的的联欢活动，等等。

专题二　如何挖掘课文中的口语交际因素

《语文课程标准》提出了小学生应"具有日常口语交际的基本能力，在各种交际活动中，学会倾听、表达与交流，初步学会文明地进行人际沟通和社会交往"的目标要求，并将"口语交际"与"识字与写字""阅读""习作""综合性学习"放在同等重要的位置上。小学语文教材的每个单元中都安排了一次口语交际的练习，但这对于我们的要求来说是远远不够的，应该贯穿在语文教学的始终。阅读教学过程的实质是教师、文本、学生三者间的对话过程，是师与生、生与生进行学习交往的过程。因此，充分重视在阅读教学过程中加强对学生口语交际的训练是十分重要的。

案例分析

【案例 4-2】

"詹天佑"教学片段

师：从哪些地方可以看出詹天佑是一位杰出的爱国工程师？

生：我从文中第四自然段看出来的，因为他不怕困难，也不怕嘲笑，毅然接受了任务。他在勘测线路的时候都是亲自去做，吃了很多苦。他总是想：这是中国人自己修筑的第一条铁路，一定要把它修好。否则，不但会遭那些外国人讥笑，还会使中国的工程师失掉信心。

师：从詹天佑勘测线路、开凿隧道的过程中，我们可以看出詹天佑的杰出。

生：我是从第五自然段看出来的。因为詹天佑马上开始勘测线路，开凿居庸关隧道，采用"从两端向中间凿进"的办法，开凿八达岭隧道又采用了"中部凿井法"克服了重重困难，最后把工期缩短了一半。

师：（板书：两端凿进法　中部凿井法）这是詹天佑设计线路的过程。

生：我还从文中第六段看出詹天佑是一位杰出的工程师。因为詹天佑设计了"人"字形线路，使火车巧妙地爬上了陡坡。

师：（板书：设计"人"字形线路……）这也是设计线路的过程。

师：同学们，下面让咱们来进行一场模拟表演，请每组推选出一位代表扮演"詹天佑"向"工程人员"介绍自己的设计方案，等一会咱们看看哪组设计得好，表演得好。

（小组演练）

师：哪个小组愿意为我们表演。

（请出一个学习小组）

生：大家好！我是工程师"詹天佑"，经过这段时间的勘测研究，我觉得居庸关和八达岭两条隧道的工程最艰巨。下面我向大家介绍一下居庸关的情况：居庸关山势高，岩层厚（在黑板上边说边画出一座高山），我决定采用从两端向中间凿进的办法，（画→←）这样可以大大缩短施工期。同志们，有什么意见吗？

生：（工程人员）没有！

师：讲得很清楚！（鼓掌）"工程人员"你们真的一点儿意见都没有吗？

生：（工程人员）：没有！

师：好！还有哪个小组愿意表演？

（请出另一个学习小组）

生：大家好！我是"詹天佑"（招手，示意"工程人员"围拢）。今天把大家召集在一起，是想和大家商量一下八达岭隧道的开凿情况。八达岭隧道长1100多米，有居庸关隧道的三倍长（画八达岭）。所以，我跟一些很有经验的工人商量后，决定采用"中部凿井法"，先从山顶往下打一口竖井（画井），再分别向两头开凿（画←→），外面两端也同时施工（画→←），这样可以把工期缩短一半。同志们，你们认为这样的方法可行吗？

生（工程人员甲）：詹总，能不能多打几口竖井，这样不是能更快吗？

生（詹天佑）：哦？大家觉得这样可行吗？

生（工程人员乙）：我觉得这样可能不太合适，我们现在的银子已经很紧张了。再说，咱们的人手可能也不够。

生（工程人员丙）：我也认为不合适，几口竖井加起来的长度都会超过两端凿进的长度。这样，我们的银子和时间就都浪费了，还是从山顶打一口井好。

师：（带头鼓掌）这组同学的表现真是精彩！的确，八达岭隧道太长了，当时的测量设备也很落后,如果仍用"两端凿进法"就很容易产生误差,在中间对接有困难。如果多打几口竖井,当时的人力、物力、财力又都可能面临压力,所以还是用"中部凿井法"比较理想。大家明白了吗?

生:(异口同声)明白了!

师:还有哪个小组想表演吗?

(请出第三个学习小组)

生(詹天佑):大家好!居庸关和八达岭的隧道经过大家的努力,终于成功开凿了,我们下一个目标是要完成青龙桥路段。青龙桥附近,坡度特别大,火车怎样才能爬上陡坡呢?我设计了一种"人"字形线路(画"人"字形线路图,一边演示,一边解说),北上的列车到了南口就用两个火车头,一个在前边拉,一个在后面推。过青龙桥,列车向东北前进,过了"人"字形线路的岔道口就倒过来,原先推的火车头拉,原先拉的火车头推,使列车折向西北前进。这样一来,火车上山就容易多了。大家听懂了吗?

生:听懂了!

师:听了詹总工程师的介绍,作为和他朝夕相处的伙伴,此时此刻,你们有什么想对詹总工程师说的吗?

生:詹总工程师,你真是太了不起了,这样的设计真是太巧妙了!实在令人佩服!

生:詹总工程师,你真是我们中国人的骄傲!

生:詹总工程师,你是我所见过的最杰出的工程师!你的设计一定会让那些洋鬼子大吃一惊,他们一定想不出这么好的办法。

生:詹总工程师,你的设计真是长了我们中国人的志气,灭了洋鬼子的威风!从此以后,再也没有哪个国家敢小瞧咱们中国人了!

【案例 4-3】

"伯牙绝弦"教学片段

片段一

师:这正是"伯牙所念,钟子期必得之"!那么我们从何处可以看出伯牙的确善鼓琴,钟子期的确善听呢?

生:"伯牙鼓琴志在高山,钟子期曰:'善哉,峨峨兮若泰山!'志在流水,曰:'善哉,洋洋乎若江河!'"我从这两句看出了伯牙的确善鼓琴,钟子期的确善听。

师：当伯牙鼓琴志在高山，钟子期曰——

生：善哉，峨峨兮若泰山！

师：志在流水，曰——

生：善哉，洋洋乎若江河！

师：假如你是子期，伯牙鼓琴志在高山，透过伯牙的琴声，你就仿佛看到了——

生：我就仿佛看到了巍峨雄伟的泰山！

师：于是你就怎样赞叹？

生：善哉，峨峨兮若泰山！

师：现在你还是子期，当伯牙鼓琴志在流水，透过伯牙的琴声，你就仿佛看到了什么？

生：我就仿佛看到了长江黄河！

师：于是你就怎样赞叹？

生：善哉，洋洋乎若江河！

师：真好。伯牙善鼓琴，我们的资料中也说俞伯牙是当时楚国有名的音乐家。那作为一位有名的音乐家，他的琴声一定不只表现了高山流水，除了泰山峨峨、江河洋洋，俞伯牙的琴声还会表现哪些动人的场景呢？请你充分发挥想象力！

生：还会表现鸟语花香的景象。

生：还会表现秋天落叶满地的景象。

生：还会表现无边无际蓝天的景象。

生：还会表现春天繁花似锦的景象。

生：还会表现冬天雪花纷飞、白雪皑皑的景象。

生：还会表现秋风习习的景象。

生：还会表现清晨朝阳四射、霞光灼灼的壮丽景象。

生：还会表现春天杨柳依依的景象。

生：还会表现春雨绵绵、诗情画意般的景象。

生：还会表现鸟在枝头歌唱的景象。

生：还会表现春天竹子拔节的景象。

生：还会表现秋天果实累累的景象。

师：好！作为一个善鼓琴的人，作为楚国有名的音乐家，正如同学们所说，他的琴声一定表现了很多很多动人的情景。（出示课件）

师：他的琴声一定还表现了那徐徐清风——

生：（齐读课件）皎皎明月，依依杨柳，萋萋芳草，袅袅炊烟，潺潺流水，潇潇春雨，皑皑白雪，蒙蒙云雾，灼灼霞光！

师：现在你们都是钟子期，当伯牙鼓琴志在清风，透过伯牙的琴声，你感受到那徐徐的清风了吗？于是你怎么赞叹？

生：善哉，徐徐兮若清风！

师：真是一个善听的子期！伯牙鼓琴志在明月，透过伯牙的琴声，你看见那皎皎的明月了吗？

生：善哉，皎皎兮若明月！

师：也是一个善听的子期！我们都是钟子期，想象这样一幅画面：伯牙正在鼓琴，子期正在听琴。当伯牙鼓琴志在杨柳，钟子期曰——

生：善哉，依依兮若杨柳！

师：当伯牙鼓琴志在芳草，钟子期曰——

生：善哉，萋萋兮若芳草！

师：志在炊烟——

生：善哉，袅袅兮若炊烟！

师：志在流水——

生：善哉，潺潺兮若流水！

师：志在春雨——

生：善哉，潇潇兮若春雨！

师：志在白雪——

生：善哉，皑皑兮若白雪！

师：志在云雾——

生：善哉，蒙蒙兮若云雾！

师：志在霞光——

生：善哉，灼灼兮若霞光！

师：好一个善鼓琴的伯牙，好一个善听的子期！这正是："伯牙所念，钟子期必得之。"伯牙所念，钟子期必得之，我心有所念，我的好朋友必得之，这不是一般的朋友啊！这就叫——

生：知音！

师：（板书：知音）而不论伯牙志在高山，志在流水，还是志在明月，志在清风。凡伯牙所念，子期必得之，这就是真正的——

生：知音！

片段二

师：伯牙当时已经是楚国著名的音乐家，在遇到钟子期之前，他还会缺少赞美吗？

生：不会！

师：不缺少赞美，那他为什么独独把子期看做知音？

生：因为伯牙想到的子期都能知道。

师：那别人呢？

生：而别人就感受不到伯牙内心深处的感觉。

师：也就是说，不能真正听得懂伯牙琴声的妙处。

生：别人的赞美都是空虚的赞美，并没有真正地了解、懂得伯牙内心深处的感情，没有听得懂伯牙弹奏曲子的韵味，而钟子期懂了，所以伯牙就把钟子期视为知音。

师：你能设想一下别人那些空虚的赞美是怎样的赞美吗？

生：别人会说：伯牙，你真厉害！真不愧是著名的音乐家！

师：可是伯牙的琴声到底好在哪儿，却说不出来，所以这样的赞美是空泛的，是不着边际的。

生：别人的赞美始终是肤浅的、表面的，根本说不出哪里好，只是说你好，没说出哪个部分好，而钟子期却说出他的哪个地方好，理解得很深！

师：那你说别人的那些肤浅的赞美到底是怎样的赞美？

生：伯牙，你的琴声真是太美了，没有人能弹出这么美的琴声！

师：尽管这样的赞美是很高的评价，但这样的赞美却没有像钟子期那样真正道出伯牙琴声的妙处。所以这样的赞美是肤浅的，是毫无价值的。

生：大家都知道伯牙是有名的音乐家，所以听到别人赞美，就都觉得伯牙的琴声一定是非常棒的。

师：别人赞美就跟着赞美，却并没有真正听出美在何处，所以这样的赞美也是没有什么价值的，是吗？

生：钟子期是最能体会和了解伯牙通过音乐表达自己的内心深处意思，而别人却没能做到，所以伯牙把子期视为自己的知音。

师：也就是说只有钟子期能真正听得懂伯牙琴声的妙处。可以想象，在遇到钟子期之前，当善鼓琴的伯牙志在高山，没有人能像钟子期那样去说——

生：善哉，峨峨分若泰山！

师：当他鼓琴志在流水，也没有人能像子期那样去说——

生：善哉，洋洋兮若江河！

师：当伯牙听到那些毫无价值的、没有意义的、空虚的、肤浅的赞美的时候，他是一种什么心情？

生：一种很失望的心情！他看到来听他弹琴的人中没有一个人真正懂得他琴声的韵味。

师：他的内心充满了失望！

生：他还有一种无奈。因为他想表达的情绪无人能够听懂，因此他感到无奈！

师：他感到一种无人能够理解的无奈！

生：我想伯牙这时候肯定感到寂寞，因为他想到听他弹琴的人都是非常庸俗的人，不能真正听懂他内心所想，因此他感到寂寞！

师：他一定是寂寞的，有道是曲高和寡！

生：伯牙一定是很忧郁、很失望，充满渴望的！因为在这个世界上没有一个人理解他的内心深处是怎样的，因此他十分渴望遇到一个跟他心有灵犀的人！

师：心有灵犀可能是对知音最好的注解。正如这个同学所说，那时候的伯牙心中一定有一种渴望，他渴望遇到一个真正的——

生：知音！

师：那时候的伯牙心中一定千万次地发出一种呼唤，他呼唤什么？

生：我的知音，你到底在何处啊？

师：然而终于有一天，伯牙遇到了自己的知音钟子期！面对如此善听的子期，面对这样难得的知音，俞伯牙的心情又是如何呢？

生：俞伯牙的心中一定是心潮澎湃的！

生：很快乐的，一定要在音乐事业上走得更远，一定要有成就，是钟子期带给他的希望。

师：因为有了知音，他对未来充满了希望和憧憬。

生：俞伯牙的心中是十分欣慰的，因为终于有了一位真正的知音。

生：俞伯牙的心中是十分兴奋的，因为他终于找到了自己的知音。

师：俞伯牙的心中一定是感慨万千，这万千的感慨又汇集成一句话，他一定会对钟子期说什么？

生：他一定会说，知我者，乃钟子期也！

师：知我者，子期也！传说，俞伯牙与钟子期之间有着深厚的情谊，伯牙曾为等待子期，在江边的船上苦苦地守候了一夜，而子期也把伯牙视为兄长，最后一次相见，两人依依不舍，洒泪而别。此时的伯牙与子期，你觉得他们还仅仅是一对音乐方面的知音吗？

生：我觉得不只是音乐方面的知音，他们已经是一对生活上的知音。

师：他们已经成为一对人生的知音！

生：我觉得钟子期和俞伯牙不仅是音乐上的知音，更是生命中的知音。因为钟子期能在俞伯牙的琴声中知道伯牙的心情，十分关心俞伯牙，所以我觉得他们是生命中的知音。

师：俞伯牙与钟子期的相遇绝不仅仅是音乐方面的心有灵犀，他们的相遇是一颗心和另一颗心的相遇！

生：他们有一种心灵上的交流。伯牙是善于弹琴的，他总是能把他的心情表现在琴声里面，而这时钟子期在旁边默默地听着，能够努力使自己领会琴声的精神内涵。所以不管在任何方面他们都能够互帮互助，这对于俞伯牙来说应该是一种很大的快乐和幸福，因为有这么好的知音在自己身边！

师：这真是：伯牙所念，钟子期必得之。而这样能够完全了解自己的知音，在我们的人生路上，如果能够遇到，真是太难得了。知音欢聚，一定是一幅非常欢乐、非常融洽的场面，是吗？现在让我们再来读一读这段话，请同学们感受知音欢聚的那份融洽与欢乐。

生：（饱含深情地）伯牙善鼓琴，钟子期善听。伯牙鼓琴志在高山，钟子期曰："善哉，峨峨兮若泰山！"志在流水，曰："善哉，洋洋兮若江河！"伯牙所念，钟子期必得之。

片段三

师：春风满面皆朋友，欲觅知音难上难！可能我们并不缺乏聊天说笑、吃喝玩乐的朋友，但要找到真正心灵相通的知音却是难上加难。子期一死，世上再无知音，那一曲高山流水又弹给何人听？只有这一段动人的故事千古流传——

（学生再读课文）

师：读了这个故事，你感动吗？难受吗？面对伯牙的痛苦与绝望，你想对他说什么？也许你想劝劝他，也许你想安慰他，也许你还想赞美他，也许你还想到了别的，将你的想法写下来。

（学生写，教师巡视；交流）

生：在茫茫人海中，俞伯牙与钟子期的相遇是老天的安排，他们的故事流传千古！

师：好一个流传千古！

生：伯牙，我理解你此时的心情。你没有了心灵依靠，我也替你难过，没关系，我相信人生还是会有知音的。伯牙，你振作起来吧，我们都看着你，振作起来吧！

师：听你的声音，我知道你是一个善良的孩子，你理解伯牙，劝伯牙可以寻觅人生的第二个知音！

生：伯牙，知音难得。你的知音离你而去，这种痛苦是常人不能想象的，是常人难以理解的。愿你考虑再觅知音，这也是子期盼望的。

师：你也觉得俞伯牙可以再觅知音！

生：俞伯牙，你不要再伤感了，我相信你一定可以再找到知音的，我觉得人生有一个知音已经是很难得了，我现在就有一位知己，我很珍惜，也很快乐。你不能这样消沉下去，人生的路还很长，你要好好走下去，在音乐方面再创辉煌！

师：祝贺你，找到了一位自己的知音，你很快乐，是吗？

生：伯牙，我十分同情你，月有阴晴圆缺，子期的死也许让你感到非常难过，但我想如果子期还活着，也一定不会赞成你摔琴绝弦的。他一定希望你在音乐方面再创辉煌！

师：你觉得如果子期在世，也一定不会希望自己的知音俞伯牙这样消沉、绝望，是吗？看来你是真正理解了知音的含义。

生：俗话说，世上没有不散的宴席。你和钟子期虽然是音乐上的知音，生活上的知音，生命中的知音，心灵上的知音，但是总有一天会分开的，所以你不必太过悲伤，振作起来吧！

师：你觉得人生在世，聚散乃是家常事。是吗？那么，完全可以把自己的心打开，不必把整个心灵关闭，人在任何时候都要走一条宽阔的路！

生：伯牙，别难过了。子期虽死，但你们真正的友谊留下来了，虽然知音难觅，但是曾经有这样一个知音与你为伴，你应该知足了！

师：子期虽死，俞伯牙与钟子期的这段动人的故事，却并不因为子期的死，也并不因为时间的流逝，而失去它的光彩。我们现在不是在读、在品、在讨论这个故事吗？听了刚才同学们的看法，我也忍不住在想，其实我们每一个人又何尝不在苦苦寻觅自己的知音呢？知音不分年龄，不分职业，不分性别，不分阶层。虽然知音的范围如此广泛，但并不意味着人人都能成为我们的知音。有道是千古知音最难觅！知音难求，如果我们拥有自己的知音，那是命运的恩赐，那是人生的幸运，应该倍加珍惜；但假若没有知音，或者和伯牙一样曾经拥有知音但最后失去了知音，我们也可以把寻觅知音作为一种人生的追求——也许我们最终依然是一无所获，但幸福往往不在结果，而在于寻求的过程之中。所以我希望同学们看到的不仅仅是一场悲剧，我们更应该从这个故事中见证一份人生的美好，感受一份人生的温暖……

【案例 4-2】，理解两种开凿隧道方法的好处以及"人"字形线路设计的妙处是本课的教学难点。由于学生缺乏足够的生活认知，对于这一重点段落，如果逐句解析，会显得繁琐多余，学生不易感兴趣。于是，教师改变了传统的讲析式的教学方法，创设了"詹天佑"向"工程人员"介绍工程设计方案的情境，在学生充分理解课文内容的基础上，让学生通过角色扮演来将教材中的文字变为自己的语言。这样既充分发挥了学生的主体作用，激发了学生的学习兴趣，也巧妙地进行了一次口语交际训练，无形中培养了学生分析问题的能力和口语交际的能力。

【案例 4-3】，教师引领着学生在诗意的课堂里行走，教师不遗余力地进行着情境创设，有效调动着学生去准确地演绎文本内外所蕴含的丰富信息，层层深入地引领学生感受着伯牙与子期的心心相通。

观点建议

《语文课程标准》指出："努力选择贴近生活的话题，采用灵活的形式组织教学，不必过多传授口语交际知识。"实践证明，儿童学习语言是以内隐认知为主的，在实践中习得并加以巩固是学习语言的主要途径。阅读教学是小学语文教学的主要形式，教材中选编的课文无论从内容到形式，还是从思想含义到语言表达都蕴含着丰富的口语交际要素。通过有效的情境创设，使之兴趣盎然地投入阅读，进而从中获取信息，进行有效的处理、反馈，积极投入情境当中，往往会使我们的阅读教学收到一举多得的效果。这就要求我们，不仅要用好教材中的口语交际内容，还要深入钻研课文，挖掘课文中有利于培养口语交际的要素，使口语交际教学与阅读教学相得益彰、水乳交融。

一、以教材为基础，营造语境

阅读教材中的口语交际要素往往是隐性的，易被忽略，这就要求教师认真钻研教材，创造性地使用教材。我们可以试着从以下三个方面拓宽学生口语交际训练的途径：

（一）诵读美文，积累语言

在口语交际实践中，很多学生想要发表对于客观的人、事、物的所见所感时，却往往不知如何表达。这主要是因为他们心中缺少词汇、语言积累不够所导致的。可见，要提高口语交际水平，离不开语言的积累。朗读、背诵是内化语言、积累语言的有效途径。充分利用教材，选择一些优美的篇章，给予学生充分的时间，引导他们有感情地朗读、背诵，从而形成对语言的感悟与积累，可以使口头语言表达更富感情色彩。

（二）角色对话，再现生活

教材中不乏大量生动、经典的对话段落，学生在进行角色对话、表演的过程中，可以感受到语言的示范作用。久而久之，潜移默化成自己的交际语言。

（三）填补空白，拓展思维

以教材内容为基础，合理地展开拓展、延伸，可以生发出许多学生感兴趣的话题，从而拓展学生思维。

二、以教材为媒介，创设情境

心理学研究表明，良好的情境能使人的潜能得到最大的发挥。所以我们要努力营造一种自由、民主、平等、融洽的交际情境，才可能使学生大胆地表现，自由地表达。下面列举几种常用的情境创设方式：

（一）创编课本剧

课本剧的表演，不仅能给学生提供展示的舞台，还可以充分调动学生参与的积极性，有利于培养他们在充分领会文章主要内容的同时，将课文中的语言内化为自己的语言，使语言表达能力得以增强。

(二) 开展"记者招待会"

"问""答"是现代小学生必须掌握的一种交际技能。在"记者招待会"的情境中，学生要想更好地投入到"问""答"的过程中去，就必须领会教材的主要内容，抓住要点，问有所依，答有所指。

(三) 开展"辩论会"

在课堂上，经常会出现不同的学生对于同一问题持有的观点和理解也有所不同的情况。对于这种既不愿放弃个人观点，又不愿轻易接受别人意见的局面，我们可以不失时机地引导学生展开辩论。在这种既紧张又兴奋，既愉悦又自由的情感交流活动中，每个学生都能酣畅淋漓地陈述自己的观点。在互动交流中也会产生新的观点和共识，学生的口语交际能力自然能得到锻炼和提高。

(四) 开展"公益设计"活动

对于以状物为题材的文章，我们可以组织学生开展"公益设计"等活动。这样不仅能培养学生口语交际能力，还能培养学生良好、端正的公益意识以及健康、积极的社会价值观。

三、以教材为依托，提高技能

许多学生在进行口语交际的过程中会遇到不得要领或无从说起的困境，作为教师，我们可以在阅读教学过程中，以教材为依托寻找阅读理解与语言训练的最佳结合点，为学生提供口语交际实践的机会，帮助学生锤炼语言，训练思维，学习有条理地表达。

(一) 套用

针对学生在口语交际过程中缺乏思维的逻辑性、条理性这一情况，我们可以将口语交际整合在阅读教学过程当中。师生在共同解读文本的过程中，根据文本的特点，将某一个教学点视为口语训练的结合点，让口语交际训练在解读文本的过程中完成，这也是从语文学科的工具性出发而组织、实施的教学策略。比如，教学《荷叶圆圆》一课，我们可以引导学生套用课文句式，以"荷叶是我的……"进行说话练习。这种以句式为依托的说话练习，可以帮助学生在较短的时间内进行规范的语言表达。

（二）复述

根据小学生阅读水平和心理特征，启发学生复述课文进行口语交际训练是一个有效的方法。例如《惊弓之鸟》一课，我们可以引导学生以"更嬴""魏王""随行侍从"等不同的身份来复述故事内容。鼓励学生尽可能把故事讲得生动、具体，在依托文本的同时还可以超越文本，允许对文本内容进行增删，允许增加人物的对话，插入人物的心理活动等。在这样的训练过程中，学生的语言表达和思维能力都会得到提高。

（三）模仿

教材中有许多典型的语段都为学生提供了学习的范例，都可以成为学生进行口语交际训练的载体。例如，在学习《荷花》一课时，要求学生在熟读、理解的基础上，联系自己的生活实际，模仿课文的表达形式，以"我忽然觉得自己仿佛就是一朵荷花……"来进行口语交际练习。这一过程中，学生语言表达能力获得提高，也将为课堂学习生成新的精彩。

（四）迁移

迁移是将已经学过的知识在新的情境中加以应用，也就是用已有经验来解决新课题的能力。比如，人教版四年级上册的《颐和园》一文按照游览的顺序，移步换景，描绘了北京颐和园的美丽景观。在教学中，我们可以引导学生运用从课文中学到的写作顺序及描写方式迁移到自己的语言实践中，对生活中熟悉的景物进行介绍，进而达到自由表达、从迁移走向创新的口语交际目的。

专题三　如何做好口语交际评价

口语交际活动是一项极其复杂的人际交往活动。从口语交际活动的类型来看，可以分为对话式和独白式两种；从口语交际训练的功能来看，可以分为复述式、讨论式、演讲式、辩论式等多种形式。从前者来看，不同的口语交际类型有着不同的特点与风格；从后者来看，不同的训练项目分属不同的语体领域，都无法用统一的标准来进行评价。

"评价"是课程实施的重要环节，《语文课程标准》在口语交际评价建议中指出："评价学生的口语交际能力，应重视考察学生的参与意识和情意态度。评价必须在具体的交际情境中进行，让学生承担有实际意义的交际任务，以提高学生真实的口语交际水平。"因此，如何建立起科学的评价体系，对于学生经过口语交际训练之后，交际能力所达到的程度建立起客观、真实的认识，并对其中存在的问题及时进行调整，是一个需要我们认真思考的重要问题。

案例分析

【案例 4-4】

"大家都来帮帮他"教学片段

师：同学们，值日生小华遇到了一个难题，需要大家的帮助，你们愿意帮帮他吗？

生：愿意！

师：请大家把书翻到 115 页，读读口语交际的内容，你们就知道小华遇到什么难题了。（板书：大家都来帮帮他）

（自由读）

师：现在，你们知道小华遇到什么难题了吗？

生：小华值日的时候，他们班的小龙迟到了。小华心想：要是把小龙的名字记下来，自己班级就得不到纪律红旗了，要是不记，就没有尽到值日生的责任。

师：是啊，此时此刻，小华的心里矛盾极了，不知怎么办才好。大家帮他拿个主意吧。记住，发言时声音要洪亮，先表明自己的观点：记、不记都要说明理由。其他同学要认真倾听，明白发言同学的观点及理由，随时准备补充或反驳。能做到吗？

生：我认为应该记。因为我们要诚实，如果不诚实就不能做值日生了。

生：我觉得要记。如果不记，被校长、老师知道了，会被批评的。

生：我也认为要记。因为这是作为一个值日生的职责。

生：我的观点是应该记。如果只记别的班，不记自己班的，对其他班级不公平。

师：同学们都一致认为小华应该记。而且大家的理由都很充分，发言时也基本能够做到声音洪亮、条理清晰。我相信，小华现在知道该怎么做了。

师：可是，小华的同学有可能责怪他，有人也许会对他说："自己班的同学，就装做没看见好啦。"有人也许还会说："咱们班的纪律红旗没有了，就是因为小华！"面对同学们的责怪，小华很委屈。同学们，你们帮人帮到底，替小华解释解释吧。

生：同学们选小华当值日生，就是因为他诚实啊！

生：就算他不记，我们班的纪律红旗也早晚会失去的。而且大家以后就会觉得，违反了纪律也不要紧，反正有小华当值日生，这是不行的。

生：对，这样得来的红旗是不光荣的。

生：要想得红旗，就要靠真正的实力。

师：听了同学们的精彩发言，相信小华的同学们一定能理解他。而这些都是你们的功劳。老师希望同学们在今后的学习生活中，能够明辨事非，坚持原则，同时不要忘记去更好地磨炼自己的语言，让自己的语言更有说服力！

【案例 4-5】

"观察中的发现"教学片段

师：（操作课件，画面为"收到一封新邮件"，同时发出提示音，教师故作惊奇状）等一下，好像收到了一封 E-mail。要不要看一下？

生：（兴奋地）要！

（教师点击课件，出示以下内容）

邀请函

您好！中央电视台通过卫星观察发现到你们正在进行《观察中的发现》公开教学。许多同学观察得既仔细又认真，发现也是精彩又有趣。所以，我们打算赶来录制一期特别节目，名字就叫做《观察中的发现信息发布会》。可否？盼复！

师：啊，这可是个好消息！同学们，咱们是选择同意还是选择不同意呢？

生：（异口同声，兴奋地）同意！

师：这可是中央电视台，要向全国播放呀，那咱们抓紧时间趁拍摄组到来之前排练一下。好不好？

生：好！

师：那我先临时客串一下主持人，大家准备好，咱们说行动就行动！（故意整理了一下衣服，拿起讲台上的话筒）电视机前的观众朋友们，大家好！这里是深圳市××区××小学三年级二班的教学现场，应中央电视台的邀请，今天，三（2）班的同学们将为我们呈现一期特别节目，名字叫做《观察中的发现信息发布会》。现在，请电视机前的您和在场的同学们一起，从大屏幕上的四个观察目标中选择出自己最感兴趣的一个，同时有请现场的同学们根据自己的喜好组成新的小组。

（指挥对同一观察目标感兴趣的同学坐在同一小组内）

师：我们的观察活动现在开始，请看大屏幕——

（播放课件）

第一个目标：动画片段：风将小狐狸菲菲的香肠吹跑了。

第二个目标：数字：2，4，8，16，32，64……

第三个目标：动画片段：三个和尚的故事。

第四个目标：一组关于深圳的新、老照片，并配有歌曲《春天的故事》。

师：刚才每个小组观察得都很仔细，我们先请同学们把观察中得到的发现在小组中交流一下。

（小组内交流）

师：好，我们的"信息发布会"正式开始，首先请每个小组派代表来说说他们观察到了什么？发现了什么？其他小组的同学可以在他们发言之后，给他们提出问题或建议。

生：我们观察的是……

师：稍等一下，电视机前的观众朋友们很想认识你呢，先向大家介绍一下自己。

生：大家好！我是第一小组的代表，我叫××，我们小组观察的是第二个目标，我们观察到了一组数字，有：2，4，8，16，32，64……我们发现，这些数字是有规律的。

生：我想给你们提个问题，这些数字之间有什么规律呢？

师：嗯，问得好！

生：这些数字都是偶数。

生：我来补充一下，它们不仅都是偶数，而且后面一个数字还是前面一个数字的两倍。

生：其实后面的省略号我们小组也猜到了是什么？

师：哦？猜到了？猜到的同学一起来说说。

生：128，256，512……

师：OK，OK！

生：我还想补充。

师：好，补充。

生：其实所有的事情都是有规律的。

师：哦？举个例子。

生：像我们平时背英语单词，只要掌握了发音的规律就可以轻松记住很多单词了。

（全场掌声）

师：有没有道理？

生：有！

师：怎么样？现场的同学们，对他们的回答满意吗？

生：满意！

师：那有什么建议或评价送给他们小组吗？

生：我觉得他们观察得非常仔细，发现了数字之间的规律！

师：不仅仅是数字之间的规律，还包括——

生：英语学习的规律。

师：别忘了，他们还提醒咱们，很多事情都是有规律的，只要你会——

生：（众）观察、发现！

师：没错！来，还有什么评价？

生：我觉得他们的回答特别有礼貌。

生：他们在回答的时候排好了顺序，值得我们小组学习。

师：非常好！哪个小组愿意接着来汇报？

生：大家好！我是第二小组的代表，我们观察的是第一个目标，动画片中的那只小狐狸叫菲菲，它好不容易得到了一根香肠，可是又被风吹跑了。我们的发现是，风有时能给我们带来麻烦。

师：嗯，说完了吗？

生：说完了。

师：看看其他小组同学有什么想说的？

生：我想问你们个问题。你能猜到菲菲的心情吗？

生：能！因为动画片中的菲菲最后的表情是非常失望的，而且它是狐狸，狐狸是很馋的，它一定很喜欢吃香肠，可是它又吃不到，我想它一定还有些难过。

生：我的问题是，风给你找过麻烦吗？

生：我来回答这个问题，找过的，有一次我去放风筝，我的风筝是一只大蜈蚣，本来在天空中飞得好好的，好多人都走过来夸我的风筝又漂亮飞得又高，我真是开心极了。可是，不知从哪儿吹来一阵大风，一下子就把风筝的线吹断了，我的大蜈蚣就飞到天上去了，再也找不回来了。

生：我想你一定很难过。

生：是的。

生：我祝你今后还能有一只一样漂亮的大蜈蚣。

生：谢谢！我也祝你今后放风筝时不会遇到这样的麻烦。

师：现场的同学们，电视机前的观众朋友们，不知您是否和我一样，从刚刚这两位同学的发言中，不仅看到了他们落落大方的表现，同时还感受到他们彼此间鼓励关怀的温暖，让我们再次用掌声感谢这两位同学！

（全场掌声）

师：还有哪组愿意来汇报？

生：大家好！我来自第四小组，我叫××。我们小组观察的是第四个目标，我们先是听到了《春天的故事》这首歌曲，然后看到了一组关于深圳的照片。这些照片应该是按照年代顺序来排列的，一开始的时候，深圳是个小渔村，后来建起了一些楼房，直到现在，有雄伟的地王大厦，宽阔的深南大道。我们的发现是，深圳的变化真是太大了。

师：我想问你个问题，你是在深圳出生、长大的吗？

生：是的。

师：难怪说得这么富有感情！"雄伟的地王大厦""宽阔的深南大道"，能告诉我，你刚刚所用的"雄伟"和"宽阔"这两个形容词中饱含着你怎样的感情吗?

生:我很骄傲,也很自豪!

师:是啊,相信电视机前的深圳人,一定都会像你一样骄傲、自豪的!有谁想向他们小组提问吗?

生:我觉得深圳的变化还有很多,你们知道吗?

生:我知道,我们学校旁边正在修地铁,地铁是为了给 2011 年世界大学生运动会使用的。

生:我有补充,听我妈妈说,他们小时候,外公外婆为了赚钱还要去海里打鱼呢,可是现在不用了,现在每个月靠收房租就可以生活了。

生:我们家小区里以前没有几辆车的,现在听爸爸说,只要晚上回来稍微晚一点,就找不到停车位了。这说明深圳的车子越来越多了,人们越来越有钱了。

生:我觉得深圳的人也越来越多了,每次我和妈妈去逛街,东门、华强北都是好多好多人呀,我们去吃肯德基常常排不上队。

生:为什么排不上队呢?

生:因为人太多了,我们太饿了,等不及了。

(众笑)

师:非常好,请先说到这儿。对于他们小组的发言,现场的同学们有什么建议或评价吗?

生:我觉得他们说得非常有意思。

师:怎么有意思了?

生:都是我们身边的事情。

师:对呀,生活中处处有发现,只要你平时留意观察!

师:来,最后一个小组,第三小组。

生:大家好,我们是第三小组,我们观察的是第三个目标。这个动画片演的是三个和尚:一个和尚挑水喝,两个和尚抬水喝,三个和尚没水喝。我们的发现是,这三个和尚都想依靠别人,谁也不想去弄水喝,结果三个人都没有水喝,这样是不行的。

生:你说得很好。

生:谢谢!

生:不过我有一个问题,怎么样能让三个和尚都有水喝呢?

生:可以让他们分工,一人挑一天。

生:我觉得还可以让他们三个人"石头、剪刀、布",谁输了就谁挑。

生：或是他们三个人商量一下，每个人都选一件自己喜欢做的事情。

生：什么事情？

生：比如，一个专门做饭，一个专门挑水，一个专门擦地板。

师：哈哈，办法还真不少。对于他们的回答，大家满意吗？

生：满意！

师：光说满意不行，说说哪里令你们满意。

生：我觉得他们的办法很多。

师：来，采访一下，办法这么多，是个人智慧还是集体智慧？

生：是集体智慧。

师：那就说明他们善于发挥集体的智慧！把这条评价送给他们，你认为合适吗？

生：合适。

师：现场的观众朋友们，刚刚四个学习小组分别向我们汇报了他们观察中的发现。现在，想听听大家的意见，对于这四个小组的表现，您最满意的是哪个小组，请伸出您的手指示意一下。来，伸出1个手指的代表第一小组，伸出两个手指代表第二小组，以此类推。当然，如果您对其中两个小组都满意，可以伸出两只手来表达，如果您对四个小组都满意，那就得您自己想办法了！

（全场笑，在场听课的教师纷纷举手）

师（主持人）：这位观众，想采访您一下，您选择的是哪个小组？

师（观众）：我选择的是讲深圳变化的小组。

师（主持人）：请说说理由。

师（观众）：他们小组在讲深圳的变化时，表达特别清楚，而且每一件事听起来都很真实，都是我们身边发生的事情。

师（主持人）：好的，谢谢您！

（第四小组在座位上欢呼、拥抱）

师（主持人）：别忘了，下课后去拥抱一下这位支持你们的观众！

（全场笑）

师（主持人）：来，这位观众，采访您一下，您支持哪个小组？

师（观众）：我支持第一小组，那个发现了英语学习规律的小女孩！我觉得她很了不起，我只是从这组数字中想到了数学，而没有想到其他学科，我觉得她比我棒！

（第一小组在座位上欢呼）

师（主持人）：来，有请这位小女孩，请再次起立，让大家认识一下。

（学生起立）

（全场掌声）

师：今天你是耀眼的"小明星"，这会儿想说点什么？

生：我很感谢这位老师给我的评价，我今后会更加努力的。

（全场掌声）

师（主持人）：来，最后一次机会，还有哪位观众想发言？

师（观众）：我支持第二和第三小组，他们两个小组在团队合作方面做得很好，能感觉得出他们经过了讨论分工，彼此配合得很好！

（第二、三小组在座位上欢呼）

师（主持人）：谢谢您！您既给今天的观众点评环节画上了一个圆满的句号，也给大家出了一个难题，今天的这场信息发布会，究竟哪组表现更为突出呢？请大家不要走开，我们的节目没有广告，来，一起进入下面的环节……

在以上两个案例的对比中，我们不难发现，【案例4-4】，无论是交际的范围还是评价的形式都仅仅局限于简单的师生对话之间。教师在此次交际活动中缺乏具体的评价标准，在此次交际活动中的作用仅停留在话题的引导和兴趣的激发层面，除了将话题引向既定的目标、既定的答案之外，对于学生交际能力的提高没有起到具体的指导作用。【案例4-5】中的教师在教学过程中，充分挖掘一切可利用的资源，采用了不同的评价模式，尤其注意发挥多主体评价的优势，将教师（执教者）、学生、教师（听课者）等多种评价主体引向课堂，引向对于学生学习过程的描述，使评价真正体现了学生的差异和发展情况，真正为教学所服务。

观点建议

"口语交际"作为以语言为主要中介工具而进行的交际活动，具有情境性、突发性、互动性、综合性等特点。口语交际实践，不仅反映学生口语交际的知识和技能，更蕴涵着心理素质、交际兴趣、情感体验、价值观、审美能力等方面的要素。长期以来，对于学生口语交际能力的评价依然存在着评价目的片面、评价范围狭窄、评价标准机械、评价手段单一、评价主体局限等不足。因此，对于口语交际的评价相比较于其他的课堂教学形式，更难以用传统的方式、方法来衡量。《语文课程标准》针对这种情况，明确提出："评价的目的不仅是为了考察学生达到学习目标的程度，更是为了检验和改进学生的语文学习和教师的教学，改善课程设计，完善教学过程，从而有效地促进学生的发展。"

一、评价原则

对于学生口语交际能力的评价应当遵循以下原则：

（一）激励性原则

学生是学习和发展的主人，在口语交际教学中，教师要从学生的实际出发，通过评价激励、唤醒学生内心的表达欲望，让学生体验成功的愉快，激发他们积极主动地参与到口语交际实践中去。

（二）改进性原则

评价在调动学生学习的积极性、主动性的同时，还应关注学生在探究能力、学习能力和解决问题的能力等方面是否有所发展，在责任感、合作精神和创新意识等方面是否有所提高。评价过程，必须建立在对口语交际能力及口语交际语言的清楚认识的基础之上，有明确的改进方向。评价的目的是为了改进师生的教与学，从而有效地促进学生的发展。

（三）相对性原则

学生语言能力的发展存在着不均衡性。即使处于同一年龄阶段的学生，其在语言能力的发展上也存在较大差异；不同的气质类型对于学生在口语交际过程中的表现也存在较大的影响等。在如此众多的差异面前，评价必然不能绝对化。

（四）开放性原则

评价应注重多元化，评价过程中应运用多种方式，多渠道、多层面地对学生进行全方位的评价。比如，从评价主体的角度来讲，有学生的自评、互评，有教师评、家长评，还有社会各界人士评；从评价形式来讲，有单项评、综合评，有个案评、典型评，有书面评、口头评等。

（五）综合性原则

评价要关注学生的个性差异和发展需求，促进学生的全面发展。不仅要关注学生在互动的语言实践中听说能力的发展，更要关注学生在思维、习惯、情感、态度、价值观等方面的综合表现。这一原则要求在综合评价的过程中，促进学生口语交际等方面素质的综合提高。

二、评价体系

科学的口语交际的评价体系，是口语交际能力训练得到质量保证的重要条件，我们可以立足于语文教学的三维目标，围绕各学段的具体目标来加以构建。

(一) 从"知识与能力"的维度出发

由于各学段的教学目标不同，评价要素的组成和每项要素的具体要求也不尽相同。从总体上看，我们可以从以下四项共性要素上来加以评价：其一，倾听。倾听是口语交际的基础要素，也是进行口语交际活动的前提。倾听时，既要对别人说话的内容、层次、目的、要点有所理解，还要对别人的话语具有一定辨别能力。其二，表达。在表达过程中，首先要清晰、完整、重点突出地表达出自己的想法、请求或意愿；其次要语言规范、用词准确、逻辑清晰；最后，表达要有一定的艺术性，既大方自然、举止得体，又措词委婉、合情合理。其三，应对。即要求学生根据交际情境的变化，运用交际技巧，随时作出自我调整。其四，应用。即学生运用在口语交际实践中获得的知识，在策划、组织、宣传、交往等新的交际活动中所体现出来的综合表现以及由此所反映出来的探索及创新能力等。

(二) 从"过程与方法"的维度出发

过程与结果在口语交际训练过程中是相互统一的，过分强调过程而忽视结果，或是过分注重结果而忽视过程都是不科学的。从语文学科的特点来看，离开了口语交际的训练过程，就离开了具体的语言活动与实践，口语交际的知识也就无法内化为学生的口语交际能力。对"过程与方法"的评价过程，也就是对学生是否"掌握了口语交际能力"的评价过程。

(三) 从"情感、态度与价值观"的维度出发

语文课程的"人文性"特点在"情感、态度与价值观"这一维度的目标中得以突出体现。在具体的评价过程中，我们可以根据各学段的目标，从以下几

个方面进行评价：其一，能够积极参与交际活动，乐于讨论，敢于表达自己的想法和意见。其二，在与人交际的过程中，能够尊重、理解对方。其三，在交际过程中能够使用文明用语，举止自然大方。

三、评价策略

口语交际能力是一个人的综合素质和实际能力的集中表现，口语交际的评价也应该把握口语交际教学的自身特点和规律，从静态的、单一的局部检测走向动态的、多维的评估检测，这样才能更有助于学生口语交际能力的发展和提高。

（一）形成性评价和终结性评价相结合

教学实践证明，为有效促进学生口语交际能力的形成和发展，我们首先应全方位地了解学生在口语交际过程中的兴趣、表现和潜能等，以客观地对学生口语交际能力的形成和发展轨迹作出形成性评价。终结性评价要以形成性评价为基础，可以看做既是某一阶段对学生形成性评价的结果，又是另一阶段对学生形成性评价的起点和延伸。不仅要客观地考察学生口语交际能力的形成，更要以有利于促进学生口语交际能力的发展为目的。

（二）定量评价和定性评价相结合

定量评价和定性评价，既各有优势，也都存在局限性。前者对观察数据或事实进行量化，具有简明、精确的特点，但学生口语交际能力的发展过程是很难以抽象的数字来表达的。后者主要以评语形式客观、全面地对学生的优缺点进行描述。为考察学生口语交际能力发展水平，我们可以根据实际情况，灵活地将二者相互融合。

（三）教师评价、学生的自我评价和学生间的互评相结合

新的评价理念促使我们通过教师、学生、家长等多角度、多渠道、全方位地了解学生，用全新的眼光去看待、评价学生的口语交际活动，发现和发展学生的口语交际潜能。这种多主体的评价形式，使学生的口语交际活动成为教师、学生、家长共同关注的焦点，这既有利于学生形成取长补短的学习习惯，也为学生口语交际能力的有效发展提供了良好的环境。

综合性学习

专题一 如何设计综合性学习内容

《语文课程标准》首次提出了"综合性学习"的要求，并将"综合性学习"和"识字与写字""阅读""写作""口语交际"共同列为语文学习的五大板块。其用意就是要构建以人的素养为核心的语文教育新模式，将学生从禁锢灵性、束缚发展的传统教育模式中解脱出来。它注重语文知识的综合运用、听说读写能力的整体发展、语文课程与其他课程的沟通、书本知识与实践活动的紧密结合；培养学生的问题意识、合作意识和社会责任感；突出学生的自主性，使学生主动积极地参与到探索和研究的实践过程中来，为学生的终身学习打下良好的基础。毋庸置疑，"综合性学习"这一独具特色的教学领域，是我国当前语文课程改革的一大亮点，对于语文教学工作来说，其意义不可低估。

综合性学习已成为语文教学的常规内容，它是从过去的语文活动发展而来的，然而其自身的"语文性""综合性""开放性""实践性""探究性"等特征使得其在能力层面的要求远远高于语文活动。同时，其活动总量及学生参与面也是语文活动无法比拟的。那么，我们该如何设计好语文综合性学习的内容呢？

案例分析

【案例 5-1】

"认识打比方"教学实录[①]

师：早就听说三（3）班的孩子特别聪明。聪明的孩子，老师奖励你们看一段动画，你能说出它是哪篇课文出现的情景吗？（播放动画）

生：《台湾的蝴蝶谷》。

师：（多媒体出示：配乐《台湾的蝴蝶谷》）伴着优美的旋律，我们来到了蝴蝶谷，只见——（引读）

---

① 蒋燕. 认识打比方 [M]. 河南：大象出版社，2007：153—161.

生：（齐读）山谷里有几只蝴蝶，上下翻飞，五彩缤纷，就像谁在空中撒了一把五颜六色的花瓣，随风飘来，又随风飘去。

师：看完了蝴蝶谷，我们又来到了"东方之珠"——香港。（多媒体：《东方之珠》）（引读）

生：（齐读）马路上一串串明亮的车灯，如同闪耀的长河奔流不息。

师：《北大荒的秋天》也同样美丽迷人。（多媒体：《北大荒的秋天》）

生：（齐读）流云在落日的映照下，转眼间变成一道银灰、一道橘黄、一道血红、一道绛紫，就像是美丽的仙女在空中抖动着五彩斑斓的锦缎。

师：《拉萨的天空》总是那么湛蓝、透亮，好像用清水洗过的蓝宝石一样。（多媒体：《拉萨的天空》）

师：多美的画面、多美的文字啊！更精彩的还在后面呢！（多媒体配乐朗读《庐山的云雾》）

生：（齐读）庐山的云雾千姿百态。那些笼罩在山头的云雾，就像是戴在山顶上的白色绒帽；那些缠绕在半山的云雾，又像是系在山腰间的一条条玉带。云雾弥漫山谷，它是茫茫的大海；云雾遮挡山峰，它又是巨大的天幕。

师："明亮的车灯，如同闪光的长河""流云就像是美丽的仙女在空中抖动着五彩斑斓的锦缎""天空好像用清水洗过的蓝宝石一样"，画面美，文字更美。你注意到了吗？刚才我们欣赏的这些句子有什么共同的地方？

生：都在打比方。

师：你还知道打比方啊！打比方就是把一种事物比做另一种事物，这节课我们就一起来认识打比方。（板书：认识打比方）

师：刚才我们欣赏的这些句子，都是把一种事物比做另一种事物。下面我们来看这个句子是把什么比做什么呢？（多媒体出示）谁来读一读？

生：（齐读）那些缠绕在半山的云雾，又像是系在山腰间的一条条玉带。

生：把"云雾"比做"玉带"。

师：是把"缠绕在半山的云雾"比作"系在山腰间的一条条玉带"。（多媒体出示"云雾"）你看看，这是——云雾，（多媒体出示"玉带"）你看看，这是——玉带。它们俩可是两种不同类的事物哦，（板书：不同类事物）为什么可以把"云雾"比做"玉带"呢？仔细观察，你发现了什么？

生：因为它们形状相似，都是弯弯曲曲的。

生：颜色也很相似。

师：颜色哪里相似呢？

生：都是白色的。

师：而且还有点儿透明呢！

生：云雾飘在空中是轻轻的，玉带也是轻轻的。

师：是啊，它们飘在空中都是轻轻柔柔的，那种感觉也很像。

生：它们的外形特点都很像，只是大小不一样。玉带特别漂亮，缠绕在山腰间的云雾也特别漂亮。所以从它们的外形美观上来看也可以打比方。

师：我知道他的意思了，两种事物有太多的相似之处，就可以把"缠绕在半山的云雾"比做"系在山腰间的一条条玉带"。（板书：有相似之处）

师：两种不同类的事物有相似之处，这就是打比方的特点。

师：请你再看一看，在这个句子中一个词把两种事物联系起来了，是哪个词？

生："那些"和"又像是"。

师：请注意，是把两种事物联系起来的词语，是哪一个？

生："又像是"。

师：我们提取出最主要的一个词——

生：（齐说）像。

师：（板书：像）我们再来看看，在这个句子中，又是把什么比做什么呢？（出示：《台湾的蝴蝶谷》句子、画面以及空中撒下的花瓣）我们一起来读读这个句子。

生：这句话把"山谷里的蝴蝶"比做"五颜六色的花瓣"。

师：也就是把"蝴蝶"比做"花瓣"。它们有什么相似之处？

生：它们有五颜六色的颜色。

师：哦，应该说都是五颜六色的，颜色相似。

生：蝴蝶在那里翩翩地飞，就跟飘一样。

师：是啊，你看，蝴蝶翩翩飞舞，花瓣呢，从上撒下来也像在翩翩飞舞。它们的样子也像。那么这句话是用了哪一个词将这两种事物连接起来的？

生：就像。

师：请你想一想，除了"像""就像"还有哪些词语也能在打比方的句子里起到这样的作用呢？

生：很像。

生：仿佛。

生：如同。

生：好似。

生：犹如。

......

师：太多太多这样的词语了。在打比方的句子中都有这样的连接词。

师：现在知道了什么是打比方，你们看看，这些句子是不是在打比方呢？如果是，请说说它们分别是把什么比做什么；如果不是，请说说为什么不是。自己先读一读，想一想，拿不准的可以和同桌或周围的同学讨论讨论。

（多媒体出示句子：

A：这本书好像是我的。

B：这草地就像一张宽大的毛毯，轻轻地覆盖在莲花山脚下，给莲花山带来了生机，给人们增添了欢乐。

C：女孩儿在平衡木上走得十分轻松自如，仿佛一只轻快飞翔的小燕子。

D：小明长得像他的爸爸。

E：月亮有时像眉毛，有时像镰刀，有时像小船，有时像玉盘。）

师：有哪几句是在打比方？

生：第二句是。它把草地比做一张宽大的毛毯。

师：应该这样说：第二句是打比方，这句话是把什么比做什么？

生：第二句是打比方，这句话把草地比做一张宽大的毛毯。

师：同意吗？我们一起读一读，读完之后想一想，在这个句子中打这样的比方有什么作用？

生：我们本来不知道草地有多宽大，把它比做我们知道的毛毯，使我们有些印象。

师：把我们陌生的东西变成了熟悉的东西。

生：毛毯是非常柔软的，为了把草地写得更美更生动，所以就把草地比做毛毯。

师：说得真好，送点掌声给他！我听了你的解释，看了这个句子，我觉得我好像就躺在那张"毛毯"上，只是这毛毯就是这宽大的草地，多舒服的感觉啊！看看，还有哪个句子也是在打比方？

生：第五句。把月亮比做了眉毛、镰刀、小船、玉盘。

师：读了这个句子让你想到什么呢？

生：我想到了月亮有很多种形状。

师：月亮是不是只有一个形状？形状在发生着——

生：（齐说）变化。

师：打比方的句子不一定非要把一种事物比做另一种事物，有的时候可以把一种事物比做好几种事物。

生：第三句把"女孩"比做"轻快飞翔的小燕子"。

师：为什么要把"女孩儿"比做"轻快飞翔的小燕子"呢？

生：因为女孩在平衡木上走得十分轻松自如，好像在平地上走一样，小燕子飞翔的时候也很轻快自如。

师：说得好！还有打比方的句子吗？

生：没有了。

师：剩下的两组句子不是在打比方？为什么？

生：第一个句子说这本书好像是我的，没有把一种事物比做另一种事物。

师：其实这句话省略了一个字：这本书好像是我的——

生：（齐说）书！

师：真聪明！它没有把一种事物比做另一种事物，不算！再看看第四句："小明长得像他的爸爸。"为什么也不是在打比方呢？

生：根本没有在打比方。小明长得像他的爸爸是自然的、天生的，很多人一生下来就像他的爸爸或者是妈妈。

师：你是从长相上来说的。小明是个——人，他的爸爸也是个——人，这句话没有把一种事物比做另一种事物，所以不是在打比方。

师：看来，判断一个句子是不是在打比方，不但要看两种事物有没有相似之处外，还要看它们是不是同类事物，只有不同类的事物才能打比方（指板书小结）。

师：刚才我们欣赏了这么多打比方的句子，你能学着说几个吗？一时想不起来也没关系，我提示你。

［多媒体出示图片：

图片一：牵牛花动画。配字：牵牛花开了，仿佛（ ）。

图片二：一阵风吹来，黄叶打着旋儿飘落动画。配字：一阵风吹来，树上的叶子（ ）］。

生：牵牛花开了，就像一个个紫色的小喇叭。

生：牵牛花开了，就像很多个小朋友在吹喇叭。

师：说得好！牵牛花开了，就像吹起了紫色的小喇叭。

师：再来看看第二幅图。

生：一阵风吹来，树上的落叶就像一只只翩翩起舞的蝴蝶。

生：秋天到了，枫树的叶子都红了，小路的上面长满了树叶，像一条树的隧道。

师：她说"长满了"树叶，谁来给她换一个词？

生"落满了"树叶。

生：还可以再打一个比方：小路上就像铺了一条金黄色的地毯。

师：她刚才为什么说像一条金黄的隧道，像吗？你看，上面是金黄的树叶，地上是金黄的落叶，真像隧道啊！这一点我都没有想到。还有谁想说？你可以根据我的提示说，也可以自己说。

生：一阵风吹来，树上的叶子慢慢地飘下来，就像一朵朵雪花正在慢慢地飘落。

师：他把树叶比做雪花你觉得怎么样？不行吗？为什么？

生：因为雪花是直着飘下来的，而落叶是弯弯曲曲落下来的，所以这样比方不行。

生：雪花也有弯弯曲曲落下来的时候，是因为颜色、形状不像。它们只有一点相似，就是从空中落下来的形态、状态相似。

师：说得有道理！我知道还有好多同学都想说，但他不想说这些，他想说别的，我也为你准备了。请看：（多媒体出示六幅图）我这儿还有几张漂亮的图片，你喜欢哪幅就说哪幅，要求是用打比方的句子来说。先说给同桌听一听，可以互相帮忙、互相补充，最好和别人说得不一样。

（学生自己说，说给同桌听，教师巡视指导）

师：有的同学已经迫不及待想说了，说给全班同学听听。

生：我想说第一幅。一束束升上天空的烟花像开放的大花朵。

师：这花朵可是有各种形状的哦！这么多形状的花朵你能不能用我们经常用的句式来说？

生：千姿百态。

师：有些什么姿态？可不可以用我们常用的"有的……有的……还有的……"句式来说？

生：晚上，一束束烟花升上天空，把黑暗的夜空打扮得漂漂亮亮。烟花有各种各样的，有的像一朵太阳花，有的像一朵牵牛花，还有的像一朵百合花。

师：他说了一段话。我要提示一下，这烟花可不是什么时候都能放的啊，那可是要在比较重大的节日，在固定的地方才能放的哦！

生：我想说第六幅图。蜻蜓像一架小飞机，一会儿落在半空中，一会儿落在荷叶上。

生：我也想说第六幅图。一只小蜻蜓轻轻地停在荷叶上，它真像一架直升机着陆了。

生：我想说第二幅图。郊外的蝴蝶兰就像一只只展翅飞翔的蝴蝶。

师：你说得不错。不过这些蝴蝶不是飞在空中的，它们飞累了又落在了草丛中。这么多的蝴蝶你想象它们在——

生：开会。

生：就像来到了台湾的蝴蝶谷。

师：你们真会想象。

生：我说这些白色的花儿。白色的花儿很少，就像一些顽皮的孩子正在捉迷藏。

师：把花儿比做孩子也是可以的，因为它们都很可爱。

生：我说第四幅图。春雨沙沙地落到地上，就像一条条细线。

生：我想说第五幅图。孔雀开屏的时候，尾巴像一把美丽的扇子。

生：我也说第五幅图。动物园里美丽的孔雀开屏了，五彩斑斓的羽毛像五颜六色的扇子。

生：我想说第三幅图。这高大的建筑就像一只展翅飞翔的雄鹰。

师：这是哪儿啊？

生：（齐说）市民中心。

师：市民中心像什么？

生：魔鬼鱼。

生：海涛。

生：螃蟹。

师：我们打比方，不但样子要像，还要尽量做到恰当。我们经常说市民中心就像一只展翅飞翔的大鹏，它象征着我们的深圳正在展翅飞翔。

师：同学们，刚才我们看了那么多漂亮的图片，说了那么多打比方的句子，你们真的非常能干，通过打比方将复杂的变成了简单的，平淡的变为了生动的，模糊的变成了清楚的，陌生的变成了熟悉的，使我们的语言变得更加生动了。其实我们经常读到一些好文章、好故事中也常常用到打比方这种方法。安徒生你们知道吧？他的《海的女儿》看过吗？其中有好多打比方的句子就写得非常美，他是这样写海的女儿的：她的皮肤又光又嫩，像玫瑰的花瓣；她的眼睛是蔚蓝色的，像最深的湖水。他是这样写宫殿外面的花园的：树上的果子亮得像黄金，花朵开得像焚烧着的火，花枝和叶子在不停地摇动。多么生动形象啊！

师：说到生动形象，我想说一件事：上个月，我班的一个小朋友和爸爸、妈妈到郊外去玩耍，被那里的美丽景色迷住了，就用自己的小摄像机将这美景拍回来，要和老师、同学们一起分享，他还特意为此配了一个片段呢！我们一起来欣赏一下：

（多媒体播放动画）

师：（给动画配音）星期天，我和爸爸、妈妈到郊外去玩。郊外的风景真美啊！远处有高山，近处有小河，河边还长着大树，盛开着美丽的鲜花。

师：他想让我给他的这段文字评评分，我把它带到了我们的课堂上来，请你们当小老师，你给他评多少分啊？为什么？

生：我给他评90分。这些句子可以打比方的。

师：你的意思是说他之所以没有得到更高的分数就是没有打比方，对吧？

生：我也给他打90分。因为他可以写得更详细些，比如，写小溪可以说说是怎样的小溪，写花朵可以说说是怎样的花朵。

师：但是他最基本的句子还是通顺的，所以给他90分，是吧？

生：我觉得他第二段有点不通顺，他说远处、近处有什么，太机械化了。而且他只说了高山和花朵，说得不全面，还有很多方面可以讲。

生：我认为应该给他打92.5分，因为他用上了"有……有……"，就可以在90分的基础上加上2.5分。而那7.5分呢，就是因为他没有用上比喻句。

师：其实不一定要用比喻句呀，只要把文字写得优美具体就行啊！

师：听了你们的评价我知道了，你们都是很懂得鼓励学生的好老师，你们认为只要句子通顺、完整就可以给他打90分。但是要想得到更高的分该怎么办？

生：要打比方。

师：也不是一定要打比方，是可以打比方。

生：要写出事物是什么样的。

师：我们可以利用今天学到的方法适当地打比方。图中这么多的景物，如果让你写，你怎么写？你可以选择其中的一点来说。

生：如果我要写草地上的花朵，我会这样写："今天我来到郊外一看，看到草地上有许许多多的花朵。牵牛花就像紫色的小喇叭，向日葵就像金色的太阳。如果再具体来看，地上所有的花朵聚在一起，就像把油漆泼洒了一样。"

师：你是想说颜色太多了，是吧？再合起来说说。

生：远处的高山像高楼一样地高，清澈见底的小河边有红得似火的鸡冠花，像喇叭的牵牛花，还有像太阳的向日葵。它们都是五彩斑斓的。河边的大树下有飞舞的蝴蝶，它们像飘落的花瓣。

师：刚才那位同学说想把文字重新组合一下，他先说了远山，再说了近处的花，然后说这草地，能不能把这顺序调整一下？

生：先说山，再说水，然后说花。

生：从远到近地说。

师：对了，我们如果要说一个片段，应该由远到近或者由近到远，这样说得更清楚。

师：谁再来接着说？

生：星期天我到郊外去游玩，看见远处的高山就像起伏的波浪，小河清澈见底，河边的花儿都是五彩斑斓的，向日葵就像一个个金色的太阳，牵牛花吹起了紫色的小喇叭，红色的花儿就像燃烧的火焰，仿佛在欢迎人们到大自然中来。

生：她把刚才说到的一些词语和句子都用上了，掌声鼓励一下。

师：同学们都很能干，一说就是一大段，其实不用的，你说一点就可以了。谁再来说说？

生：星期天，我和爸爸妈妈到郊外去玩，在那里我们看到了一条小溪，清澈见底，仿佛就像一面大镜子。

师：用了"仿佛"就不用"就像"。

生：（改）就像一面大镜子。

生：我也想说小河。今天，我和父母到郊外去玩。我坐在草地上，看着清澈见底的河水，这河水真是又清又凉，河里映着岸上的树木和花朵。仔细一看，里面还有很多小鱼和小虾正在快活地游泳。

生：我看见了一间小屋子。现在正是傍晚时分，小屋子的烟囱里冒出了袅袅炊烟。啊，我的肚子有点饿了。

生：星期天，我和父母来到郊外玩。啊，这儿真是美如仙境。这儿的花五颜六色的，看看这一朵，很美；看看那一朵，也很美。看，这朵就像一位小姑娘穿着红色和黄色的裙子，真是太美了！我不想回家了，我想留在大自然中。

师：说得真好！她刚才在说这段话的时候，用了我们在课本中学到的句子："看看这一朵，很美；看看那一朵，也很美。"怎么美呢？如果你能具体地说出来，那就更好了。

师：你们说得都很好。我要把你们提的这些建议带给我们班的那个小朋友，让他好好地向你们学习。

师：今天这节课我们不但认识了打比方，还能在说话中用上这种方法。只要你们平时多观察、多动脑、多积累，就能产生丰富的联想，就能恰当地运用打比方的方法，使我们的语言更吸引人，使我们写的文章更能打动人。

　　"综合性学习"使语文教学改革取得了突破性的进展，它可以把方方面面的知识整合在一起，最大程度地实现课程资源的综合。但不管我们的学习活动涉及哪个领域、哪门学科，采取哪些方式，其落脚点都必须在"致力于学生语文素养的形成和发展"上。也就是说，综合性学习首先应该姓"语"，不能脱离"语文味"。上面这个案例中尤为令人称道的也正是它的"语文味"。教学中，教师通过"欣赏""认识""辨别""运用"这四个紧密相扣的教学环节，巧妙地将对阅读、口语交际、写作等多种语文能力的培养揉到一起，引领学生对"打比方"这一语文概念层层深入地进行感知和内化。既突出了综合性学习实践性这一特点，也拓宽了语文学习和运用的领域，全面培养了学生的语文素养。

　　但是，在一些综合性学习的课例中我们也发现不少教师在理解和实践此项课程上还存在着一些误区：

　　第一，过分依赖课本。目前，部分教师教育观念的更新依然滞后于课程改革的脚步。既无法理解综合性学习的内涵，也无法用新理念去从事综合性学习的教学。以至于经常把综合性学习中的问题当做课堂作业来要求学生完成，既无法跳出教材，更无法让教材仅仅作为一种资源而存在。

　　第二，重视程度不够。教材对于综合性学习内容的编写遵循着"由浅入深，循序渐进"的原则，不仅是有序的，而且存在着完整的系统性。然而，在教学实践中，依然有部分教师把综合性学习当做可有可无的教学内容。目标计划模糊不清、过程实施流于形式、成果展示应付了事的现象随处可见。

　　第三，与其他课程相混淆。综合性学习以语文课程的整合为基点，通过与其他课程的联系，促进学生语文素养的整体推进和协调发展。但我们应该清醒地认识到，综合性学习并不是完全依附于其他学科教学而存在的，它具有相对的独立性，并自成体系。从某种程度上来说，它可以成为某些课程的延伸和拓展，但绝不仅仅是它的组成部分。

　　第四，缺乏整合特色。语文综合性学习是具有综合性质的语文学习，是综合运用语文知识和能力的过程。在以语文课程为基点的同时，还应注重把自然、社会、音乐、美术等多方面内容整合在一起，使语文学科与其他学科的知识和能力以一种整合的状态出现。

　　第五，教师角色淡化。课程改革的一项重要内容是教师角色的转换，在综合性学习过程中，我们常会发现一些教师成为"积极的旁观者""专注的倾听者""热情的支持者"或是"认真的监督者"。然而，《语文课程标准》认为，教师是学生学习活动的组织者和引导者，教师应正确运用好"首席"这一角色，与学生共同纠正计划制订过程中的失误以及项目实施过程中的偏差等。

观点建议

语文综合性学习的目的是把我们的生活、把整个世界作为语文学习的环境，注重让学生在真实的、具体的现实中去学语文，是一种"活化"的学习实践。教师不仅要引导他们在生活中学语文，而且更要设计好综合性学习的内容。让学生在人人参与、全过程参与的语文实践活动中，获得乐趣，习得方法，形成能力，提高素养。

一、综合学科目标

我们在设计语文综合性学习内容时，除了要特别注重对学习态度、参与意识、创造性、合作精神等方面的培养，还应体现语文自身目标的整合。既关注识字与写字、阅读、作文、口语交际能力的培养，又关注语文综合运用能力的培养，还要关注学习语言、积累语言和语文学习习惯的培养，以真正实现对学生语文知识和能力综合运用进行训练的目的。【案例 5-1】就是很好的示范。

二、依据教材特点

开展综合性学习，可以完全按教材内容进行，也可以不受教材的限制，根据教材特点和学生的实际出发，对教材进行适当的调整、更换，就学生更感兴趣的主题，把不同年级教材的相关知识进行大胆的有机整合，创造性地设计语文综合性学习活动。引导学生采取灵活多样的学习方式，用学生最喜欢的语文表达方式，将课内知识迁移到课外。开展综合性学习活动，让学生在学语文、用语文中有所收获。

【案例 5-2】

"走进威尼斯"教学片段①

师：那么现在我们就再来感受一下威尼斯，请同学们把书打开，我们还是

---

① 王显才. 新课程理念下的创新教学设计［M］. 长春：东北师范大学出版社，2005：221－229.

要读一下《威尼斯的小艇》这篇课文。自由地读读课文，读书的时候速度稍快一点，然后可以结合你所掌握的材料，读完之后小组简单地讨论一下，威尼斯给你最突出的感受是什么？你用一种什么方式来表达这种感受？现在小组开始读课文。

（学生自由读课文）

师：好，现在请同学们汇报一下，分小组汇报。

生：这篇课文给我的第一感受是非常美丽，而且小艇对人的帮助是非常大的。

师：谁非常美丽？

生：威尼斯。

生：还有威尼斯的风情也是非常独特的，因为它是水城，河道纵横交错，这种自然环境是其他城市所不具备的。它是一个开门见水、出门乘船的地方，所以它这种风景是非常独特的。我写了一首诗，想用诗歌的方式来表达一下我对威尼斯和小艇的感受。

师：咱们大家听一听他这首诗。（鼓掌）

生：题目叫《威尼斯的小艇》。

著名水都威尼斯，水上小艇乐滋滋。

没有路上车来往，小艇自然来称王。

船头船艄向上翘，穿梭水面唱主角。

小艇又叫贡多拉，交通来往不少它。

欣赏威尼斯好风景，美不胜收不可领。

威尼斯小艇真速度，转眼就到旅馆住。

商人夹货物，沿河做生意，

赔了不要紧，不会生闷气。

河道虽然窄，小艇依旧快。

小河波光粼粼，可惜暮色降临。

戏院散了场，人群不可挡。

小艇排成队，小城已入睡。

白色的未来有光明的明天在等待，

黑暗的夜晚有黑色的小艇在守候。

晚安，威尼斯。晚安，贡多拉。

师：你们能不能想象一下这首诗是怎么做出来的？作者自己要说，就请他说吧。

生：是我读了这篇课文之后，对这篇课文有很深的感受。然后我就想以诗歌的形式把这篇课文描述一遍，我这首诗有点像顺口溜，读来通俗易懂。

师：他对自己的诗评价不是很高，但是大家认为写得好不好？

生：好！

师：还有没有写成诗歌的？你读一下吧。

生：我来背诵一下吧。

师：能背更好。

生：题目叫《贡多拉》。

威尼斯的水，

有个独特的朋友，

那便是威尼斯的小艇，

人们亲切地称它——贡多拉。

黑色平底首尾尖翘，

窄又深便是贡多拉的容貌，

交通工具便是贡多拉的用途。

每当跳出云层时，

每当威尼斯变喧闹时，

贡多拉的工作也已开始。

青年教师拿好书本，

乘着贡多拉去教室播种知识；

工程师带着图纸，

乘着贡多拉去工地建造美丽的城市；

庄严的老人带着全家人，

乘着贡多拉去教堂献上教徒的虔诚；

保姆看着孩子，

乘着贡多拉去郊外呼吸新鲜的空气。

窄小的贡多拉无时不在奔波，

穿梭于清水古楼中，

穿梭于朝霞夜晚中，

它是威尼斯的汽车，

它是人们的手足，

身在威尼斯贡多拉是你的好朋友。

师：你们感觉她这首诗和刚才这位同学写的诗一样不一样？

生：不一样。

生：我觉得她的视角集中在威尼斯的小艇贡多拉上面。

师：还能不能进一步说一下，她突出贡多拉的什么？

生：她是突出贡多拉的作用。

师：而且有两句诗，你们在文中能不能找到？

生：文章第五自然段写的这个意思，写的是商人拿着货物匆匆地坐上小艇沿河做生意，青年妇女在艇里高声谈笑，许多孩子由保姆带着乘着小艇到郊外呼吸新鲜空气，庄严的老人带了全家坐着小艇到教堂虔诚地祷告。

师：她是从这来的吗？

生：对。

师：课本写了青年教师和工程师怎么样了吗？

生：没有。

师：突出小艇的特点。她可以从课文中写的内容去想象，这就是创造！

生：对！

师：突出小艇的特点，那么刚才这位同学读的这一段，我认为她用读的方式也是在感受威尼斯的美丽，感受小艇的作用！

师：现在老师也来读一下这一段，同学们你们听一听，看看老师在读这一段的时候，突出强调的是什么。

（教师读课文，略）

师：我突出强调的是什么？

生：老师您突出强调的是每一种人的名称。比如说商人、青年妇女、许多孩子、保姆、庄严的老人和全家，您突出了这些词。

师：也就是突出一个字，什么啊？

生：人！

师：那么如果我们在读这段话的时候突出小艇，你能不能读？

（学生读课文）

师：你们感觉她突出了没有？

生：有！

师：有的同学感觉不太满足，那没关系。如果我们突出那些人乘坐着小艇去做什么，你会不会读？

生：会！

师：怎么读，谁能读？这位男同学，你来读吧。

（学生读课文）

师：读出来没有？

生：没有。

师：那你想怎么读才能把它读出来？

……

师：那么，刚才我们有三种读的方法。那么你在读的时候，也可以有取舍，读出你想表达的三种感受。

……

师：除了两首诗以外，实际上我们对《威尼斯的小艇》这篇文章，还可以通过写文章表达感受。有没有写成文章的？由于时间的关系，只说文体。

生：我是以新闻的方式来写这篇文章的，题目是《威尼斯的船》。

生：我们把文章做成了一张电脑报。

师：这个报是你做的？

生：我们小组一起做的。

师：很多人都参与了吗？

生：是！

师：能不能简单说一下你们三位都做了什么？

生：我们的报纸主要是分两大块，一块是我们的文章，一块是我们从网上查的资料，我负责稿件。

师：这种学习方式，互相合作，办一张报纸很好。还有其他的方式吗？

生：画。

师：把你的画拿出来给大家看一看。

生：画得比较粗糙，但是我的视角很独特，我是用一个犯人的角度来赞美威尼斯的。

生：画上还有一句话"我们听着愉快的歌"。

师：看这幅画，你们能听到这愉快的歌吗？真听到了？

生：听到了。

师：谁听到了？据我了解，在咱们班里真有作歌曲的。你们这首歌叫什么名？谁作的词？怎么想的作这个词？

生：因为威尼斯有水、有桥还有船，是一个非常美丽的城市。有水离不开桥，有桥就有船。这三种事物很自然地协调在一起，给人以美的也非常舒适的感受。我们用的是意大利歌曲《我的太阳》的曲调，因为威尼斯在意大利东北部。

师：那你们的歌有名字吗？

生：《美丽的威尼斯》。

师：把你写的歌唱给大家听听。

生：啊，威尼斯，美丽的城市。还有贡多拉守卫着桥，威尼斯，有水又有桥。还有个小船，美丽无比。还有个小船，仿佛掀起波澜。

师：还有谁再说说？

生：我画的是夜晚中的威尼斯，我想白天的威尼斯很美，夜晚中的威尼斯一定更美，所以我画了夜晚中的威尼斯。

师：这幅画吸引了我，它是讲威尼斯的夜晚。你能不能用一句话说说威尼斯的夜是什么样的夜？

生：威尼斯的夜是一个美不胜收的夜，一个寂静的夜，一个让人难忘的夜。

师：把书打开，用读的方式来感受文章，体会威尼斯的美。

（学生读课文）

师：老师想给同学们看看有关威尼斯夜的图片，你再感受感受。这里还有音乐，你感受好了我们可以配乐读。

（观看图片）

（有感情地读）

师：我们刚才充分领略了一下威尼斯静寂的夜，其中有一句话就是"古老的威尼斯沉沉地入睡了"。那么假如月影、建筑、桥梁还有小艇他们都有生命的话，他们在静寂的夜会想些什么？他们又在说些什么？

师：下面老师给同学们看一段视频。

（播放视频）

师：我们先看到这儿行吗？现在老师以桥梁的口吻说一说："你们看我，认出来了吗？我就是古老威尼斯水城一段残破的桥梁，别一看残破就吓跑了，对于威尼斯这座古城来说，我的美也不失为一种残缺的美……"

生：我是用月影的口吻来说的："哦，又来到这儿了，美丽的威尼斯好久不见了，我就是月影，我会让你变得更美，你会因我变得更有光彩。马上就要天亮了，明天晚上再见。"

生：我想以游客的身份说一下："就要离开这美丽的威尼斯了，我下回要带着更多的人来参观，希望有更多的人来建造你，把你建造得更美丽。"

生：我想以小艇的口吻说一说："大家好，我是威尼斯不可少的交通工具，那就是威尼斯的贡多拉。以前我的同伴有上万艘，但现在只有四五百艘了。可惜呀可惜，我的那些同伴已经消失了。我希望大家不要让我们这四五百艘再消失了，我们可以带着大家在威尼斯游览，欢迎您到威尼斯观光，再见。"

生：我想以桥的口吻来说："我就是威尼斯的叹息桥，每当有死囚从我身边通过时，我就发出一声声叹息。"

师：当我们在感受威尼斯、赞美威尼斯时，我们是不是对威尼斯有了新的感触，威尼斯在我们面前仅仅是一座城市吗？

生：我感觉威尼斯非常神奇，如果我能在威尼斯生活的话，我感觉像生活在梦幻般的世界一样。

生：我感觉威尼斯是现实生活中巨大的博物馆，它收集了许多古代的文物，而且它的建筑风格也从古代流传至今。

生：我想威尼斯是一个非常美丽的城市，我不愿意让威尼斯肮脏起来，我希望人们保护美丽的威尼斯。

师：也就是说我们要更加地关爱威尼斯，请你简要地说说你对威尼斯有怎样的思考。

生：因为从资料上得知，现在威尼斯在逐渐下沉，我想等我将来长大以后想办法让威尼斯不再下沉。

师：不去也可以做这件事，你可以把研究好了的方案寄给威尼斯的市长。是不是？

生：刚才威尼斯的动画片里介绍，威尼斯的小艇只剩四五百艘了，我想让威尼斯的四五百艘船保存下来，它是威尼斯的一种象征，它是威尼斯的一种独特文化，我不想让它变得越来越少，我要让它永远在威尼斯的河道中穿梭。

师：好的！

师：好，大家关心的话题有很多。老师有这样一个愿望，提醒同学们在小组内选取你感兴趣的话题进行研究，也可以自己进行研究，并建立起关于威尼斯的学习档案。好不好？

生：好！

师：半个月之后我们在班级里交流这个学习档案，这节课我们就上到这里。

三、融合多种学科

《语文课程标准》在"教学建议"中指出，综合性学习"提倡跨领域学习"，要体现"语文课程与其他课程的沟通"。语文综合性学习应是多方面的、立体的，要通过语文与音乐、美术、体育、思品、自然、数学、劳动等相沟通的综合性学习活动，让学生综合性地学语文、用语文，全面提高语文素养。

【案例 5-3】

"看秋天"教学设计

关于秋天的内容在许多学科中都会有所涉及，但由于各学科分属不同的领域，一般在各自进行教学的过程中，往往很难将知识有机地联系起来，学生对于"秋天"这一概念的理解也很容易因此而被片面地割裂开来。为此，我们设计了以"看秋天"为主题的语文综合性学习活动，期望在多学科整合的过程中来帮助学生达到认识上的深刻与完整。活动过程：

一、激发兴趣

通过"秋季社会实践活动"组织学生到大自然中进行实践考察活动。活动过程中，导游、专职解说员和学科教师会为学生进行全面、细致地介绍、讲解，引导学生对于"秋天"提出自己特别感兴趣的问题。

二、收集整理

返校后，对学生们提出的问题进行收集、整理。学生的问题主要集中在以下几个方面：树叶是怎样变黄的？农作物是怎样成熟的？为什么只有在秋天才成熟？秋天有什么花会开？为什么人们常说"秋高气爽""天高云淡"？秋天里人们的衣着、活动会有哪些变化？还有哪些景象是秋天特有的？有哪些描写秋天的词句、语段、谚语、诗歌？

三、制订计划

教师方面：针对学生提出的问题，努力寻找可以用做学科整合的知识点，并做好学科教师间的沟通协调工作，使教学衔接，得以顺利展开。

学生方面：对自身情况进行分析，如自身优势、不足，需要的帮助等，自发组成研究小组。

四、开展活动

1. 与语文学科整合——学习《秋天的图画》《植物妈妈有办法》等课文，感受秋天的气息及秋天特有的自然现象；学习古诗《山行》《夜书所见》《九月九日忆山东兄弟》；收集关于秋天的词句、语段、成语、谚语、诗歌、散文等。通过读、背、朗诵、与同学交流体会等形式丰富语言积累，丰富对秋天景色的感受；将自己对秋天的认识和感受写成一篇日记，在小组内与同学交流；设计宣传或是环保方面的标语等。

2. 与数学学科整合——用自己观察到的秋天特有的自然现象编写数学应

用题，张贴于板报规定的位置。

3. 与科学学科整合——利用科学课上学会的"自然观察日记""测量气温变化"等知识，对秋天的气温变化进行观察、测量、记录，从而进一步了解气温变化对于动物、植物和人们生活带来的影响，引导学生由此展开新一轮的发现与探究。

4. 与艺术学科整合——收集有关秋天的艺术作品，可以是歌曲、舞蹈、绘画等。选择自己喜爱的形式进行学习或是创作，并向同学展示。

四、把握时代特征

时代在发展，社会在进步，我们对于综合性学习内容的设计已没有任何驻足不前的理由。我们理应尽可能地与时俱进，紧扣时代的脉搏，体现鲜明的时代特色。选择人们日常所关注的焦点，尤其是以孩子们所喜闻乐见的人和事作为活动主题，不失为一种明智之举。这也更有利于调动起学生参与的积极性，并借助活动这种有效的形式，来激发他们学习语文的兴趣，提高他们的语文技能，锻炼他们的语文能力。同时，还有助于学生科学世界观与人生观的形成，有助于深化其对各种新生事物的认识程度。

【案例 5-4】

"相约奥运"教学设计

一、走进奥运

1. 观看影片：（内容为五环标志，奥运圣火传递，奥运比赛镜头，运动员获奖镜头，颁奖仪式等）

2. 揭示主题：相约奥运。

二、抒怀奥运

1. 请学生畅谈看过影片后的感想。

2. 小组内讨论交流自己对奥运的了解、认识和感受。

3. 以小组为单位，展示课前制作的"奥运知识卡"。

4. 以小组为单位，进行奥运知识竞猜。

三、感怀奥运

1. 请学生讲述奥运中的感人故事。

2. 在准备好的"感怀卡"上写下自己对奥运的理解或赞颂。

四、投入奥运

1. 说说自己能为北京奥运做些什么。

2. 将自己这节课的所想、所感及产生的打算诉诸笔端，形成文字，寄给北京奥组委。

五、挖掘地方特色

对于小学生来说，由于年龄、生活阅历、教育背景等因素，他们的生活空间是"有限"的，"语文学习的外延等同于生活的外延"，语文综合性学习的又一特征是将书本学习与社会活动紧密结合起来。也就是说，一切自然风光、文物古迹、民俗民情、国内外和地方的重要事件以及日常生活话题等，都可以成为语文综合性学习的内容。我们在进行内容设计时，可以结合实际情况，充分利用社会、社区、学校、家庭等资源，努力拓宽学生的学习空间，增加学生语言实践的机会，提高学生的语文综合素养。

【案例 5-5】

"我爱'蚕宝宝'"教学片段[①]

师：杭嘉湖平原自古以来素有"鱼米之乡，丝绸之府"的美誉。我们桐乡地处杭嘉湖平原腹地，种桑养蚕一直是老百姓重要的农事活动，是老百姓的主要经济来源。人们对蚕的感情极为深厚，都称之为"蚕宝宝"。桐乡的蚕桑生产历史悠久，蚕桑文化源远流长。

一、启动布置

1. 教师介绍活动背景，揭示活动主题，调动学生参与活动的积极性。

2. 师生讨论将主题分解成若干研究子课题：

（1）通过询问亲友、父母或村上的养蚕大户，了解养蚕的一些基本知识（养蚕的季节，养蚕所需的器具，蚕生长过程中的几种常见病及急救措施等）。

（2）自己喂养，随时观察，了解蚕的生活习性、生长变化（把蚕带到教室）。

（3）了解桐乡有关蚕的习俗、传说（请蚕神、送蚕花……）。

（4）了解我国养蚕的历史及丝绸文化。

---

① 高蕾. 我爱"蚕宝宝"［J］. 小学语文教师，2007（4）：94—97.

3. 学生根据自己的兴趣、特长及研究的有利条件等选择研究子课题，组成研究小组，教师加以协调。

4. 确定各子课题责任人，讨论确定研究方法。

二、分组实施

1. 方法：到图书馆、书店、博物馆查询；上网搜索；在家中查找有关工具书；向家长等咨询；实地考察、采访等。

2. 在分组实施过程中，教师须不断督促、检查、鼓励、指导。

3. 这一环节是活动成功与否的关键，是学生真正参与综合性学习、获得知识的重要环节。教师要做具体引导：

（1）采访养蚕农户，了解有关蚕的一些基本情况，填好调查表。采访提纲：

①一年可饲养几季蚕？每季蚕饲养的长短差不多吗？

②一般哪季蚕的产量最高？为什么？

③蚕的一生有几个阶段？

④听说蚕要脱四次皮，为什么？

⑤在饲养过程中，怎样预防常见病？如果犯病，有急救措施吗？

⑥你们怎么知道它要结茧了？

⑦你们又是怎么知道可以采茧了？

……

（2）观察蚕的变化，填好记录表。

变身四次	第一次	
	第二次	
	第三次	
	第四次	

（3）收集资料，列表编号记载。

序号	资料名称	搜集人	搜集时间

三、整理筛选资料，讨论、汇报方案

指导学生围绕研究课题整理、筛选资料，讨论、确定成果汇报展示方案。

1. 学生收集来的资料要求分类登记，认真阅读、筛选、整理后放入资料袋。

2. 分析研究这些资料，整理获得的启示，撰写调查报告。

3. 讨论本小组成果汇报展示方案：

(1) 成果汇报展示时间约8分钟；

(2) 形式：实物展示（图片、手抄报、观察日记）、演示（朗诵、讲故事、小品表演）、多媒体展示（录像、幻灯片、网页）等，学生根据各小组实际情况确定。

(3) 各小组确定汇报展示流程及责任人。

4. 推举一名班级主持人，协调各小组成果汇报展示活动。

四、成果汇报展示

本课时既为本次综合性学习成果共享创造了机会，又为学生展示组织协调能力、口语表达能力构筑了平台。

分小组汇报时，教师需准备好相关设备，给予技术上的支持，并根据成果汇报展示的具体情况加以小结。

五、作文

参与本次综合性学习，其间发生了哪些故事？你有了哪些体验、感受？你对"蚕"这种动物，你对人与动物的关系有了哪些新的认识？你对我们桐乡有了哪些新的了解？这次作文，写你的所见、所闻、所想，趣事、乐事、伤心事都可以，请你选择一个角度写一篇三四百字的文章。

六、总结评比

学生自我总结，小组互评，教师寄语。师生互动，填写《××实验小学新课程改革实验语文综合性学习活动评价表》。

专题二　如何做好综合性学习的评价

评价，是综合性学习实施的一个重要环节，没有评价，我们的教学就只能在低水平上不断反复。综合性学习评价的着眼点在于能否在活动中主动地发现问题和探索问题；能否积极地为解决问题去搜集信息和整理资料；在活动中的合作态度和参与程度；能否根据占有的课内外资料，形成自己的假设或观点；语文知识和能力综合运用的表现；学习成果的展示与交流；能否体现出探究精神和创新意识。

对综合性学习的评价过程，也是教师与学生不断反思、不断完善的过程。它可以促进我们总结和吸收综合性学习课程设置与实施过程中的经验教训，为调整和完善综合性学习提供实践依据与理论基础；它可以帮助学生了解目标在活动中的实现程度，并通过最终结果去验证活动质量的高低；它可以帮助我们转变教育观念，自觉地从传统教育模式中解脱出来。

案例分析

【案例 5-6】

"小对联　大学问"教学实录①

师：这一节课，看我们班上谁最会听课，老师说四句话，你能从这四句话中猜出老师说的是什么，就请举手。

（1）它是由我国古代的"律诗"发展来的；（2）它最早的名字叫"桃符"；（3）一般粘在大门的柱子上；（4）春节的时候，我们见得最多。

（学生全部举手）

师：全都知道了？请大家一起说出来。

生：对联。

---

① 张杏莉．小对联　大学问［M］．河南：大象出版社，2007：184—189.

（板书：对联）

师：说到对联，有趣的故事太多了，老师先给大家讲个故事：相传清朝的乾隆皇帝有一次宴请群臣。席间，指着一位141岁的老者出了上联"花甲重逢，增加三七岁月"；旁边一位叫纪晓岚的大臣对上了下联："古稀双庆，更多一度春秋"。（出示课件）大家都拍手称赞，说这是一副绝妙的数字联。你们知道它妙在何处吗？

生：花甲指60岁，花甲重逢就是两个60岁，三七就是21，加在一起就是141岁；而下联中的古稀指70岁，古稀双庆就是两个70岁，再加上一度春秋就是一岁，一共也是141岁。

师：说得真不错，表扬一下。

（众生齐鼓掌）

师：像这样对得如此绝妙的对联还有很多。唐伯虎和祝枝山就是一对经常对对联的好朋友。有一天，他们一起去郊游，祝枝山看见农夫踏水车，随即出了上联（课件出示："水车车水水随车车停水止"），唐伯虎灵机一动，对上了下联（课件出示："风扇扇风风出扇扇动风生"）。你知道怎么读这副对联吗？

生：水车车水，水随车，车停水止；风扇扇风，风出扇，扇动风生。

师：一读就对，请大家一起读一次。

（课件再次出示此对联，加上了标点）

（齐读）

师：其实刚才老师所讲的两个故事就是我们书上90页的阅读题中的内容，现在请你们把这两个故事再读一遍，看看还能读懂些什么？

（学生打开书默读）

生：我知道了对联都要对仗工整。

生：对联的字数要相同。

生：写对联要有很多知识。

生：对联要动词对动词，名词对名词。

师：真不错！你们都总结出对联的特点了，写对联要有丰富的知识，还要善于观察周围的事物。要有丰富的知识就要注意积累已经学过的知识，我们学过的对联你还记得哪一副？请你说一说。

生：有山皆图画，无水不文章。

师：奖励你一颗星星。

生：雾锁山头山锁雾，天连水尾水连天。

（师再奖励一颗星星）

生：沉舟侧畔千帆过，病树前头万木春。

生：风声、雨声、读书声，声声入耳；家事、国事、天下事，事事关心。

生：日照纱窗，蝴蝶飞来，映出芙蓉牡丹；雪落板桥，鸡犬行过，踏出竹叶梅花。

生：一畦春韭绿，十里稻花香。

……

师：如果再给大家一点时间，我想你们还能说出更多的对联。现在，请你们好好想一想，刚才说的这些对联有什么共同的特点？

生：字数相等。

（板书：字数相等）

生：对仗工整。

师：就是刚才有同学说过的"名词对名词，动词对动词"，这是什么特点呢？

生：词性相对。

（板书：词性相对）

生：平仄协和。

师：我换个词，叫"平仄相合"。（板书：平仄相合）现代汉语四个声调中的第一声和第二声就是平声，第三声和第四声就是仄声。在对联中平仄是有讲究的，我们一般在上联的最后一个字用仄声，下联的最后一个字用平声，就叫做"仄起平落"。（板书：仄起平落）能听明白吗？

生：（齐答）明白。

师：还有一个特点，想想对联写的内容有什么联系？

生：内容相关。

（板书：内容相关）

师：奖给刚才发言的同学每人一颗星，这16颗星星变成了这16个字。

（课件出示：字数相等，内容相关，词性相对，平仄相合）

师：请大家读一读。

（齐读）

师：请看这首古诗，学过的，还记得吗？

（课件出示杜甫写的《绝句》）

生：记得，是《绝句》。

师：请你读一读，边读边想，对照对联的四个特点，这首诗符合这四个特点吗？

（学生有的说符合，有的说不符合，教师就有争议的"平仄相合"进行相关引导）

师：是啊，好的对联其实就是一首诗。下面，就要请你运用刚才学的知识做一个练习，把下面混乱的条幅组合成对联，并区分出上、下联。出示：

1. 绿竹别具三分景
2. 松竹梅岁寒三友
3. 红梅正报万家春
4. 芳草春来依旧绿
5. 春夏秋冬春为首
6. 梅花到时自然红
7. 桃梨杏春风一家
8. 梅桃李杏梅占先

（分小组讨论）

师：请小组代表说说你们的意见，知道一个就说一个。

（学生说出答案后，教师用课件出示正确答案，并让学生齐读）

师：我这里还有几副对联，有兴趣读一读吗？

（课件出示：山羊上山，山碰山羊角，咩——；水牛下水，水淹水牛鼻，哞——）

师：请男同学读一读。

（男生齐读）

师：对联的上句最后一个字是下句开头的第一个字，这样的对联叫"顶真联"。

师：请女同学读一读这副对联。

（课件出示：口十心思，思乡、思友、思父母；言身寸谢，谢天、谢地、谢君主）

（女生齐读）

师：口十心组合成"思"，言身寸组合成"谢"，这样的对联就叫"组合联"。

师：请大家一起读。

（课件出示：雾锁山头山锁雾，天连水尾水连天）

师：这样的对联就叫"倒顺联"。

师：还有一副有趣的"数字联"。

（课件出示：快过年了，一个穷得揭不开锅的老秀才写了一副对联：上联：二三四五；下联：六七八九；横批：南北）

师：你知道是什么意思吗？

生：横批是说无东西，上联少了一个"一"，就是缺衣，下联少了一个"十"，就是少食。

师：欣赏完了对联，认识了对联，知道了对联的特点，下面我们要学着来写对联了。在写对联之前，我们先来读一读对字歌。请你自己先读一读。

（学生自由练读）

（课件出示"对字歌"：

对字歌

地对天　水对山　天地对山川

高对下　短对长　地久对天长

云对雨　雪对风　晚照对晴空

春对夏　秋对冬　绿竹对苍松

半溪流　水绿千　树落花红）

师：现在请你自己试着对一对。

［课件出示练习：

寒（　）明（　）忧（　）淡（　）

千山　　海角

杨柳绿　辞旧岁

五湖四海

望梅止渴

冬去山清水秀］

（学生分组讨论，每组由代表说出讨论结果，教师相机指导）

师：大家都对得很好，老师奖励大家一个故事。在明朝有个叫解缙的才子，他在自家的大门上写了一副这样的对联：门对千根竹，家藏万卷书。他家对面住的富翁看见了，很生气。心想：我家的竹园怎么让你写到对联里。就命人把竹子砍掉一截，解缙一看，在对联后面加了两个字，上联变成了"门对千根竹短"，下联就是"家藏万卷书长"。富翁看见了，更生气了，这回命人把竹子连根刨掉了，解缙又在对联后加了两个字，变成了"门对千根竹短无，家藏万卷书长有"。

师：现在老师出个词，你来对一对。"老师"对什么？

生：学生。

师："教"对什么？

生：学。

师：老师是"乐"教，学生怎么学呢？

（学生说出"苦""爱"等字，最后说到"勤"）

师：老师乐教"无悔"，学生勤学怎样？

（在教师启发下对出"有成"，形成对联：老师乐教无悔，学生勤学有成）

师：说到对对联，林则徐小时候就很会对对联。有一回，他去赶考，考场的人很多，他的父亲就只好扛着他挤进考场，考官看见了，就嘲笑道：这不是"骑父作马"嘛。林则徐脱口而出，对上了。[课件出示："（　）龙"，让学生补充]

生：应该是"望子成龙"，父与子对，龙和马对。

（掌声）

师：这里有一些对联，你能把它们补充完整吗？

[课件出示，请把对联补充完整：

1. 春水本无忧，因风皱面，青山原不老，为雪（　）头。

2. 发愤识遍天下字，立志读（　）人间（　）。

3. 活到老，学到老，老不服老；画亦精，字亦精，（　）。]

（分小组讨论后说出答案：1句填"白"，2句填"尽""书"，3句填"精益求精"）

师：现在，你们觉得对对联难不难呀？老师再出个长一点的上联，请你对出下联。

（课件出示：来来往往三尺讲台教书乐）

（学生自由讨论，思考如何对下联，有生对"进进出出六寸书桌学有成"等，教师出示自己对出的下联"月月年年一方校园求知忙"）

师：这一回，老师也不出上联了，给你一幅图，请你根据图意自己写一副对联，内容不限，字数也不限。

（课件出示：绿水荷叶荷花图）

（学生动笔练习写对联）

生：和风吹绿柳，细雨润红花。

……

师：其实，在我们这学期学过的古诗中就有。

（课件出示：日出江花红胜火，春来江水绿如蓝。接天莲叶无穷碧，映日荷花别样红。）

（学生齐读）

师：这节课就上到这里，现在请你们说说自己的感受、收获等，用一句话总结。好吗？

生：我知道了怎么对对联。

生：我觉得对联很有意思，我们平时生活中很多事物都可以写到对联里。

生：我觉得对联是我们中华文化中的瑰宝，我们一定要学会它。

对：对联的语言很美，一句上联可以对出好多下联，而且很复杂的东西用几个词就概括了。

师：是呀，别看这小小的对联，它其中蕴含的学问是很大的。

（完成板书）

师：对联是我们中华民族文化的瑰宝，是我们中华民族语言艺术的一朵奇葩。我希望大家能感受到它独特的魅力，遨游其间，去采摘珍宝。最后，送给大家一副对联，请大家一起读。

（课件出示：读联用联感受对联魅力，勤学善学传承中华语言）

上面这个案例，教师引领着学生一起通过复习回忆、欣赏诵读、补写试写、总结规律等几个环节，充分感受着祖国语言和文化的魅力。教师不仅关注学生对于知识和技能的积累，还不断地为学生创设展示、交流的平台，使学生在思想碰撞中形成新的智慧火花，这也在无形之中培养了学生的合作意识和创新能力。在对学生评价的过程中，教师别出心裁地在学生做出精彩发言之后，出示"星星"图标作为鼓励，最后，这"十六颗星星"变化为对联的"十六字特征"，这不仅起到了鼓舞、调动学生学习主动性、积极性的作用，还使教学资源得到了最大程度的利用。

无论采取怎样的评价方式，我们需要明确综合性学习的评价与《语文课程标准》的评价理念是一致的，要突出发展性，把握整体性，体现鼓励性，重视过程性，注重反思性，倡导多元性。也就是说：要想在综合性学习过程中对学生进行较为客观、真实、全面的评价，首先要改变传统、单一的评价方式，开发出具有弹性的多样化评价方式。

观点建议

一、评价原则

（一）发展性原则

综合性学习评价关注学生参与活动的过程和实践体验，重视使评价的过程成为促进学生发展和提高的过程，从而使每一个学生获得最大的发展和成功的喜悦。在实践过程中要改变过去对学生学习评价中过分强调甄别和选拔的功能，不仅要关注结果，更要注重把对学生的评价贯穿于日常的教育教学行为中，与对学生的指导紧密结合起来。

（二）多维性原则

从新课标的三维目标出发，从知识与技能、过程与方法、情感态度与价值观等多维角度对学生的学习进行评价，力争做到客观、全面，促进学生的和谐发展。

（三）多样性原则

有效地将多种评价机制有机结合起来，从对认知层面的考查转向对行为层面的考查，从仅仅关注考试成绩转向关注学生良好心理素质的形成、创新精神和实践能力的发展等方面。

（四）多元性原则

鼓励多元主体参与评价过程，鼓励学生在评价过程中与评价主体间进行双向选择、沟通协商，自觉调控自己的学习过程，使评价成为教师、学生、家长乃至可有效调动的社会资源共同积极参与的交互活动。

二、评价标准

（一）参与态度

它可以通过学生在活动过程中的许多外显行为表现出来。比如，是否认真参加小组活动；是否主动搜集信息，做好资料积累和分析处理工作；是否努力完成自己所承担的任务；是否积极参与实地观察、调查研究，等等。

（二）合作精神

语文综合性学习中小组合作的方式必不可少，它是培养学生团队意识与合作精神的重要途径。因此，在评价过程中需要关注学生在参与团队活动中的态度及行为表现。比如，是否主动帮助同伴解决困难；是否在与同伴共同完成任务的过程中做到了主动配合；是否能够倾听或采纳同伴的意见；是否将自身的贡献融入集体的成果之中，等等。

（三）探究能力和创新精神

可以通过对学生在提出问题、解决问题过程中的表现及其对探究结果的表达来作出评价。比如，是否主动提出问题；是否能够提出活动建议、设想；是否敢于以独特和新颖的方式着手解决问题和表达自己的学习成果，等等。

（四）社会实践能力

可以通过学生在参与社会实践过程中的实际表现予以全面、客观的评价。基本社会实践能力由社会认知能力、表达能力、人际交往能力、组织管理能力、自主学习能力等方面构成。社会实践能力不仅是社会发展的需要，也是当代小学生自身发展的需要。

三、评价方式

（一）观察评价

对照评价标准，对学生在学习过程中的表现进行观察、记录，这是综合性学习活动中最基本的评价方法。

（二）自我评价

学生通过自我学习成果的展示，在自我评价过程中，既可以获得成功的体验，也可以反观到自身的不足，这样不但能够了解自己的学习状况，还有利于对自己的思考方法和学习方法进行有效的整理与调控。

（三）交互评价

这种方法可以由社区、家庭和学校（教师和学生）多主体共同参与。既可以做到社会、家庭、学校之间的教育资源共享，为学生提供更广阔的发展空间，还可以为改善学校教学过程和教育资源的开发提供足够的反馈信息，获取多方教育力量参与到学校教育中来。

（四）档案评价

档案评价重视记录学生在语文综合性学习过程中的经历和表现，是实现对学生学习过程与学习结果进行综合评价的有效方法。在实施评价过程中，我们可以指导学生收集与整理可以体现在档案袋中的学习成果，并把相关的学习作品整理成册，以此肯定学生的努力和进步。

西南师范大学出版社
《名师工程》系列丛书目录

系列	序号	书　　名	主编	定价
创新课堂系列	1	《如何打造学生喜欢的音乐课堂》	张　娟	30.00
	2	《理想课堂的构建与实施——一个教研员眼中的理想课堂》	张玉彬	30.00
	3	《小学语文：决定教学质量的关键策略》	李　楠	30.00
	4	《用〈论语〉思想提升数学教育智慧》	胡爱民	30.00
	5	《童化作文——浸润儿童心灵的作文教学》	吴　勇	30.00
创新教学系列数学	6	《小学数学：名师教学目标落实艺术》	余文森	30.00
	7	《小学数学：名师高效教学设计艺术》	余文森	30.00
	8	《小学数学：名师易错问题针对教学》	余文森	30.00
	9	《小学数学：名师魅力课堂激趣艺术》	余文森	30.00
	10	《小学数学：名师同课异教》	林高明　陈燕香	30.00
	11	《小学数学：名师抽象问题艺术教学》	余文森	30.00
通识与心理系列	12	《突破平庸——提升教育质量的31个跳板》	严育洪	30.00
	13	《好心态成就好学生——学生心理问题剖析与对症教育》	李韦遵	30.00
	14	《教育，诗意地栖居》	朱华忠	30.00
	15	《好班规打造好班级》	赵　凯	30.00
教育管理力系列	16	《名校激励管理促进力》	周　兵	30.00
	17	《名校安全管理执行力》	袁先潋	30.00
	18	《名校师资团队建设力》	赵圣华	30.00
	19	《名校危机管理应对力》	李明汉	30.00
	20	《名校校本研究创新力》	李春华	30.00
	21	《学校文化力建设策略》	袁先潋	30.00
	22	《名校长核心教育力》	陶继新	30.00
	23	《名校长高绩效领导力》	周辉兵	30.00
	24	《名校行政管理细节力》	杨少春	30.00
	25	《名校教学管理提升力》	张　韬　戴诗银	30.00
	26	《名校学生管理教导力》	田福安	30.00
	27	《名校校园文化构建力》	岳春峰	30.00
创新教学系列语文	28	《小学语文：享受对话教学》	孙建锋	30.00
	29	《小学语文：名师教学目标落实艺术》	刘海涛　王林发	30.00
	30	《小学语文：名师魅力教学设计艺术》	刘海涛　王林发	30.00
	31	《小学语文：名师魅力课堂激趣艺术》	刘海涛　王林发	30.00
	32	《小学语文：单元整体教学构建艺术》	李怀源	30.00
	33	《小学作文：名师情趣课堂创设艺术》	张化万	30.00
教师修炼系列	34	《班主任行为八项修炼》	杨连山	30.00
	35	《教师健康心理六项修炼》	李慧生	30.00
	36	《教师专业化五项修炼》	田福安　杨连山	30.00
	37	《课堂教学素养六项修炼》	刘金生	30.00
	38	《教师新师德六项修炼》	王毓珣　王　颖	30.00

系列	序号	书　　　名	主编	定价
教育细节系列	39	《名师最具渲染力的口才细节》	高万祥	30.00
	40	《名师最有效的沟通细节》	李　燕　徐　波	30.00
	41	《名师最有效的激励细节》	张　利　李　波	30.00
	42	《名师培养学生好习惯的高效细节》	李文娟　郭香萍	30.00
	43	《名师人格教育的经典细节》	齐　欣	30.00
	44	《名师营造课堂氛围的经典细节》	高　帆　李秀华	30.00
	45	《名师最有效的赏识教育细节》	李慧军	30.00
	46	《名师最有效的批评细节》	沈　旎	30.00
大师讲坛系列	47	《大师谈教育心理》	肖　川	30.00
	48	《大师谈教育激励》	肖　川	30.00
	49	《大师谈教育沟通》	王斌兴　吴杰明	30.00
	50	《大师谈启蒙教育》	周　宏	30.00
	51	《大师谈教育管理》	樊　雁	30.00
	52	《大师谈儿童人格塑造》	齐　欣	30.00
	53	《大师谈儿童习惯培养》	唐西胜	30.00
	54	《大师谈儿童能力培养》	张启福	30.00
	55	《大师谈早恋与性教育》	闵乐夫	30.00
	56	《大师谈儿童情感教育》	张光林　张　静	30.00
教师成长系列	57	《学学名师那些事》	孙志毅	30.00
	58	《每天学点教育心理学》	石国兴　白晋荣	30.00
	59	《给新教师的建议》	李镇西	30.00
	60	《教师心灵读本：成为有思想的教师》	肖　川	30.00
	61	《教师心灵读本：教师，做反思的实践者》	肖　川	30.00
高中新课程系列	62	《高中新课程：教师角色转变细节》	缪水娟	30.00
	63	《高中新课程：班主任新兵法细节》	李国汉　杨连山	30.00
	64	《高中新课程：教学管理创新细节》	陈　文	30.00
	65	《高中新课程：更有效的评价细节》	李淑华	30.00
教学新突破系列	66	《把教学目标落实到位——名师优质课堂的效率管理》	冯增俊	30.00
	67	《拿什么调动学生——名师生态课堂的情绪管理》	胡　涛	30.00
	68	《零距离施教——名师和谐师生关系的构建艺术》	贺　斌	30.00
	69	《一个都不能落——名师提升学困生的针对教学》	侯一波	30.00
	70	《让学习变得更轻松——名师最能吸引学生的情境设计》	施建平	30.00
	71	《让知识变得更易学——名师改造难学知识的优化艺术》	周维强	30.00
教学提升系列	72	《方法总比问题多——名师转变棘手学生的施教艺术》	杨志军	30.00
	73	《用特色吸引学生——名师最受欢迎的特色教学艺术》	卞金祥	30.00
	74	《让学生爱上课堂——名师高效课堂的引导艺术》	邓　涛	30.00
	75	《拿什么打开思路——名师最吸引学生的课堂切入点》	马友文	30.00
	76	《没有记不牢的知识——名师最能提升学生记忆效果的秘诀》	谢定兰	30.00
	77	《让学生的思维活起来——名师最激发潜能的课堂提问艺术》	严永金	30.00
名师讲述系列	78	《施教先施爱——名师讲述班主任的核心教导力》	杨连山　魏永田	30.00
	79	《在欢乐中成长——名师讲述最具活力的课堂愉快教学》	王斌兴	30.00
	80	《让学生做自己的老师——名师讲述如何提升学生自主学习能力》	徐学福　房　慧	30.00
	81	《引领学生高效学习——名师讲述如何提高学生课堂学习效率》	刘世斌	30.00
	82	《教育从心灵开始——名师讲述最能感动学生的心灵教育》	张文质	30.00